公路工程造价人员考试用书

公路工程施工招投标与计量

Gonglu Gongcheng Shigong Zhaotoubiao yu Jiliang

交通专业人员资格评价中心
交通公路工程定额站

人民交通出版社

内 容 提 要

本书为《公路工程造价人员考试用书》之一，主要内容包括公路工程施工招标、公路工程施工投标、计量与支付、工程变更与索赔，同时在附录中列出了13个招投标相关法规、办法。全书内容系统、全面，具有较高的实用价值。

本书主要供公路工程造价人员考试复习使用，也可供公路工程造价专业技术人员以及高等学院校师生学习参考。

图书在版编目(CIP)数据

公路工程施工招投标与计量/交通专业人员资格评价中心，交通公路工程定额站组织编写. —北京：人民交通出版社，2010.7

公路工程造价人员考试用书

ISBN 978-7-114-08498-0

I. ①公… II. ①交… ②交… III. ①道路工程—工程施工—招标—资格考核—教材②道路工程—工程施工—投标—资格考核—教材③道路工程—计量—资格考核—教材 IV. ①U415.13

中国版本图书馆 CIP 数据核字(2010)第 110737 号

公路工程造价人员考试用书

书　　名：公路工程施工招投标与计量

著 作 者：交通专业人员资格评价中心
交 通 公 路 工 程 定 额 站

责任编辑：沈鸿雁　周　宇

出版发行：人民交通出版社

地　　址：(100011) 北京市朝阳区安定门外外馆斜街3号

网　　址：http://www.ccpress.com.cn

销售电话：(010) 59757969，59757973

总 经 销：人民交通出版社发行部

经　　销：各地新华书店

印　　刷：北京鑫正大印刷有限公司

开　　本：787×1092　1/16

印　　张：17.5

字　　数：421千

版　　次：2010年7月　第1版

印　　次：2010年8月　第2次印刷

书　　号：ISBN 978-7-114-08498-0

印　　数：3001～5000册

定　　价：54.00元

《公路工程造价人员考试用书》

编写委员会

主　　编：赵晞伟

副 主 编：黄自力　刘朝晖

编写人员：王首绪　杨玉胜　李明顺　李　杰　彭维和
郭庆余　许忠楠　吴梅生　贺贤明　庞宝琴
左　慧　刘丽君　周庆蝉　周　娴　彭军龙
戴聆春　秦仁杰　刘伟军　曹丹阳　杨文安
李　珏　周学林　赵锋军　毛大德　刘　艺
吴江宁　李晶晶　刘代全　丁加明　李凤求
段　冶　谢　萍　周景阳

前　言

公路交通基础设施是我国国民经济和社会发展的重要保障设施。在公路建设过程中，以科学发展观为指导，加强公路建设的投资控制和造价管理，提高投资效益，是建设资源节约型、环境友好型行业，实现我国公路建设事业全面、协调、可持续发展的必由之路。培养建立一支高素质的造价管理人才队伍，是加强公路建设资金管理的重要保证。

为加强公路建设市场管理，规范公路工程计价行为，全面提高公路工程造价人员的业务能力和管理水平，保证公路工程造价工作质量，合理有效控制工程投资，交通专业人员资格评价中心将组织公路工程造价人员过渡考试，共设公路工程造价管理相关知识、公路工程造价的确定与控制、公路工程技术与计量、公路工程造价案例分析 4 个考试科目。

为方便广大公路工程造价从业人员备考，交通专业人员资格评价中心和交通公路工程定额站组织有关高校和部分省（区、市）公路（交通）工程定额（造价管理）站的专家编写了一套《公路工程造价人员考试用书》。该套考试用书包括《公路工程造价管理相关知识》、《公路工程定额编制与管理》、《公路工程造价编制与项目经济评价》、《公路工程技术》和《公路工程施工招投标与计量》5 册。

本书全面体现了近年来我国公路建设技术的最新发展和近年来在设计、施工中广泛应用的新结构、新设备和新材料；反映了交通运输部最新颁布和修订的行业标准、规范的相关内容；强调了“安全、耐久、节约、和谐”的建设理念。本书注重理论联系实际，实用性和操作性强。

本书参考了大量相关文献资料，各省（区、市）公路（交通）工程定额（造价管理）站提出了宝贵意见。在此，谨向有关单位和专家、学者表示衷心的感谢！

交通专业人员资格评价中心
交 通 公 路 工 程 定 额 站
2010 年 7 月

目　录

第一章 绪 论

第一节 公路工程招标与投标

一、公路工程建设市场

(1)公路工程是指以公路为对象而进行的规划、设计、施工、养护与管理工作的全过程及其所从事的工程实体。公路工程建设市场是国民经济整个大市场中的有机组成部分,是公路工程供求关系的总和。

(2)公路工程建设市场表现为公路工程产品、公路工程生产活动、与公路工程生产活动有关的当事人三个方面的相互联系和相互作用。

①公路工程产品:包括公路、桥梁、隧道及为此而进行规划、设计、施工、养护与管理工作的全过程。

②公路工程生产活动:是指对公路工程进行勘察、设计、施工、监理、养护、管理以及与公路工程建设有关的设备、材料等的采购或服务和招投标活动。

③与公路工程生产活动有关的当事人:是指招标人、招标代理机构、投标人、评标委员会、中标人、行政监督部门、工程服务机构、政府主管机构等。其中:

a.招标人是指依照《中华人民共和国招标投标法》规定提出招标项目、进行招标的法人或者其他组织。招标人也称业主,是投资者,在公路工程建设市场交易行为中处于买方地位。原交通部 2000 年 8 月 28 日制定、同年 10 月 1 日实施的《公路建设四项制度实施办法》中,就对业主有明确规定,要求公路建设项目实施项目法人制,而项目法人为业主。

b.招标代理机构是指依法设立、从事招标代理业务并提供相关服务的社会中介组织。招标代理机构必须依法设立;其主要业务包括为招标人编制招标文件,审查投标人的资格,按程序组织评标,协调招标人与中标人的关系,监督合同的履行,对招标人进行购后服务等;招标代理机构必须是社会中介组织,这是招标代理机构的通用条件,除此之外,招标代理机构还须有规定的营业场所和相应资金、编制招标文件和组织评标的专业能力、专家库等三项条件。

c.投标人是指响应投标、参加投标竞争的法人或者其他组织。所有对招标公告或投标邀请书感兴趣的并有可能参加投标的人,称为潜在投标人。那些响应招标并购买招标文件,参加投标的潜在投标人称为投标人。这些投标人必须是法人或者其他组织。

d.评标委员会由招标人依法负责组织,评标由评标委员会负责。评标委员会由招标人的代表和有关技术、经济等方面的专家组成,成员人数为五人以上单数,其中技术、经济等方面的专家不得少于成员人数的三分之二。

e.中标人是指收到中标通知书,并在规定期限内和招标人签订书面合同及提交履约保证金的投标人。

f.行政监督部门是指招标投标办公室、纪律监督部门、质量及安全监督部门等。

g. 工程服务机构是指为公路工程建设服务的机构。如工程技术咨询、仲裁机构、工程造价事务所、工程法律事务所等。

(3)公路工程建设市场的特点，主要表现在以下五个方面。

①公路工程具有单件性和生产过程必须在其使用地点最终完成的特点，只能按照具体用户的要求，在指定的地点为其制造某种特定的公路工程。

②公路工程的交换过程很长。由于公路工程价值巨大，生产周期长，因而在确定交易条件时，生产者不可能接受先垫付资金进行生产、待交货后由需求者全额付款的结算方式；同样需求者也不可能接受先支付全部工程款、待工程完工后才由生产者向需求者交货的交易方式。公路工程的交换基本上都是采用分期交货、分期付款的方式，通常是按月度进行结算。这样，从货款支付和交货过程(即公路工程形成的过程)来看，公路工程的交换就表现为一个很长的过程。

③公路工程建设市场具有明显的地区性。由于公路工程的固定性，公路工程的生产地点和使用地点是一致的，表现出明显的地区性。

④公路工程建设市场竞争激烈。由于不同的生产者在专业特长、管理和技术水平、生产组织的具体方式、对公路工程所在地各方面情况了解和市场熟悉程度以及竞争策略等方面有较大的差异，因而他们之间竞争更加激烈。

⑤公路工程建设市场风险较大。

对公路工程生产者来说，公路工程建设市场的风险主要表现在：

a. 定价风险。由于建筑市场中的竞争主要表现为价格竞争，定价过高就意味着竞争失败，招揽不到工程任务；定价过低则可能亏本，甚至导致破产。

b. 生产过程中的风险。由于公路工程的生产周期长，在生产过程中会遇到许多干扰因素，如气候条件、地质条件、环境条件的变化等。这些干扰因素不仅直接影响到生产成本，而且影响生产周期，甚至影响到公路工程的质量与功能。

c. 需求者支付能力的风险。公路工程的价值巨大，其生产过程中的干扰因素可能使生产成本和价格升高，从而超过需求者的支付能力；或因贷款条件变化而使需求者筹措资金发生困难，甚至有可能需求者一开始就不具备足够的支付能力。凡此种种，都有可能出现需求者对生产者已完成的阶段产品拖延支付，甚至中断支付的情况。

对公路工程需求者来说，公路工程建设市场的风险主要表现在：

a. 价格与质量的矛盾。需求者往往希望在产品功能和质量一定的条件下价格尽可能低，由于生产者与需求者对最终产品的质量标准产生理解的分歧，从而在既定的价格条件下达不到需求者预期的质量标准。

b. 价格与交货时间的矛盾。需求者往往对影响建筑产品生产周期的各种干扰因素估计不足，提出的交货日期有时很不现实，生产者为获得生产任务当然要接受这一条件，但都有相应的对策，使需求者陷入“骑虎难下”的境地。

c. 生产者与需求者之间的矛盾。生产者一般无力垫付巨额生产资金，故多由需求者先向生产者支付一笔工程款，以后根据工程进度逐步扣回。这就可能使某些经营作风不正的生产者有机可乘，给需求者造成严重的经济损失。

(4)公路工程建设市场机制的内容。

①价格机制：价格形成；价格运行；价格调控。

②竞争机制：平等竞争；工程报建制；工程招投标制。

③行为约束机制：业主资格与行为；承包人资格与行为；监理单位资格与行为。

④利益约束机制：项目法人制；建设监理制。

⑤市场运行机制：国家调控市场、市场引导企业。

二、基本建设程序

1. 基本建设

基本建设指建造新的固定资产，从而扩大生产能力或工作效益的过程。

2. 基本建设程序

基本建设程序指建设项目从酝酿、提出、决策、设计、施工、竣工验收、交付使用等整个过程中各项工作的先后顺序。

3. 我国的基本建设程序

(1)项目建议：提交项目建议书，重点阐述项目建设的必要性。

(2)工程可行性研究：提交工程可行性研究报告，重点是"四性"——建设的必要性、经济的合理性、技术的可行性、实施的可能性。

(3)勘测设计：勘测分为初测和定测。设计分为初步设计和施工图设计，必要时中间增加技术设计阶段。

(4)工程施工招投标：选择施工单位。

(5)项目施工：三控及合同管理，完成合格工程。

(6)先交工：交付使用；两年后验收。

(7)项目运营、投资回收、项目后评估。

4. 违反基本建设程序的后果

(1)拖长工期；

(2)前期工作无法做好；

(3)降低工程质量；

(4)加大工程造价。

三、招标与投标

(一)招标与投标的由来

改革开放以前，我国的建设项目基本上是采用自营制方式，改革开放后，我国在引进外资的同时引进国外的先进经验和先进技术，其中就有被称为"国际惯例"的招标与投标制这种市场经济条件下的市场运作法则。

云南鲁布革水电站引水隧道工程是我国在改革开放后第一个引进世行贷款进行国际招标的国家重点工程，引水隧道工程标底为 14 958 万元，日本大成公司以 8 463 万元(比标底低 43%)的标价中标，于 1984 年 10 月 15 日施工，1988 年 7 月引水隧道工程全部竣工，比合同工期实际提前了 122 天。

工程投资减少、质量达到要求、工期缩短——鲁布革水电站引水隧道工程的成功，使人们的思想观念大大转变，从此我国在市场经济条件下实施工程招标投标制度。

(二)招标投标概念与特点

(1)招标投标是公路工程建设市场的交易方式,是在双方同意基础上的一种买卖行为,其特点是由唯一的买主(招标人)设定标的,招请若干家卖主(投标人)公平竞争,通过秘密报价、评比从中择优选择卖主,并与其达成交易协议的过程。

(2)招标投标是市场竞争的表现形式,是建立社会主义市场经济体制的过程中培育和发展建设市场的一项重要的改革措施,是竞争机制在建设市场产生作用的体现,是促进竞争的重要手段,是促进建设市场由垄断、封闭市场逐步向完全竞争市场转化和开放市场的重要条件。

(3)招标投标是公路工程的价格形成方式,是价格机制(价值规律和供求规律)在建设市场产生作用的体现。

(4)招标投标是承包合同的订立方式,是承包合同的形成过程。

(5)招标投标是一种法律行为。根据我国的法律规定,合同的订立程序包括要约和承诺两个阶段,招标投标的过程是要约和承诺实现的过程(在招标投标过程中投送标书是一种要约行为,签发中标通知书是一种承诺行为)。招标投标是当事人双方合同法律关系产生的过程。正因为招标投标是一种法律行为,所以,它必然要受到法律的规范和约束,它必须服从法律的规范和要求。

(三)招标投标是我国公路建设事业改革的需要,是发展市场经济的需要,理论上符合市场经济及价值规律的原理

招标投标的主要意义是:

(1)促使建设单位按基本建设程序办事;

(2)可以缩短建设工期;

(3)可以降低工程造价;

(4)可以提高工程质量;

(5)有利于采用、推广、发展新技术和现代化的科学管理方法和经验;

(6)简化了经济结算手续,提高了工作效率;

(7)促进承包队伍素质的不断提高;

(8)国家、集体、个人的利益都得到保证,调动各方面的积极性;

(9)促使与国际市场接轨。

(四)招标投标的基本原则是由招标投标的基本性质和法律特征决定的,是保证招标投标合法有效的基本条件

招标投标的主要原则有:

1.合法原则

由于招标投标是合同的订立方式,招标投标行为是一种法律行为,所以,它必然要受到法律的规范和约束,服从法律的规范和要求。

(1)主体资格合法。即招标投标过程中买卖双方的主体资格应符合要求。公路勘察设计合同的主体是业主和勘察设计单位,公路施工承包合同的主体是业主和施工承包单位,公路施工监理合同的主体是业主和监理单位。根据合同法的规定,它们都必须具备法人资格,而且要有相应的履约能力。所以,工程建设过程中,作为业主要取得合法资格,首先必须办理法人登记(实行建设项目法人制是我国建设市场经济体制改革的一项重要内容,实行项目法人制后的业主是一个自我发展、自负盈亏、自我约束的经济实体,而不是政府机构的附属物),而且应具备(筹集到)工程建设所需要的资金。同样,作为设计单位、施工单位或监理单位在参加投标活动之前,也必须具有法人资格,而且必须具有相应的技术等级和履约能力。

(2)合同内容合法。即招标文件中的合同内容必须遵守法律和法规,不得损害国家利益和社会公共利益,内容表述应当真实、准确,主要条款应当完备齐全。

(3)程序形式合法。即组织招标投标活动时应符合法定的程序和要求。当前,规范公路工程招标投标行为的法律法规除《中华人民共和国合同法》、《中华人民共和国招标投标法》、《中华人民共和国反不正当竞争法》外,还有原交通部颁发的《公路工程施工招标投标管理办法》、《公路建设市场管理办法》。公路工程招标投标过程中,必须符合上述法律和法规的规定。

(4)代理制度合法。招标人要委托招标代理机构代理招标事宜,则招标代理机构必须取得相应资质,在从事代理活动过程中,不得有违反合同法中有关代理制度的各项规定。

2.平等原则

平等原则是市场交易的基本要求。即要求地位平等、权利平等、意志平等、平等竞争以及投标面前机会均等等内容。

3.公开、公正原则

公开原则要求招标投标活动具有高度的透明度,实行招标信息、招标程序公开。评标时公开发布招标通告,公开开标,公开中标结果,按事先规定的方法进行评标,使每一个投标人获得同等的信息,知悉一切条件和要求。公开原则是保证公平、公正的必要条件。公正原则要求评标时按事先公布的标准对待所有的投标人。

4.优胜劣汰原则

它是效率优先的具体要求,也是通过市场竞争优化资源配置的必然结果。

5.遵循价值规律和服从供求规律相统一的原则

即在定标时,其中标单位的价格既应符合价值规律,也应反映供求规律的作用;既应反映建筑产品的社会必要劳动消耗量,也应反映当前的市场价格;既应经济,也应合理。

6.诚实信用原则

诚实信用原则要求招标投标双方尊重对方利益,信守要约和承诺的法律规定,履行各自义务,不得规避招标、串通哄抬投标、泄露标底、骗取中标、非法转包合同等。

正因为招标投标是一种法律行为,它必然产生相应的法律后果。这种法律后果的具体表现是,承包人在投标有效期内不能变更和撤销标书,否则业主有权没收投标保证金;而业主在签发中标通知书后,双方的合同关系即告形成。

招标投标的法律属性要求我们在实际工作中,必须严肃认真地对待招标工作,周密细致地组织招标投标工作,最大限度地保证招标投标工作质量。

世界银行在其贷款项目的施工招标中,要求奉行“三E”原则,即效率原则、经济原则、公平原则。“三E”原则实际上是上述原则中平等原则、优胜劣汰原则、遵循价值规律与服从供求规律相统一原则的反映。

(五)招投标类型

招投标可分为三大类:工程招投标、采购招投标、服务招投标。与公路工程相关的招投标有:

(1)公路工程勘察设计招投标。它是指招标人按照国家基本建设程序,依据批准的可行性研究报告,对公路工程初步设计、施工图设计通过招标活动选定勘察设计单位的招投标活动。

由业主在可行性研究工作的基础上提出勘察设计招标文件,包括勘察设计标准规范、勘察设计原始资料及基本的原则要求(如位置、计划工期等),然后由勘察设计单位提出自己的勘察设计方案和投标文件,业主通过评标委员会选择优者。

公路工程勘察设计招标重点考察设计单位的水平、设计方案的优劣。

(2)公路工程施工招投标。它是由业主通过招标方式选择施工单位的过程。施工招标的目的是在保证施工质量和工期的前提下降低施工成本和工程造价。

(3)公路工程材料、设备供应招投标。公路工程建设过程中的材料、设备供应招标主要是对一些特种材料和机械设备(国内市场上依赖进口,国际市场上受少数供应商或制造商垄断,易形成垄断价格的材料设备)进行招标。

业主在招标中明确提出材料、设备的品种、规格和数量,供应商或制造商据此提供自己的材料或设备的性能和报价,业主择优选择材料或设备供应商。

根据《工程建设项目招标范围和规模标准规定》,重要设备、材料等货物的采购,单项合同估算价在 100 万元人民币以上的必须招标。

(4)施工监理招投标。它是针对公路工程施工建设工作,选定施工监理队伍的招标活动。

施工监理招标过程中,由业主制定招标文件,一般包括合同条款、服务范围、施工图纸、监理规范等内容,监理单位在此基础上提出监理规划和监理费,业主进行评比,确定监理单位。

(5)设计与施工总招投标。由业主事先提出设计施工的基本原则和要求,招标过程中,由设计单位和施工单位组成设计施工联合体进行投标,业主从中选择一家工程造价低、工期符合要求的单位承担本项目的设计和施工。

此方式有利于优化设计方案、降低造价;有利于设计、施工的综合安排。

(六)招标投标的法律与法规

招标投标的法律法规,是组织招标投标工作的法律准绳。规范招标投标的法律法规很多,主要有:

1.《中华人民共和国招标投标法》(1999 年 8 月 30 日中华人民共和国主席令第 21 号公布)

2.《关于国务院有关部门实施招标投标活动行政监督的职责分工的意见》(2000 年 5 月 3 日国务院国办发[2000]第 34 号公布)

3.《关于禁止在市场经济活动中实行地区封锁的规定》(2001 年 4 月 21 日国务院[2001]第 303 号公布)

4.《公路工程标准施工招标资格预审文件》(2009 年 8 月 1 日交通运输部交公路发[2009]第 221 号公布)

5.《公路工程标准施工招标文件》(2009 年 8 月 1 日交通运输部交公路发[2009]第 221 号公布)

6.《公路工程施工监理招标文件范本》(2008 年 12 月 25 日交通运输部交质监发[2008]第 557 号公布)

7.《公路工程施工招标投标管理办法》(2006 年 6 月 23 日交通部令[2006]第 7 号公布)

8.《公路工程施工监理招标投标管理办法》(2006 年 5 月 25 日交通部令[2006]第 5 号公布)

9.《公路建设市场管理办法》(2004 年 12 月 21 日交通部令[2004]第 14 号公布)

10.《关于贯彻国务院办公厅关于进一步规范招投标活动的若干意见的通知》(2004 年 11 月 22 日交通部交公路发[2004]688 号公布)

11.《公路养护工程施工招标投标管理暂行规定》(2003 年 6 月 1 日交通部交公路发[2003]第 89 号公布)

12.《公路工程施工招标评标委员会评标工作细则》(2003 年 3 月 11 日交通部交公路发[2003]第 70 号公布)

13.《工程建设项目施工招标投标办法》(2003 年 3 月 8 日国家发展计划委员会、建设部、铁道部、交通部、信息产业部、水利部、中国民用航空总局令[2003]第 30 号公布)

14.《评标专家和评标专家库管理暂行办法》(2003 年 2 月 22 日国家发展计划委员会令[2003]第 29 号公布)

15.关于发布《公路工程勘察设计招标资格预审文件范本》和《公路工程勘察设计招标文件范本》的通知(2003 年 2 月 21 日交通部交公路发[2003]第 52 号公布)

16.《关于对参与公路工程投标和施工的公路施工企业资质要求的通知》(2002 年 11 月 25 日交通部交公路发[2002]第 544 号公布)

17.《关于认真贯彻执行公路工程勘察设计招标投标管理办法的通知》(2002 年 7 月 11 日交通部交公路发[2002]303 号公布)

18.《国家计委关于指定发布依法必须招标项目招标公告的媒介的通知》(2002 年 6 月 30 日国家发展计划委员会计政策[2000]868 号公布)

19.《公路工程勘察设计招标评标办法》(2001 年 9 月 29 日交通部交公路发[2001]第 582 号公布)

20.《公路工程勘察设计招标投标管理办法》(2001 年 8 月 21 日交通部令[2001]第 6 号公布)

21.关于进一步贯彻《中华人民共和国招标投标法》的通知(2001 年 7 月 27 日国家发展计划委员会计政策[2001]第 1400 号公布)

22.《评标委员会和评标方法暂行规定》(2001 年 7 月 5 日国家发展计划委员会等七部委令[2001]第 12 号公布)

23.《公路建设项目评标专家库管理办法》(2001 年 6 月 11 日交通部交公路发[2001]第 300 号公布)

24.《关于整顿和规范公路建设市场秩序的若干意见》(2001 年 5 月 21 日交通部交公路发[2001]第 190 号公布)

25.《招标公告发布暂行办法》(2000 年 7 月 1 日国家发展计划委员会令[2000]第 4 号公布)

26.《工程建设项目招标范围和规模标准规定》(2000 年 7 月 1 日国家发展计划委员会令[2000]第 4 号公布)

27.《关于禁止串通招标投标行为的暂行规定》(国家工商总局 2000 年第 82 号令公布)

第二节　费用监理

费用监理是公路工程监理的主要内容之一。

一、公路工程建设监理

1.建设监理

建设监理是指具有相应资质等级的工程监理企业，接受业主的委托，根据国家批准的工程项目建设文件，有关工程建设的法律、法规和工程建设委托监理合同及其他工程建设合同，代表业主对承包人的建设行为实施监控的一种专业化服务活动。

2.建设监理的性质

(1)服务性。监理为建设单位提供的是管理服务，这是由它的业务性质方面定性的。其内涵是建设监理单位以控制建设工程投资、进度、质量为任务，以规划、控制、协调为主要方法。基本目的是协助建设单位在计划的目标内将建设工程建成投入使用。建设监理单位不能完全取代建设单位的管理活动。它不具有工程建设重大问题的决策权，它只能在授权范围内代表建设单位进行管理。

监理服务是按照委托监理合同的规定进行的，是受法律约束和保护的。

(2)科学性。它由建设工程监理要达到的基本目标所决定。面对工程规模的日趋庞大，环境的日益复杂，功能和标准的要求越来越高，市场竞争的日益激烈，新材料、新设备、新技术、新工艺的不断涌现，参加建设的单位越来越多，风险日益增加的情况，建设监理单位只有采用科学的思想、理论、方法和手段才能驾驭工程建设。

科学性包含了管理能力、建设经验、管理制度、管理手段、管理理论、管理方法、工作态度、工作作风等内容。

(3)公正性。它是社会的职业道德准则，是建设监理单位能够长期生存发展的基本职业道德准则。

在开展建设工程监理的过程中，应以事实为依据，法律和合同为准绳，排除各种干扰，客观、公正地对待和处理建设单位和承包人之间的关系。

3.建设监理的原则

(1)业主自愿性与强制性相结合的原则；

(2)遵守职业道德的原则；

(3)科学性与公正性相结合的原则；

(4)依法监理的原则。

4.建设监理的依据

(1)工程建设委托监理合同；

(2)工程建设合同(咨询合同、勘察设计合同、施工合同、设备采购合同)；

(3)工程项目建设文件(可行性研究报告、已批准的设计文件、已批准的施工图纸、已批准的工程概预算)；

(4)有关法律法规(建筑法、合同法、招投标法、建设工程监理规则等)；

(5)有关技术规范与标准。

5.建设监理的范围

(1)工程:所有的工程(工业与民用建筑、公路工程、桥梁工程、电力工程、水利工程、港航工程等);

(2)活动:勘察、设计、施工、采购,其中施工监理是我国主要的监理活动。

6.建设监理的主要任务

(1)三控:进度控制、质量控制、费用控制;

(2)两管:合同管理、信息管理;

(3)一协调:协调与建设工程有关各方的关系。

7.建设监理程序

建设监理程序为编写监理大纲,接受监理委托与授权,编写监理规划,编写监理实施细则,参与监理活动,收取监理费用。

8.建设监理的作用

(1)提高建设工程投资决策科学化水平。尤其是前期阶段介入,参与咨询机构的选择,进行项目建议书、可行性研究报告的评估,或者直接做前期咨询服务。

(2)规范参与建设各方的行为。最大限度地避免不当的建设行为发生;最大限度地减少不当建设行为造成的不良后果,同时也是政府监管的补充。

(3)敦促承建单位保证工程质量和使用安全。介入生产过程,以专家的经验,从用户的角度,对工程项目进行监督管理。

(4)促进建设项目投资效益的最大化。满足预定工期和质量要求,投资最少;满足工程预定的功能和质量标准,寿命周期费用最少;促使建设项目投资效益以及环境、社会效益的最大化。

二、公路工程费用监理

(一)工程费用

1.工程费用

工程费用一般是指修建工程项目所投入的建设资金,是工程项目在施工过程中形成工程价值的货币表现形式。

2.工程费用分类

(1)预算工程费用:指在进行公路工程可行性研究之后,通过勘察设计,以施工图为主要依据而计算出来的、完成设计要求的基本费用。预算工程费用可以为招标单位制定标底、签订合同提供工程价格依据。

(2)实际工程费用:指从工程开始建设到工程按规定要求完工并投入使用过程中实际支出的工程费用,包括合同价格与工程复测、工程变更、工程索赔等产生的费用之和。

业主为了能在投入了资金后得到满意的合格工程,使工程的费用、质量、工期得到可靠的保证,会委托并授权第三方即监理单位来对工程的费用、质量、工期进行控制与监督,以保证自己目标的实现。

(二)费用监理

1.费用监理

费用监理是对施工承包合同造价进行监督和管理,以实现施工合同造价结算的合法性和公平性，并有效地进行动态造价控制的造价管理过程。

2. 费用监理的意义与作用

(1)费用监理是控制施工合同造价的核心环节。在施工承包合同履行过程中，施工合同造价是业主和承包人关注的焦点。业主、承包人从各自的利益出发，对造价的大小及费用的支付会产生各种各样的矛盾和冲突，从而影响合同的正常履行。通过费用监理，可以及时处理承包人在造价结算中存在的高估冒算现象，有效控制工程变更的发生，积极预防违约所产生的索赔费用，解决造价结算中的各种矛盾和纠纷，保证造价结算的合法性、公平性、合理性和及时性，达到动态控制工程造价的目的。当造价出现超支现象时，通过费用监理，可以有效利用投资控制的理论和方法，认真分析产生费用偏差的原因，并采用积极的纠偏措施予以控制。

(2)费用监理是质量控制的重要手段。质量合格是办理造价结算及支付施工费用的前提。在费用监理过程中，可以通过拒付、扣款等方式有力地制约承包人履行质量义务，保证施工质量。

(3)费用监理是进度控制的基础。一方面，可以通过费用监理中的计量、支付数据动态反映施工合同的进度实施情况，为实施施工合同的动态进度控制提供有力的依据；另一方面，可以通过扣除误期损害赔偿费的方式，制约承包人履行进度义务。

(4)费用监理是保护承包人合法权益的重要途径。按时得到根据施工合同有权得到的各种款项是承包人的合法权益，也是费用监理的义务。通过费用监理，可以及时办理计量、支付签证，及时处理工程变更及施工索赔，从而保护承包人的合法权益。

3. 公路工程费用监理的目的

公路工程费用监理是在监理规划的指导下，通过对公路工程费用目标的动态控制，特别是对公路工程施工过程中的关键环节——工程计量与支付、按合同规定进行有效的监控和管理，达到费用使用的最佳效果。

4. 公路工程费用监理的控制主体

监理工程师是公路工程费用监理的控制主体，处于工程计量与支付环节的关键地位。包括对合同中工程量清单上所列工程费用的计量与支付管理、合同中工程变更调价管理、暂定金额支付管理以及工程索赔的监督与管理，尽量减少施工过程中各种附加性费用的支付。

(三)费用监理的基础工作

要搞好费用监理，必须认真积极地做好以下基础工作。

(1)熟悉法律法规。

与费用监理直接相关的法律法规有《中华人民共和国合同法》、《中华人民共和国价格法》、《中华人民共和国银行结算法》等，除此之外，还包括其他各种经济法规。《公路工程概(预)算定额》及编制办法是具有法令性的法规，是从事公路工程费用监理的重要基础依据，更需要全面掌握。

(2)认真研究招标文件和施工承包合同文件，明确业主、承包人之间的权利与义务。

费用监理的对象是施工承包合同造价；费用监理的任务是合法、科学、公正地协调和处理业主和承包人之间的收支行为。因此，认真研究招标文件和施工承包合同文件，明确业主、承包人之间的权利与义务，是搞好费用监理工作，保证费用监理的合法性、科学性和公正性的基础。

(3)调查收集价格信息，及时掌握市场价格动态。

在费用监理过程中，经常要处理价格调整、工程变更、费用索赔等复杂的造价管理问题，要搞好这些造价管理工作，必须认真调查收集价格信息，及时掌握市场价格动态，才能保证处理结果的相对准确性，使工程造价和市场价格相符合。

(4)认真分析投标报价及合同价格，对照标底积极研究承包人不平衡报价可能对工程造价带来的影响。

承包人的投标报价中经常存在不平衡报价现象，这种现象会使得施工合同的履行在出现工程量的估计误差(即实际工程量与工程量清单的估计工程量之间存在误差)或工程变更引起工程量的增减时，按单价结算原则可能产生的造价不合理甚至显失公平的现象。而认真分析投标报价及合同价格，对照标底积极研究承包人不平衡报价可能对工程造价带来的影响，可以及时地避免这种现象，从而保证结算结果的公平性和合理性。

(5)认真分析施工组织设计和施工进度计划，及时审查承包人提交的现金流量估算。

认真分析施工组织设计和施工进度计划，有利于合理预计承包人的施工成本，并及时提供满足进度要求的施工外部条件，积极预防施工索赔；及时审查承包人提交的现金流量估算，有利于动态预测施工过程中的用款需求，为业主制定年度投资计划或季度投资计划提供依据。

(6)严格支付程序。

工程费用的支付是对工程实施控制的核心手段，也是对工程费用实施控制的最后一个环节。为了保证工程施工合同的全面履行，监理工程师必须严格按费用支付程序，通过对计量与支付的有效控制实施各种费用的支付管理。

(7)熟悉工程的所有支付项目。

监理工程师必须对动员预付款、材料预付款、工程变更的估价、计日工、暂定金额的支付、各种原因引起的价格调整，保留金的支付、缺陷责任期费用的支付以及缺陷责任期终止后的最大支付等项目的合同规定、要求、计算方式十分熟悉，并按规定执行。

(四)费用监理的主要内容

费用监理主要包括以下内容：

(1)及时办理施工承包合同的计量与支付及交工结算和竣工决算工作；

(2)公正处理工程变更、施工索赔、价格调整等造价管理难点问题；

(3)有效利用计量支付及反索赔等手段进行质量控制和进度控制；

(4)采取积极措施严格控制工程变更及预防施工索赔；

(5)认真分析投资的计划值与实际值的偏差，有效进行造价控制。

(五)费用监理的监控要点

1. 工程计量

(1)工程计量由监理工程师负责。

(2)工程计量的工程是指实际已完成的工程。

(3)工程计量的依据是行业规范、标准、合同约定。

(4)工程计量的程序：

①承包人完成分部分项工程后，向监理工程师提出验收计量申请。

②监理工程师依据合同、规范、标准验收并对工程计量。

③高级驻地监理工程师审查计量结果：计量的工程质量是否达到合同标准；计量的过程是

否符合合同要求；修正条件。

④项目总监理工程师对工程计量项目进行审定。

⑤合格后进入支付程序。

(5)工程计量过程中的主要文件：《中间支付计量表》、《工程分项开工申请批复单》、《检验申请批复单》、《工程质量检验表》、《工程变更令》、《中间交工证书》等。

2.工程费用支付

(1)监理工程师在工程费用支付中的职责：定期审核承包人的各类付款申请，为业主提供付款凭证，从而保证业主对承包人的支付公平合理，同时为业主所支付的每一笔资金严格把关。

(2)工程费用支付的原则：

①支付必须以工程量为基础；

②支付必须以技术规范、工程量清单、合同条款、日常记录为依据；

③支付必须经监理工程师审批；

④支付必须严格按规定的程序进行。

(3)支付程序：包括工程验收；工程计量；承包人提出工程账单；工程师批准；业主按合同约定方式支付；承包人提出月结账清单。

(4)支付责任：业主承担支付责任；承包人保持因业主违约使之遭受损失或利益侵害的索赔权。

思 考 题

1.简述招标投标的基本原则与要求。

2.简述与公路施工招标有关的主要法律、法规。

3.简述招标投标的主要意义与作用。

4.简述费用监理的作用。

5.简述搞好费用监理工作的基础。

6.简述费用监理的主要内容。

第二章　公路工程施工招标

第一节　施工招标概述

一、组建项目法人

公路建设项目依法实行项目法人负责制，项目法人可自行管理公路建设项目，也可委托具备法人资格的项目管理单位进行项目管理。项目法人直接组织高速公路的建设，对项目筹划、资金筹措及资金安排、工程质量、工程进度、生态环境保护、运营管理、债务偿还和资金管理等负有全面责任。

在完成立项后，正式成立或明确项目法人，按项目管理权限，报交通主管部门审批，并应依法成立有限责任公司。新组建的项目法人应依法办理公司的注册或事业法人登记手续。《中华人民共和国公司法》规定，以生产经营为主的项目，法定资本人民币50万元以上，有公司名称、组织机构、生产经营场所和必要的生产经营条件等，必须依法成立有限责任公司。法定资本人民币1 000万元以上，必须依法成立股份有限公司。

公路建设项目法人应当按照公开、公平、公正的原则，依法组织公路建设项目的招标投标工作。不得规避招标，不得对潜在投标人和投标人实行歧视政策，不得实行地方保护和暗箱操作。

公路工程勘察、设计、施工、监理、试验检测等从业单位，应按照法律、法规的规定，取得有关管理部门颁发的相应资质后，方可进入公路建设市场。

二、施工招标应具备的条件

按原交通部《公路工程施工招标投标管理办法》(2006年第7号)中的规定执行。

(一)必须进行招标的公路项目

下列公路工程施工项目必须进行招标，但涉及国家安全、国家秘密、抢险救灾或者利用扶贫资金实行以工代赈等不适宜进行招标的项目除外：

(1)投资总额在3 000万元人民币以上的公路工程施工项目；

(2)施工单项合同估算价在200万元人民币以上的公路工程施工项目；

(3)法律、行政法规规定应当招标的其他公路工程施工项目。

(二)公路工程项目施工招标应具备的条件

(1)初步设计文件已被批准；

(2)建设资金已经落实；

(3)项目法人已经确定，并符合项目法人资格标准要求。

(三)公路工程项目施工招标招标人的规定

公路工程施工招标的招标人，应当是依照《公路工程施工招标投标管理办法》规定提出公路工程施工招标项目、进行公路工程施工招标的项目法人。

(四)公路工程项目施工招标招标人的条件

(1)具备下列条件的招标人,可以自行办理招标事宜:

①具有与招标项目相适应的工程管理、造价管理、财务管理能力;

②具有组织编制公路工程施工招标文件的能力;

③具有对投标人进行资格审查和组织评标的能力。

(2)招标人不具备上述规定条件的,应当委托具有相应资格的招标代理机构办理公路工程施工招标事宜。

(3)任何组织和个人不得为招标人指定招标代理机构。

(五)公路工程项目施工招标方式

(1)公路工程施工招标分为公开招标和邀请招标。

①采用公开招标的,招标人应当通过国家指定的报刊、信息网络或者其他媒体发布招标公告,邀请具备相应资格的不特定的法人投标。

②采用邀请招标的,招标人应当以发送投标邀请书的方式,邀请三家以上具备相应资格的特定的法人投标。

(2)公路工程施工招标应当实行公开招标,法律、行政法规和《公路工程施工招标投标管理办法》另有规定的除外。符合下列条件之一,不适宜公开招标的,依法履行审批手续后,可以进行邀请招标:

①项目技术复杂或有特殊技术要求,且符合条件的潜在投标人数量有限的;

②受自然地域环境限制的;

③公开招标的费用与工程费用相比,所占比例过大的。

(3)公路工程施工招标,可以对整个建设项目分标段一次招标,也可以根据不同专业、不同实施阶段分别进行招标,但不得将招标工程化整为零或者以其他任何方式规避招标。

(4)公路工程施工招标标段,应当按照有利于对项目实施管理和规模化施工的原则,合理划分。施工工期应当按照批复的初步设计建设工期,结合项目实际情况,合理确定。

三、施工招标的基本程序

公路工程施工招标,应当按下列程序进行。

(1)确定招标方式。采用邀请招标的,应当按照国家规定报有关主管部门审批。

(2)编制投标资格预审文件和招标文件。国道主干线和国家高速公路网建设项目的工程施工招标文件应当报交通运输部备案;其他建设项目的工程施工招标文件应当按照项目管理权限报县级以上地方人民政府交通主管部门备案。

(3)发布招标公告,发售投标资格预审文件;采用邀请招标的,可直接发出投标邀请书,发售招标文件。资格预审文件和招标文件的发售时间不得少于5个工作日。

(4)对潜在投标人进行资格审查。招标人应当合理确定资格预审申请文件和投标文件的编制时间。编制资格预审申请文件的时间,自开始发售资格预审文件之日起至潜在投标人提交资格预审申请文件截止时间止,不得少于14日。

(5)向资格预审合格的潜在投标人发出投标邀请书,并发售招标文件。

(6)组织潜在投标人考察招标项目工程现场,召开标前会议。

(7)接受投标人的投标文件,公开开标。

编制投标文件的时间,自招标文件开始发售之日起至投标人提交投标文件截止时间止,高速公路、一级公路、技术复杂的特大桥梁、特长隧道不得少于28日,其他公路工程不得少于20日。

(8)组建评标委员会评标,推荐中标候选人。

(9)确定中标人。评标报告和评标结果按规定备案并公示。

招标人应当自确定中标人之日起15日内,将评标报告向规定的备案机关进行备案:国道主干线和国家高速公路网建设项目的评标报告和评标结果,应当报交通运输部备案;其他建设项目的评标报告和评标结果,应当按照项目管理权限报县级以上地方人民政府交通主管部门备案。

(10)发出中标通知书。

(11)招标人和中标人应当自中标通知书发出之日起30日内订立书面公路工程施工合同。

①依据:招标文件、投标书及有效的补充文件和信函;

②投标单位拒签:无权请求返回投标保证金;招标单位拒签:双倍返回投标保证金。

招标人应当自订立公路工程施工合同之日起5个工作日内,向中标人和未中标的投标人退还投标保证金。由于中标人自身原因放弃中标,招标文件约定放弃中标不予返还投标保证金的,中标人无权要求返还投标保证金。

四、招标的组织机构及其职能

成立招标的组织机构是有效地开展招标工作的先决条件。招标的组织机构包括决策机构和日常工作机构两个部分。

1.决策机构及其职能

决策机构的组建应严格以《中华人民共和国招标投标法》及项目法人制的要求为依据,充分发挥业主的自主决策作用,转变政府职能,落实业主的招标自主决策权,由业主根据项目的特点和需要来确定决策机构人选。决策机构的职能和工作如下。

(1)确定招标方案。包括制订招标计划、合理划分标段等工作。

(2)确定招标方式。即根据法律法规和项目特点确定招标项目是采用公开招标方式还是邀请招标方式。

(3)选定承包方式(承包合同形式)。即根据项目的特点和管理的需要确定招标项目的计价方式是采用总价合同、单价合同还是成本加酬金合同形式。

(4)划分标段,确定各标段的承、发包范围。

(5)确定招标文件的合同参数。如工期、预付款比例、缺陷责任期、保留金比例、迟付款利息的利率、拖期损失赔偿金或按时竣工奖金的额度、开工时间等。

(6)根据招标项目的需要选择招标代理单位,资格预审中确定投标人,评标定标时依法组建评标委员会,依法确定中标人。

(7)依法对标底进行审查与管理。

2.日常工作机构及职能

日常工作机构又称招标单位,其工作职能主要包括准备招标文件和资格预审文件、组织投标人资格预审、发布招标广告或投标邀请书、发售招标文件、组织现场考察、组织标前会议、组织开标评标等事项。日常工作可由业主自己来组织,也可委托招标代理单位来承担。由于施工招标是合同的前期(合同订立的)管理工作,而施工监理是合同履行中的管理工作,监理工程师参加招标甚至将整个招标工作委托给监理单位(必须有相应招标代理资质)承担,对搞好施工监理工作是很有帮助的,这也是国际惯例。

招标代理机构是依法设立、从事招标代理业务并提供相关服务的社会中介组织。它的成立应具备以下条件:

(1)有从事招标代理业务的营业场所和相应资金;

(2)有能够编制招标文件和组织评标的相应专业力量;

(3)有符合法定条件,可以作为评标委员会人选的技术、经济等方面的专家库。

从事工程建设项目招标代理业务的招标代理机构,其资格由国务院或者省级人民政府的建设行政主管部门认定。

五、承包合同的类型及特点

施工承包合同按计价方式不同有总价合同、单价合同、成本加酬金合同等形式,且各有自己的特点及使用要求。

1. 总价合同

(1)定义:称总价固定合同,是指招标人在招标文件中要求投标人按商定的总价承包工程。

(2)适用工程:通常适用于规模较小、风险不大、技术不太复杂、工期不太长的工程。

(3)主要做法:招标前,由招标人编制施工图纸完备的招标文件,投标人据此提出投标总报价,签订合同。合同执行过程中,除非出现工程变更,总价应当维持不变。投标人比较容易估算工程造价,招标人也容易筛选出最低报价,对招标人和投标人来说比较简便。

(4)缺点:总价合同的可操作性较差,一旦出现工程变更,就会出现结算工作复杂化甚至没有计价依据的现象,其结果是合同价格需要另行协商,招标成果不能有效地发挥作用。另外对投标人有一定的风险,因为如果设计图纸和说明书不太详细,未知数比较多,或者遇到材料突然涨价、地质条件和气候条件恶劣等意外情况,投标人就难以据此比较精确地估算造价,承担的风险就会增大,风险费加大不利于降低工程造价,最终对招标人也不利。

(5)类型:

①固定总价合同。其特点主要是,如图纸及工程要求不变则总价不变;如图纸及工程要求变化,则总价也变。风险全由投标人承担。

②调值总价合同。其特点主要是,如没有发生通货膨胀,则总价不变;如因通货膨胀引起工料成本增加达到一定限度时,则总价做相应调整。招标人承担通货膨胀风险,投标人承担其他风险。

③固定工程量总价合同。其主要特点是,如未改变设计或未增加新项目,则总价不变;如改变设计或增加新项目,则总价变化,具体做法是通过合同中已确定的单价来计算新增的工程量和调整总价。

④管理费总价合同。其主要特点是,由业主聘请管理专家并支付一笔总的管理费。

2. 单价合同

(1)定义:单价合同是指以工程单价结算工程价款的合同。

(2)主要做法：招标前由招标人主编制具有工程量清单的招标文件，投标人据此提出各工程细目的单价和投标总报价，招标人根据总报价的高低确定中标单位，签订合同。在合同执行过程中，单价原则上不变，完成的工程量根据计量结果来确定。工程量实量实算，以实际完成的数量乘单价结算。

(3)特点：合同的可操作性强，对图纸质量和设计深度的适应范围广，特别是在合同执行过程中，便于处理工程变更和施工索赔(即使出现工程变更，依然有计价依据)，合同的公平性更好，投标人的风险责任小，有利于降低投标报价。但这种合同使招标人的管理工作量较大，且对监理工程师的素质有很高的要求(否则，合同的公平性难以得到保证)。此外，招标人采用这种合同时易遭受投标人不平衡报价带来的造价增加风险。

(4)类型：

①按分部分项工程单价承包。由招标人开列分部分项工程名称和计量单位，由投标人投标时逐项填报单价，或由招标人先提出单价，再由投标人认可或提出修改意见后作为正式报价，经双方磋商确定承包单价，然后签订合同，并根据实际完成的工程数量，按此单价结算工程价款。这种承包方式，主要适用于没有施工图、工程量不明就要开工的工程。

②按总价投标和定标，按单价结算工程价款。这种承包方式适用于能比较精确地根据设计文件估算出分部分项工程数量的近似值，但仍可能因某些情况不完全清楚而在实际工作中出现较大变化的工程。如隧洞开挖，就可能因反常的地质条件而使土石方数量产生较大变化。为使招标人、投标人双方都能避免由此带来的风险，投标人可以按估算的工程量和一定的单价提出总报价，招标人也以总价和单价为评标、定标的主要依据，并签订单价承包合同。随后，双方即按实际完成的工程量和合同单价结算工程价款。

3. 成本加酬金合同

(1)定义：成本加酬金合同又称成本补偿合同，是按工程实际发生的成本，加上商定的总管理费和利润，来确定工程总价。工程实际发生的成本，主要包括人工费、材料费、施工机械使用费、其他直接费和施工管理费以及各项独立费，但不包括承包企业的总管理费和应缴所得税。

(2)主要做法：成本费用按实报销，或由发包人与承包人事先估算、商定出一个工程成本，在此基础上，发包人向承包人支付一定酬金。

(3)适用工程：适用于建设全过程合同(统包合同)，对工程内容尚不十分清楚的工程，如遭受自然灾害、战争等破坏后需修复的工程，边设计边施工的紧急工程等。

(4)特点：简便易行，缺点是发包人不易控制工程总价，承包人不关心降低成本。因为按成本的一定比例提取管理费和利润，成本越大便意味着提取的管理费和利润也越高，这样承包人不仅不会注意对成本的精打细算，反而会希望成本增大。

(5)在实践中可有以下四种不同的具体做法。

①成本加固定百分比酬金。

计算方法可用下式说明：

$$C = C_d \times (1 + P) \tag{2-1}$$

式中：C——总造价；

C_d——实际发生的工程成本；

P——固定的百分数。

从算式中可以看出，总造价 C 将随工程成本 C_d 的增加而增加，显然不能鼓励承包人关心缩短工期和降低成本，因而对建设单位的投资控制是不利的。现在这种承包方式已很少被采用。

②成本加固定酬金。

工程成本实报实销，但酬金是事先商定的一个固定数目。计算式为：

$$C = C_d + F \tag{2-2}$$

式中：F——酬金，通常按估算的工程成本的一定百分比确定，数额是固定不变的；

其他符号意义同前。

这种承包方式虽然不能鼓励承包人关心降低成本，但从尽快取得酬金出发，承包人将会关心缩短工期，这是其可取之处。

③成本加浮动酬金。

这种承包方式要事先商定工程成本和酬金的预期水平。如果实际成本恰好等于预期水平，工程造价就是成本加固定酬金；如果实际成本低于预期水平，则增加酬金；如果实际成本高于预期水平，则减少酬金。这三种情况可用算式表示如下：

$$C = C_d + F + \Delta F \tag{2-3}$$

式中：ΔF——酬金增减部分，可以是一个百分数，也可以是一个固定的绝对数；

其他符号意义同前。

采用这种承包方式时，通常规定，当实际成本超支而减少酬金时，以原定的固定酬金数额为减少的最高限度。也就是在最坏的情况下，承包人得不到任何酬金，但不必承担赔偿超支的责任。这种承包方式对承、发包双方既没有太多风险，又能促使承包人关心降低成本和缩短工期；但在实践中估算预期成本比较困难，所以要求当事双方具有丰富的经验。

④目标成本加奖罚。

在仅有初步设计和工程说明书即迫切要求开工的情况下，可根据粗略估算的工程量和适当的单价表编制概算，作为目标成本。随着详细设计逐步具体化，工程量和目标成本可加以调整，另外规定一个百分数作为酬金。最后结算时，如果实际成本高于目标成本并超过事先商定的界限（例如5%），则减少酬金；如果实际成本低于目标成本（也有一个幅度界限），则加给酬金。用算式表示如下：

$$C = C_d + P_1 \times C_0 + P_2 \times (C_0 - C_d) \tag{2-4}$$

式中：C_0——目标成本；

P_1——基本酬金百分数；

P_2——奖罚百分数；

其他符号意义同前。

此外，还可另加工期奖罚。

这种承包方式可以促使承包人关心降低成本和缩短工期，而且目标成本是随设计的进展而加以调整才确定下来的，故发包人和承包人双方都不会承担多大风险，这是其可取之处。当然也要求承包人和发包人的代表都须具有比较丰富的经验。

施工招标中到底采用哪种承包方式，应根据项目的具体情况选定。

例如，在下列情况下宜采用总价合同：

(1)业主的管理人员较少或缺乏项目管理经验；

(2)监理制度不太完善或缺少高水平的监理队伍；

(3)施工图纸明确、技术不太复杂、规模较小的工程；

(4)工期较紧急的工程。

而在下列情况下可采用单价合同：

(1)业主的管理人员多,且有较丰富的项目管理经验；

(2)施工图设计尚未完成,要边组织招标、边组织施工图设计；

(3)工程变更较多的工程；

(4)监理队伍的素质较高,监理人员行为公正,监理制度完善。

科学地选择承包方式,对保证合同的正常履行,搞好合同管理工作是十分重要的。

六、标段划分

工程是可以进行分标的。因为一个建设项目投资额很大,所涉及的各个项目技术复杂,工程量也巨大,往往一个投标人难以完成。为了加快工程进度,发挥各投标人的优势,降低工程造价,对一个建设项目进行合理分标,是非常必要的。所以,编制招标文件前,应适当划分标段,选择分标方案。这是一项十分重要而又棘手的准备工作。确定好分标方案后,要根据分标的特点编制招标文件。

1.标段划分原则

分标时必须坚持不肢解工程的原则,保持工程的整体性和专业性。

2.具体做法

(1)工程的特点。如工程建设场地面积大、工程量大、有特殊技术要求、管理不便的,可以考虑对工程进行分标。如工程建设场地比较集中、工程量不大、技术上不复杂、便于管理的,可以不进行分标。

(2)对工程造价的影响。大型、复杂的工程项目,一般工期长,投资大,技术难题多,因而对投标人在能力、经验等方面的要求很高。对这类工程,如果不分标,可能会使有资格参加投标的投标人数量大为减少,竞争对手少必然会导致投标报价提高,招标人就不容易得到满意的报价。如果对这类工程进行分标,就会避免这种情况,对招标人、投标人都有利。

(3)工程资金的安排情况。建设资金的安排,对工程进度有重要影响。有时,根据资金筹措、到位情况和工程建设的次序,在不同时间进行分段招标,就十分必要。如对国际工程,当外汇不足时,可以按国内投标人有资格投标的原则进行分标。

(4)对工程管理上的要求。现场管理和工程各部分的衔接,也是分标时应考虑的一个因素。分标要有利于现场的管理,尽量避免各中标人之间在现场分配、生活营地、附属厂房、材料堆放场地、交通运输、弃渣场地等方面的相互干扰,在关键线路上的项目一定要注意相互衔接,防止因一个中标人在工期、质量上的问题而影响其他中标人的工作。

第二节　施工招标文件

招标文件的规范化对做好招标投标工作是非常重要的,为满足规范化的要求,编写招标文件时,应遵循合法性、公平性和可操作性的编写原则。在此基础上,根据交通运输部组织专家编写的《公路工程标准施工招标文件》(2009 年 8 月 1 日交通运输部交公路发[2009]第 221 号公布),结合项目的具体情况和法律法规的要求予以补充。根据范本的格式和当前招标工作的实践，施工招标文件应包括以下内容：招标公告/投标邀请书、投标人须知、评标方法、合同条款及格式、工程量清单、图纸、技术规范、投标书格式。

招标文件的组成会因合同类型的不同而有所差别。例如，对总价合同而言，图纸中须包括施工图纸但无需工程量清单，而单价合同可以没有施工图纸但工程量清单必不可少。

一、招标公告/投标邀请书

（一）招标公告

主要内容有：招标条件；项目概况与招标范围；投标人资格要求；招标文件的获取；投标文件的递交及相关事宜；发布公告的媒介；联系方式。

1. 招标公告格式

招标公告（未进行资格预审）

________（项目名称）____标段施工招标公告

1. 招标条件

本招标项目________（项目名称）已由________（项目审批、核准或备案机关名称）以________（批文名称及编号）批准建设，项目业主为________，建设资金来自________（资金来源），项目出资比例为________，招标人为________。项目已具备招标条件，现对该项目的施工进行公开招标。

2. 项目概况与招标范围

______（说明本次招标项目的建设地点、规模、计划工期、招标范围、标段划分等）。

3. 投标人资格要求

3.1 本次招标要求投标人须具备______资质，______业绩，并在人员、设备、资金等方面具有相应的施工能力。

3.2 本次招标______（接受或不接受）联合体投标。联合体投标的，应满足下列要求：________。

3.3 每个投标人最多可对___（具体数量）个标段投标，且允许中___个标；被招标项目所在地省级交通主管部门评为最高信用等级的投标人，最多可对___（具体数量）个标段投标，且允许中___个标。

3.4 具有投资参股关系的关联企业，或具有直接管理和被管理关系的母子公司，或同一母公司的子公司，或法定代表人为同一人的两个及两个以上法人不得同时对同一标段投标，否则均按废标处理。

4. 招标文件的获取

4.1 凡有意参加投标者，请于___年___月___日至___年___月___日（法定公休日、法定节假日除外），每日上午___时至___时，下午___时至___时（北京时间，下同），在________（详细地址）持企业法人营业执照副本原件、企业资质证书副本原件、企业安全生产许可证副本原件、单位介绍信、经办人身份证及上述资料复印件一套购买招标文件。参加多个标段投标的投标人必须分别购买相应标段的招标文件，并对每个标段单独递交投标文件。

4.2 招标文件每套售价______元，图纸每套售价______元，招标人根据对本合同工程勘察所取得的水文、地质、气象和料场分布、取土场、弃土场位置等资料编制的参考资料每套售价＿＿＿＿＿＿元，售后不退。

5.投标文件的递交及相关事宜

5.1　招标人将于下列时间和地点组织进行工程现场踏勘并召开投标预备会。

踏勘现场时间：＿＿年＿＿月＿＿日＿＿时，集中地点：＿＿＿＿＿＿＿＿＿＿；

投标预备会时间：＿＿年＿＿月＿＿日＿＿时，地点：＿＿＿＿＿＿＿＿＿＿。

5.2　投标文件递交的截止时间（投标截止时间，下同）为＿＿年＿＿月＿＿日＿＿时＿＿分，投标人应于当日＿＿时＿＿分至＿＿时＿＿分将投标文件递交至＿＿＿＿＿＿＿＿＿＿。

5.3　逾期送达的或者未送达指定地点的投标文件，招标人不予受理。

6.发布公告的媒介

本次招标公告同时在＿＿＿＿＿＿（发布公告的媒介名称）上发布。

7.联系方式

招标人：＿＿＿＿＿＿＿＿	招标代理机构：＿＿＿＿＿＿＿＿
地址：＿＿＿＿＿＿＿＿	地址：＿＿＿＿＿＿＿＿
邮政编码：＿＿＿＿＿＿＿＿	邮政编码：＿＿＿＿＿＿＿＿
联系人：＿＿＿＿＿＿＿＿	联系人：＿＿＿＿＿＿＿＿
电话：＿＿＿＿＿＿＿＿	电话：＿＿＿＿＿＿＿＿
传真：＿＿＿＿＿＿＿＿	传真：＿＿＿＿＿＿＿＿

＿＿年＿＿月＿＿日

2.注意事项

(1)招标人可根据项目具体特点和实际需要对招标公告的内容进行补充、细化，但应遵守《中华人民共和国招标投标法》第16条和《招标公告发布暂行办法》等有关法律法规的规定。

(2)对于被招标项目所在地省级交通主管部门评为最高信用等级的投标人，招标人可在招投标方面给予一定的奖励。

(3)国务院国有资产监督管理机构直接监管的中央企业均不属于3.4条规定的“母公司”，其一级子公司可同时对同一标段投标，但同属一个子公司的二级子公司不得同时对同一标段投标。

(4)招标文件（未进行资格预审）的发售时间不得少于5个工作日。

(5)招标文件中所有复印件均指彩色扫描件或彩色复印件。

(6)招标文件中提到的货币单位除有特别说明外，均指人民币元。

(7)每套招标文件售价只计工本费，最高不超过1 000元（不含图纸部分）；图纸每套售价最高不超过3 000元；参考资料也应只计工本费，最高不超过1 000元。

(8)投标预备会与发售招标文件的时间应有一定的间隔，一般不得少于3天，以便投标人阅读招标文件和准备提出问题。

(9)自招标文件开始发售之日起至投标人递交投标文件截止时间止，高速公路、一级公路、技术复杂的特大桥梁、特长隧道不得少于28天,其他公路工程不得少于20天。

(二)投标邀请书

(1)投标邀请书是招标人向通过资格预审的投标人或潜在投标人正式发出参与本项目投标的邀请。因此,投标邀请书也是投标人具有参加投标资格的证明,而没有得到投标邀请书的投标人,无权参加本项目的投标。

(2)投标邀请书应当载明下列内容:招标条件;项目概况与招标范围;投标人资格要求;招标文件的获取;投标文件的递交及相关事宜;确认;联系方式。

(3)投标邀请书格式如下:

投标邀请书(适用于邀请招标)

____________(项目名称)______标段施工投标邀请书

________________(被邀请单位名称):

1.招标条件

本招标项目____________________(项目名称)已由____________________(项目审批、核准或备案机关名称)以____________________(批文名称及编号)批准建设,项目业主为____________,建设资金来自____________(资金来源),出资比例为____________,招标人为____________。项目已具备招标条件,现邀请你单位参加________________(项目名称)____标段施工投标。

2.项目概况与招标范围

______(说明本次招标项目的建设地点、规模、计划工期、招标范围、标段划分等)。

3.投标人资格要求

3.1　本次招标要求投标人具备________资质,__________业绩,并在人员、设备、资金等方面具有承担本标段施工的能力。

3.2　你单位__________(可以或不可以)组成联合体投标。联合体投标的,应满足下列要求:__________________________。

4.招标文件的获取

4.1　请于____年____月____日至____年____月____日(法定公休日、法定节假日除外),每日上午____时至____时,下午____时至____时(北京时间,下同),在____________(详细地址)持本投标邀请书和企业法人营业执照副本原件、企业资质证书副本原件、企业安全生产许可证副本原件、单位介绍信、经办人身份证及上述资料复印件一套购买招标文件。

4.2　招标文件每套售价__________元,图纸每套售价__________元,招标人根据对本合同工程勘察所取得的水文、地质、气象和料场分布、取土场、弃土场位置等资料编制的参考资料每套售价__________元,售后不退。

5.投标文件的递交及相关事宜

5.1　招标人将于下列时间和地点组织进行工程现场踏勘并召开投标预备会。

踏勘现场时间:____年____月____日____时,集中地点:________________;

投标预备会时间:____年____月____日____时,地点:________________。

5.2　投标文件递交的截止时间(投标截止时间,下同)为____年____月____日____时____分,投标人应于当日____时____分至____时____分将投标文件递交至________________。

5.3 逾期送达的或者未送达指定地点的投标文件，招标人不予受理。

6.确认

你单位收到本投标邀请书后，请于＿＿＿＿＿（具体时间）前以传真或快递方式予以确认，并明确是否准备参与投标。

7.联系方式

招 标 人：＿＿＿＿＿＿＿＿＿＿ 招标代理机构：＿＿＿＿＿＿＿＿＿＿

地 址：＿＿＿＿＿＿＿＿＿＿ 地 址：＿＿＿＿＿＿＿＿＿＿

邮政编码：＿＿＿＿＿＿＿＿＿＿ 邮 政 编 码：＿＿＿＿＿＿＿＿＿＿

联 系 人：＿＿＿＿＿＿＿＿＿＿ 联 系 人：＿＿＿＿＿＿＿＿＿＿

电 话：＿＿＿＿＿＿＿＿＿＿ 电 话：＿＿＿＿＿＿＿＿＿＿

传 真：＿＿＿＿＿＿＿＿＿＿ 传 真：＿＿＿＿＿＿＿＿＿＿

＿＿年＿＿月＿＿日

投标邀请书（代资格预审通过通知书）

＿＿＿＿＿（项目名称）＿＿＿标段施工投标邀请书

＿＿＿＿＿＿（被邀请单位名称）：

你单位已通过资格预审，现邀请你单位按招标文件规定的内容，参加＿＿＿（项目名称）＿＿＿＿标段施工投标。

请你单位于＿＿年＿＿月＿＿日至＿＿年＿＿月＿＿日（法定公休日、法定节假日除外），每日上午＿＿时至＿＿时，下午＿＿时至＿＿时（北京时间，下同），在＿＿＿＿＿（详细地址）持本投标邀请书、单位介绍信及经办人身份证购买招标文件。

招标文件每套售价＿＿＿＿＿元，图纸每套售价＿＿＿＿＿元，招标人根据对本合同工程勘察所取得的水文、地质、气象和料场分布、取土场、弃土场位置等资料编制的参考资料每套售价＿＿＿＿＿元，售后不退。

招标人将于下列时间和地点组织进行工程现场踏勘并召开投标预备会。

踏勘现场时间：＿＿年＿＿月＿＿日＿＿时，集中地点：＿＿＿＿＿＿；

投标预备会时间：＿＿年＿＿月＿＿日＿＿时，地点：＿＿＿＿＿＿。

递交投标文件的截止时间（投标截止时间，下同）为＿＿年＿＿月＿＿日＿＿时＿＿分，投标人应于当日＿＿时＿＿分至＿＿时＿＿分将投标文件递交至＿＿＿＿＿＿。

逾期送达的或者未送达指定地点的投标文件，招标人不予受理。

你单位收到本投标邀请书后，请于＿＿（具体时间）前以传真或快递方式予以确认，并明确是否准备参与投标。

招 标 人：＿＿＿＿＿＿＿＿＿＿ 招标代理机构：＿＿＿＿＿＿＿＿＿＿

地 址：＿＿＿＿＿＿＿＿＿＿ 地 址：＿＿＿＿＿＿＿＿＿＿

邮政编码：＿＿＿＿＿＿＿＿＿＿ 邮 政 编 码：＿＿＿＿＿＿＿＿＿＿

联 系 人：________________ 联 系 人：________________
电 话：________________ 电 话：________________
传 真：________________ 传 真：________________

____年____月____日

二、投标人须知

(一)投标人须知前附表

1. 主要内容

“投标人须知前附表”用于进一步明确正文中的未尽事宜，由招标人根据招标项目具体特点和实际需要编制和填写，主要内容见表 2-1。

投标人须知前附表 表 2-1

条款号	条 款 名 称	编 列 内 容
1.1.2	招标人	名 称： 地 址： 联系人： 电 话：
1.1.3	招标代理机构	名 称： 地 址： 联系人： 电 话：
1.1.4	项目名称	
1.1.5	建设地点	
1.2.1	资金来源	
1.2.2	出资比例	
1.2.3	资金落实情况	
1.3.1	招标范围	
1.3.2	计划工期	计划工期：____日历天 计划开工日期：____年____月____日 计划交工日期：____年____月____日
1.3.3	质量要求	标段工程交工验收的质量评定：____； 竣工验收的质量评定：____。
1.4.1	投标人资质条件、能力和信誉	资质条件：见附录 1 财务要求：见附录 2 业绩要求：见附录 3 信誉要求：见附录 4 项目经理和项目总工资格：见附录 5 其他要求：

续上表

条款号	条 款 名 称	编 列 内 容
1.4.2	是否接受联合体投标	□不接受 □接受，但联合体所有成员数量不得超过____家； 还应满足下列要求：
1.9.1	踏勘现场	□不组织 □组织，踏勘时间： 踏勘集中地点：
1.10.1	投标预备会	□不召开 □召开，召开时间： 召开地点：
1.10.2	投标人提出问题的截止时间	递交投标文件截止之日____天前
1.10.3	招标人书面澄清的时间	递交投标文件截止之日____天前
1.11	分包	□不允许 □允许
1.12	偏离	□不允许 □允许
2.1	构成招标文件的其他材料	
2.2.1	投标人要求澄清招标文件的截止时间	递交投标文件截止之日____天前
2.2.2	投标截止时间	____年____月____日____时____分
2.2.3	投标人确认收到招标文件澄清的时间	收到澄清后____小时内(以发出时间为准)
2.3.2	投标人确认收到招标文件修改的时间	收到修改后____小时内(以发出时间为准)
3.1.1	构成投标文件的其他材料	
3.2.1	工程量清单的填写方式	□投标人按照招标人提供的工程量固化清单电子文件填写工程量清单 □投标人按照招标人提供的书面工程量清单填写工程量清单
3.2.5	是否接受调价函	□是 □否
3.3.1	投标有效期	自投标人提交投标文件截止之日起计算____天
3.4.1	投标保证金	投标保证金的金额：____________ 投标保证金的形式：____________ 投标保证金的递交截止时间为： ____年____月____日____时之前 招标人的开户银行及账号如下： 招 标 人：____________ 开户银行：____________ 账　　号：____________
3.5.2	近年财务状况的年份要求	____年～____年

续上表

条款号	条 款 名 称	编 列 内 容
3.5.3	近年完成的类似项目的年份要求	____年～____年
3.5.5	近年发生的诉讼及仲裁情况的年份要求	____年～____年
3.6	是否允许递交备选投标方案	□不允许 □允许
3.7.3	签字或盖章要求	
3.7.4	投标文件副本份数	____份，另加1份投标文件电子文件(光盘或U盘，如需要)
3.7.5	装订要求	
4.1.2	封套上写明	内层封套： 投标人邮政编码：____________ 投标人地址：____________ 投标人名称：____________ 投标人联系人：____________ 投标人联系电话：____________ 招标人地址及名称：____________(寄) 外层封套： 招标人地址：____________ 招标人名称：____________ ____(项目名称)____标段施工招标投标文件 在____年____月____日____时____分前不得开启
4.1.2	封套上写明	投标文件第一个信封(商务及技术文件)内层封套： 投标人邮政编码：____________ 投标人地址：____________ 投标人名称：____________ 投标人联系人：____________ 投标人联系电话：____________ 招标人地址及名称：____________(寄) 投标文件第一个信封(商务及技术文件)外层封套： 招标人地址：____________ 招标人名称：____________ ____(项目名称)____标段施工招标第一个信封(商务及技术文件)投标文件 在____年____月____日____时____分前不得开启 投标文件第二个信封(投标报价和工程量清单)内层封套： 投标人邮政编码：____________ 投标人地址：____________ 投标人名称：____________ 投标人联系人：____________ 投标人联系电话：____________ 招标人地址及名称：____________(寄) 投标文件第二个信封(投标报价和工程量清单)外层封套： 招标人地址：____________ 招标人名称：____________ ____(项目名称)____标段施工招标第二个信封(投标报价和工程量清单)投标文件 在____年____月____日____时____分前不得开启

续上表

条款号	条 款 名 称	编 列 内 容
4.2.2	递交投标文件地点	
4.2.3	是否退还投标文件	□否 □是
4.2.6	招标人通知延后投标截止时间的时间	原定投标截止时间____天前
5.1	开标时间和地点	开标时间:同投标截止时间 开标地点:________
5.1	开标时间和地点	投标文件第一个信封(商务及技术文件)开标时间:同投标截止时间 投标文件第一个信封(商务及技术文件)开标地点:______ 投标文件第二个信封(投标报价和工程量清单)开标时间:________ 投标文件第二个信封(投标报价和工程量清单)开标地点:________
5.2.1	开标程序	(4)密封情况检查:________ (5)开标顺序:________
6.1.1	评标委员会的组建	评标委员会构成:____人,其中招标人代表人,专家____人; 评标专家确定方式:从____专家库中随机抽取
7.1	是否授权评标委员会确定中标人	□是 □否,推荐的中标候选人的人数为____名
7.3.1	履约担保	履约担保金额:____%签约合同价,被招标项目所在地省级交通主管部门评为最高信用等级的中标人,履约担保金额为____%签约合同价(适用于采用合理低价法或综合评估法确定的中标人) 履约担保形式: □银行保函 □银行保函+现金(电汇或银行汇票形式) 采用银行保函时,出具履约担保的银行级别:________
9.5	监督部门	监督部门:__________ 地　　址:__________ 电　　话:__________ 传　　真:__________ 邮政编码:__________
需要补充的其他内容		

2. 注意事项

(1)“投标人须知前附表”用于进一步明确正文中的未尽事宜,由招标人根据招标项目具体特点和实际需要编制和填写,但务必做到与招标文件中其他章节的衔接,并不得与正文内容相抵触。

(2)“投标人须知前附表”中的附录表格同属“投标人须知前附表”内容,具有同等效力。

(3)对于技术特别复杂的特大桥梁和长大隧道工程,招标人还应增加附录6、附录7对投标人的其他主要管理人员和技术人员以及主要机械设备和试验检测设备提出要求。

(4)投标文件的密封情况可由监标人或投标人代表检查。

(5)评标委员会应由招标人代表和有关方面的专家组成,人数为五人以上单数,其中技术、经济专家人数应不少于成员总数的三分之二。

(6)履约担保金额一般为10%签约合同价,如果采用经评审的最低投标价法评标,履约担保金额应符合“投标人须知”第7.3.1项的规定。

(7)对于被招标项目所在地省级交通主管部门评为最高信用等级的中标人,招标人可在履约担保方面给予一定的奖励,例如招标人可给予中标人1%~5%签约合同价履约担保金的优惠,具体优惠幅度由招标人自行确定。

(8)履约担保的现金比例一般不超过签约合同价的5%。

3. 附录

一共有七个附表。

(1)施工企业资质等级要求:具体资质要求由招标人在满足国家相关法律法规前提下,根据招标项目具体特点和实际情况确定。

(2)财务要求:具体财务要求由招标人在满足国家相关法律法规前提下,根据招标项目具体特点和实际情况确定。例如招标人可对投标人近三年的平均营业额、流动比率、投标能力等提出要求,其中投标能力应满足以下要求:$A \leqslant B-C$。其中:A为投标人所投的标段中标后平均每年应完成的合同金额;B为投标人近三年已实现的平均每年完成的合同金额;C为在本项目投标时,投标人正在施工和新承接的项目平均每年应完成的合同金额。

(3)业绩要求:具体业绩要求由招标人在满足国家相关法律法规前提下,根据招标项目具体特点和实际情况确定,但不得设置过高的业绩资格条件。

(4)信誉要求:具体信誉要求由招标人在满足国家相关法律法规前提下,根据招标项目具体特点和实际情况确定。

(5)项目经理和项目总工要求:对项目经理(以及备选人)和项目总工(以及备选人)的具体资格要求由招标人在满足国家相关法律法规前提下,根据招标项目具体特点和实际情况确定,但不得设置过高的资格条件。

(6)其他主要管理人员和技术人员最低要求:对其他主要管理人员和技术人员的最低要求由招标人在满足国家相关法律法规前提下,根据招标项目具体特点和实际情况确定,但不得设置过高的资格条件。

(7)主要机械设备和实验检测设备要求:对主要机械设备和试验检测设备的最低要求由招标人在满足国家相关法律法规前提下,根据招标项目具体特点和实际情况确定。

(二)投标人须知的内容

投标人须知是一份为让投标人了解招标项目及招标的基本情况和要求而准备的一份文

件，该文件中应说明以下内容。

(1)总则:包括项目概况、资金来源和落实情况、招标范围、计划工期和质量要求、投标人资格要求、费用承担、保密、语言文字、计量单位、踏勘现场、投标预备会、分包、偏离等。

(2)招标文件:包括招标文件的组成、招标文件的澄清、招标文件的修改。

(3)投标文件:包括投标文件的组成、投标报价、投标有效期、投标保证金、资格审查资料、备选投标方案、投标文件的编制。

(4)投标:包括投标文件的密封和标识、投标文件的递交、投标文件的修改与撤回。

(5)开标:包括开标时间和地点、开标程序。

(6)评标:包括评标委员会、评标原则、评标。

(7)合同授予:包括定标方式、中标通知、履约担保、签订合同。

(8)重新招标和不再招标。

(9)纪律和监督:包括对招标人的纪律要求、对投标人的纪律要求、对评标委员会成员的纪律要求、对与评标活动有关的工作人员的纪律要求、投诉。

(10)需要补充的其他内容。

(三)附表

一共有六个附表:开标记录表、问题澄清通知、问题的澄清、中标通知书、中标结果通知书、确认通知。

三、评标办法

(一)合理低价法

合理低价法是综合评估法的评分因素中，评标价得分为100分，其他评分因素分值为0分的特例。

1.基本方法

(1)评标方法:评标委员会对满足招标文件实质性要求的投标文件，按照《公路工程标准施工招标文件》(2009年版)第三章第2.2款规定的评分标准进行打分，并按得分由高到低顺序推荐中标候选人，或根据招标人授权直接确定中标人，但投标报价低于其成本的除外。综合评分相等时，以投标报价低的优先;投标报价也相等的，招标人可采用被招标项目所在地省级交通主管部门评为较高信用等级的投标人优先或递交投标文件时间较前的投标人优先或其他方法确定第一中标候选人。

评标基准价计算方法:在开标现场，招标人将当场计算并宣布评标基准价。

①评标价的确定:

方法一:评标价=投标函文字报价;

方法二:评标价=投标函文字报价-暂估价-暂列金额(不含计日工总额)。

②评标价平均值的计算:

除按"投标人须知"第5.2.2项规定开标现场被宣布为废标的投标报价之外，所有投标人的评标价去掉一个最高值和一个最低值后的算术平均值即为评标价平均值(如果参与评标价平均值计算的有效投标人少于5家时，则计算评标价平均值时不去掉最高值和最低值)。

③评标基准价的确定:

方法一:将评标价平均值直接作为评标基准价。

方法二:将评标价平均值下浮_________%,作为评标基准价。

方法三:招标人设置评标基准价系数,由投标人代表或监标人现场抽取,评标价平均值乘以现场抽取的评标基准价系数作为评标基准价。

如果投标人认为某一标段的评标基准价计算有误,有权在开标现场提出,经监标人当场核实确认之后,可重新宣布评标基准价。确认后的评标基准价在整个评标期间保持不变,不随通过初步评审和详细评审的投标人的数量发生变化。

④评标价的偏差率计算公式:

偏差率=100%×(投标人评标价-评标基准价)/评标基准价。

(2)评审标准:形式评审标准;资格评审标准;响应性评审标准、分值构成与评分标准。

(3)评标程序:投标文件的澄清与补正;初步评审;详细评审。

(4)评标结果:评标委员会按照得分由高到低的顺序推荐中标候选人。并在完成评标后,应当向招标人提交书面评标报告。

2.双信封形式合理低价法

招标人采用合理低价法时,也可采用双信封形式,即:投标文件应采用双信封密封,第一个信封内为商务及技术文件,第二个信封内为投标报价和工程量清单,在开标前同时提交给招标人。其评标程序如下:

(1)招标人按照“投标人须知”第5.2.1项~第5.2.3项的规定对投标文件第一个信封(商务及技术文件)进行开标。

(2)评标委员会首先对投标文件第一个信封(商务及技术文件)进行评审,确定通过投标文件第一个信封(商务及技术文件)评审的投标人名单。

(3)招标人按照“投标人须知”第5.2.4项~第5.2.6项的规定对通过投标文件第一个信封(商务及技术文件)评审的投标文件第二个信封(投标报价和工程量清单)进行开标。

(4)评标委员会对投标文件第二个信封(投标报价和工程量清单)进行评审并推荐中标候选人。

(5)需要注意的问题:

招标人采用双信封形式的合理低价法时,应使用“投标人须知”中有关采用双信封形式的相关条款。招标人不得修改“投标人须知”正文及“评标办法”正文,但可修改“投标人须知”前附表、“评标办法”前附表、招标公告/投标邀请书、开标记录表、投标文件格式等与双信封形式有关的内容。

投标文件第一个信封(商务及技术文件)不得出现有关投标报价的内容,否则评标委员会将对投标文件第一个信封(商务及技术文件)作废标处理。

(二)综合评估法

综合评估法是其评分因素中评标价得分与其他评分因素分值合计为100分评标方法。

(1)评估方法:同合理低价法。

(2)招标人根据招标项目具体特点和实际需要,详细列明全部评审因素、标准,没有列明的因素和标准不得作为评标的依据。

(3)分值构成(总分100分):

施工组织设计:____________分;

项目管理机构:____________分;

评标价：__________分；

财务能力：__________分；

业绩：__________分；

履约信誉：__________分；

其他：__________分。

(4)评分因素与权重分值：招标人应根据项目具体情况确定各评分因素及评分因素权重分值，并对各评分因素进行细分(如有)、确定各评分因素细分项的分值，各评分因素权重分值合计应为100分。各评分因素(评标价除外)得分均不应低于其权重分值的60%，且各评分因素得分应以评标委员会各成员的打分平均值确定，该平均值以去掉一个最高和一个最低分后计算。

(三)经评审的最低投标价法

(1)评标方法：

本次评标采用合理低价法。评标委员会对满足招标文件实质性要求的投标文件，按照2009年版《公路工程标准施工招标文件》第三章第2.2款规定的评分标准进行打分，并按得分由高到低顺序推荐中标候选人，或根据招标人授权直接确定中标人，但投标报价低于其成本的除外。综合评分相等时，以投标报价低的优先；投标报价也相等的，招标人可采用被招标项目所在地省级交通主管部门评为较高信用等级的投标人优先或递交投标文件时间较前的投标人优先或其他方法确定第一中标候选人。

(2)评审标准：

①初步评审标准：包括形式评审标准；资格评审标准；格评审标准；响应性评审标准；施工组织设计和项目管理机构评审标准。

②分值构成与评分标准：从施工组织设计、项目管理机构、投标报价、其他评分因素划分。

(3)评标程序：初步评审；详细评审；投标文件的澄清和补正；评标结果。

(4)招标人采用综合评估法时，也可采用双信封形式，即：投标文件应采用双信封密封，第一个信封内为商务及技术文件，第二个信封内为投标报价和工程量清单，在开标前同时提交给招标人。

四、合同条款及格式

(一)概述

1.合同条件的内容与组成

合同条件又称合同条款，主要规定了合同履行中当事人基本的权利和义务。合同履行中的工作程序、监理工程师的职责与权力也应在合同条款中进行说明，目的是让投标人充分了解施工中将面临的监理环境。合同条款包括通用条款和专用条款：通用条款在整个项目中是相同的，甚至可以直接采用范本中的合同条款，这样既可节省编制招标文件的时间，又能较好地保证合同的公平性和严密性(也便于投标人节省阅读招标文件的时间)；专用条款是对通用条款的补充和具体化，应根据各标段的情况来组织编写。在编制合同条款时，保持合同的公平性是很重要的，实践中，多数招标人喜欢对招标文件范本中的合同条款随意修改，特别是将一些不合理的规定强加在投标人的身上，将一些施工中投标人无法克服也承受不了的风险交由投标人承担，总以为这样做可以避免业主的风险损失，减少索赔，降低工程造价。但是，这种想法实际上是错误的，这样的合同会带来以下问题。

(1)不利于降低投标报价。由于投标人的报价是由施工成本、利润以及风险费三部分组成。所以当合同规定主要风险由业主承担时，投标人的报价可不考虑风险费用，这样的合同条款有利于促使投标人通过提高劳动生产率水平来降低施工成本，并最终降低投标报价。也就是说，如果风险不发生，业主可以节省概算中的风险费用，从而达到降低工程造价的目的。但如果合同规定主要风险由投标人承担，则投标人在报价中必然要考虑风险费用，由于风险的发生是不确定的，风险损失的大小是无法准确估计的，因此，这样的合同会使投标人的投标报价工作很难进行，一些保守的投标人会在报价中考虑较多的风险费用，一些不负责任的投标人则可能不考虑风险费用，最终的结果是使投标报价无法真实地反映投标人的劳动生产率水平和竞争实力，使招标丧失其应有的功能，达不到降低工程造价的目的，不利于促进社会劳动生产力水平的提高。

(2)不利于合同的正常履行和合同管理。这样的合同一开始就未能为业主和投标人的合作创造一种良好的氛围，投标人为了中标，可能暂时签订了“城下之盟”，但当风险发生而使投标人遭受损失时，投标人避免损失的办法可能就是偷工减料，最终遭受损失的仍然是业主。

(3)这样的合同不受法律保护。由于合同条款违反了公平性的原则和要求，因此，这样的合同在性质上属于可撤销合同，不受法律保护，当投标人无法履行时，可以向人民法院申请撤销；当发生经济纠纷时，人民法院可按无效经济合同的法律责任论处。

因此，在编制合同条款时，一定要满足合同的公平性及合法性的要求。在这个原则下，合同条款应尽可能地具体明确，充分满足可操作性的要求。一份操作性好的合同，应该是各种问题面面俱到、处理办法应有尽有的合同，凡是在合同履行中出现的任何情况，都可以在合同中找出相应的处理办法。未尽事宜很多，需要在执行中协商解决的合同是一份可操作性差的合同，不利于合同的正常履行。

鉴于以上情况，编制合同条款时，《公路工程标准施工招标文件》的通用条款原则上不能变动，世界银行贷款项目应采用FIDIC条款为通用条款。在编写专用条款时，也应以《公路工程标准施工招标文件》中的专用条款格式为基础去编写，不宜对通用条款做过多的修改。

2.合同条款与工程造价

合同条款与工程造价的基本关系是：合同条款中投标人的义务越多、风险责任越大，则工程造价越高。

例如，当合同条款中要求投标人提交履约担保和预付款担保时，这种要求有利于促进投标人履行其合同义务，但却增加了投标人的担保义务，因此其工程造价会相应提高。

又如，合同条款中涉及各种风险责任，其中有些风险责任是投标人通过加强管理可以避免克服的，而有些风险责任却是投标人即使加强管理也无法避免克服的，且很难在投标中作出准确地估计。因此，如果将这些无法预见和克服的风险责任交由投标人报价中考虑，则不利于降低投标报价和工程造价。

再如，合同条款中要求投标人办理保险义务。投标人为承担该义务要支出相应的保险费用，投标人在其报价中必然考虑该项费用。但保险是避免风险责任的有效途径，能起到防范和化解工程风险的作用，可大幅度降低报价及施工中的风险费用。因此，投标人办理保险虽增加保险费，但却可减少施工中的风险费，总体上有利于降低投标报价和工程造价。

另外，合同条款中的监理工程师职责与权力的规定对工程造价也有重要影响。监理工程师的独立性越强、公正性越高，投标人的合法权益越能受到保护，投标人相应的风险减小，有利于投标人降低投标报价及工程造价。并且，监理工程师在监理过程中能有效地起到投资控制的作用。当然，随之会发生相应的监理费用。

合同中的索赔规定及价格调整条款也与投标报价及工程造价密切相关。表面上业主会支出赔偿费用，但实质上，由于投标人的风险责任大大减小，投标报价也因此大幅度降低，进而起到降低工程造价的作用。

3.组成合同的各项文件应互相解释，互为说明

除项目专用合同条款另有约定外，解释合同文件的优先顺序如下：

(1)合同协议书；

(2)中标通知书；

(3)投标函及投标函附录；

(4)专用合同条款；

(5)通用合同条款；

(6)技术标准和要求；

(7)图纸；

(8)已标价工程量清单；

(9)其他合同文件。

(二)通用合同条款

属于一切土木工程类的施工用合同条款。按《公路工程标准施工招标文件》(2009年8月1日交通运输部发[2009]第221号公布)规定包括下列内容：

(1)一般约定；

(2)发包人义务；

(3)监理工程师；

(4)承包人；

(5)材料和工程设备；

(6)施工设备和临时设施；

(7)交通运输；

(8)测量放线；

(9)施工安全、治安保卫和环境保护；

(10)进度计划；

(11)开工和竣工；

(12)暂停施工；

(13)工程质量；

(14)试验和检验；

(15)变更；

(16)价格调整；

(17)计量与支付；

(18)交工验收；

(19)缺陷责任与保修责任;

(20)保险;

(21)不可抗力;

(22)违约;

(23)索赔;

(24)争议的解决。

通用合同条款一般直接放入招标文件中。通用条款内相关条款之间,既相互联系起到补充作用,又相互制约起到保证作用。

(三)专用合同条款

根据土木施工项目所在地的具体情况或项目自身的特点,对照合同通用条款具体编写、修改、补充和完善后的合同条款。

1. 公路工程专用合同条款

公路工程专用合同条款的编号与通用合同条款编号一致。

2. 项目专用合同条款

(1)招标人在根据《公路工程标准施工招标文件》编制项目招标文件中的“项目专用合同条款”时,可根据招标项目的具体特点和实际需要,对“通用合同条款”及“公路工程专用合同条款”进行补充和细化,除“通用合同条款”明确“专用合同条款”可做出不同约定以及“公路工程专用合同条款”明确“项目专用合同条款”可做出不同约定外,补充和细化的内容不得与“通用合同条款”及“公路工程专用合同条款”强制性规定相抵触。同时,补充、细化或约定的不同内容,不得违反法律、行政法规的强制性规定以及平等、自愿、公平和诚实信用原则。

(2)项目专用合同条款的编号应与通用合同条款和公路工程专用合同条款一致。

(3)项目专用合同条款可对下列内容进行补充和细化:

①“通用合同条款”中明确指出“专用合同条款”可对“通用合同条款”进行修改的内容(在“通用合同条款”中用“应按合同约定”、“应按专用合同条款约定”“除合同另有约定外”、“除专用合同条款另有约定外”、“在专用合同条款中约定”等多种文字形式表达);

②“公路工程专用合同条款”中明确指出“项目专用合同条款”可对“公路工程专用合同条款”进行修改的内容(在“公路工程专用合同条款”中用“除项目专用合同条款另有约定外”,“项目专用合同条款可能约定的”,“项目专用合同条款约定的其他情形”等多种文字形式表达);

③其他需要补充、细化的内容。

3. 项目专用合同条款数据表

项目专用合同条款数据表见表 2-2。

项目专用合同条款数据表 表 2-2

序号	条目号	信息或数据
1	1.1.2.2	发 包 人: 地　　址:　　　　　　　　邮政编码:
2	1.1.2.6	监 理 人: 地　　址:　　　　　　　　邮政编码:
3	1.1.4.5	缺陷责任期:自实际交工日期起计算____年

续上表

序号	条目号	信息或数据
4	1.6.3	图纸需要修改和补充的，应由监理工程师取得发包人同意后，在该工程或工程相应部位施工前____天签发图纸修改图给承包人
5	3.1.1	监理工程师在行使下列权力前需要经发包人事先批准： (6)根据第15.3款发出的变更指示，其单项工程变更涉及的金额超过了该单项工程签约时合同价的____%或累计变更超过了签约合同价的____%
6	5.2.1	发包人是否提供材料或工程设备：是或否 如发包人负责提供部分材料或工程设备，相关规定如下：__________
7	6.2	发包人是否提供施工设备和临时设施：是或否 如发包人负责提供部分施工设备和临时设施，相关规定如下：__________
8	8.1.1	发包人提供测量基准点、基准线和水准点及其书面资料的期限：__________ 承包人将施工控制网资料报送监理工程师审批的期限：__________
9	11.5	逾期交工违约金：______元/天
10	11.5	逾期交工违约金限额：______%签约合同价
11	11.6	提前交工的奖金：______元/天
12	11.6	提前交工的奖金限额：______%签约合同价
13	15.5.2	承包人提出的合理化建议降低了合同价格或者提高了工程经济效益的，发包人按所节约成本的____%或增加收益的____%给予奖励
14	16.1	□ 因物价波动引起的价格调整按照第16.1.1或第16.1.2项约定的原则处理 若按第16.1.1项的约定采用价格调整公式进行调价，每半年或一年按价格调整公式进行一次调整 □ 合同期内不调价
15	17.2.1	开工预付款金额：____%签约合同价
16	17.2.1	材料、设备预付款比例：______等主要材料、设备单据所列费用的____%
17	17.3.2	承包人在每个付款周期末向监理工程师提交进度付款申请单的份数：____份
18	17.3.3(1)	进度付款证书最低限额：____%签约合同价或____万元
19	17.3.3(2)	逾期付款违约金的利率：____‰/天
20	17.4.1	质量保证金百分比：月支付额的____%
21	17.4.1	质量保证金限额：____%合同价格，若交工验收时承包人具备被招标项目所在地省级交通主管部门评定的最高信用等级，发包人给予____%合同价格质量保证金的优惠，并在交工验收时向承包人返还质量保证金优惠的金额
22	17.5.1	承包人向监理工程师提交交工付款申请单(包括相关证明材料)的份数：____份
23	17.6.1	承包人向监理工程师提交最终结清申请单(包括相关证明材料)的份数：____份
24	18.2	竣工资料的份数：____份

续上表

序号	条目号	信息或数据
25	18.5.1	单位工程或工程设备是否需投入施工期运行：是或否 如单位工程或工程设备需要进行施工期运行，需要施工期运行的单位工程或工程设备规定如下：______
26	18.6.1	本工程及工程设备是否进行试运行：是或否 如本工程及工程设备需要进行试运行，试运行的具体规定如下：______
27	19.7	保修期：自实际交工日期起计算____年
28	20.1	建筑工程一切险的保险费率：____‰
29	20.4.2	第三者责任险的最低投保金额：____万元，事故次数不限(不计免赔额) 保险费率：____‰
30	24.1	争议的最终解决方式：仲裁或诉讼 如采用仲裁，仲裁委员会名称：______

4.几点说明

(1)本数据表是项目专用合同条款中适用于本项目的信息和数据的归纳与提示，是项目专用合同条款的组成部分。“投标文件格式”的投标函附录中的数据(供投标人确认)与表2-2所列有重复。编写招标文件的单位应仔细校核，不使数据出现差错或不一致。缺陷责任期一般应为自实际交工日期起计算2年。

(2)逾期交工违约金限额一般应为10%签约合同价。

(3)对于工程规模不大、工期较短的工程(例如工期不超过12个月的)，可以不进行调价。

(4)开工预付款金额一般应为10%签约合同价。

国际上一般按月平均支付额的0.3～0.5计算，我国可按0.2～0.3计，以利承包人资金周转。

(5)相当于中国人民银行短期贷款利率加手续费。招标人不能自行取消本项内容或降低利率。

(6)质量保证金一般不超过合同价格的5%。

(7)若交工验收时承包人具备被招标项目所在地省级交通主管部门评定的最高信用等级，发包人可在质量保证金方面给予一定的奖励，例如发包人可给予承包人2%合同价格质量保证金的优惠，并在交工验收时向承包人返还质量保证金优惠的金额，具体优惠幅度由发包人自行确定。

(8)保修期一般应为自实际交工日期起计算5年。

5.项目专用合同条款内容

(1)承包人的一般义务；

(2)不利物质条件；

(3)合同进度计划；

(4)异常恶劣的气候条件；

(5)承包人暂停施工的责任；

(6)不可抗力的确认；

(7)承包人违约。

(四)合同附件格式见《公路工程标准施工招标文件》(2009 年版)

1. 合同协议书

合同协议书

________(发包人名称,以下简称"发包人")为实施____________(项目名称),已接受________(承包人名称,以下简称"承包人")对该项目________标段施工的投标。发包人和承包人共同达成如下协议。

1. 第____标段由K____+____至K____+____,长约____km,公路等级为______,设计时速为________,______路面,有________立交____处;特大桥____座,计长____m;大中桥____座,计长____m;隧道____座,计长____m以及其他构造物工程等。

2. 下列文件应视为构成合同文件的组成部分:

(1)本协议书及各种合同附件(含评标期间和合同谈判过程中的澄清文件和补充资料);

(2)中标通知书;

(3)投标函及投标函附录;

(4)项目专用合同条款;

(5)公路工程专用合同条款;

(6)通用合同条款;

(7)技术规范;

(8)图纸;

(9)已标价工程量清单;

(10)承包人有关人员、设备投入的承诺及投标文件中的施工组织设计;

(11)其他合同文件。

3. 上述文件互相补充和解释,如有不明确或不一致之处,以合同约定次序在先者为准。

4. 根据工程量清单所列的预计数量和单价或总额价计算的签约合同价:人民币(大写)__________元(¥__________)。

5. 承包人项目经理:__________。承包人项目总工:__________。

6. 工程质量符合__________标准。

7. 承包人承诺按合同约定承担工程的实施、完成及缺陷修复。

8. 发包人承诺按合同约定的条件、时间和方式向承包人支付合同价款。

9. 承包人应按照监理工程师指示开工,工期为______日历天。

10. 本协议书在承包人提供履约担保后,由双方法定代表人或其委托代理人签署并加盖单位章后生效。全部工程完工后经交工验收合格、缺陷责任期满签发缺陷责任终止证书后失效。

11. 本协议书正本二份、副本______份,合同双方各执正本一份,副本______份,当正本与副本的内容不一致时,以正本为准。

12. 合同未尽事宜,双方另行签订补充协议。补充协议是合同的组成部分。

发包人:____________(盖单位章)　　　　承包人:____________(盖单位章)

法定代表人或其委托代理人:______(签字)　　　　法定代表人或其委托代理人:______(签字)

________年______月______日　　　　________年______月______日

2. 廉政合同

廉 政 合 同

根据《关于在交通基础设施建设中加强廉政建设的若干意见》以及有关工程建设、廉政建设的规定，为做好工程建设中的党风廉政建设，保证工程建设高效优质，保证建设资金的安全和有效使用以及投资效益，____________（项目名称）的项目法人____________（项目法人名称，以下简称“发包人”）与该项目______标段的施工单位________（施工单位名称，以下简称“承包人”），特订立如下合同。

1. 发包人和承包人双方的权利和义务

（1）严格遵守党的政策规定和国家有关法律法规及交通运输部的有关规定。

（2）严格执行__________（项目名称）________标段施工合同文件，自觉按合同办事。

（3）双方的业务活动坚持公开、公正、诚信、透明的原则（法律认定的商业秘密和合同文件另有规定除外），不得损害国家和集体利益，不得违反工程建设管理规章制度。

（4）建立健全廉政制度，开展廉政教育，设立廉政告示牌，公布举报电话，监督并认真查处违法违纪行为。

（5）发现对方在业务活动中有违反廉政规定的行为，有及时提醒对方纠正的权利和义务。

（6）发现对方严重违反本合同义务条款的行为，有向其上级有关部门举报、建议给予处理并要求告知处理结果的权利。

2. 发包人的义务

（1）发包人及其工作人员不得索要或接受承包人的礼金、有价证券和贵重物品，不得让承包人报销任何应由发包人或发包人工作人员个人支付的费用等。

（2）发包人工作人员不得参加承包人安排的超标准宴请和娱乐活动；不得接受承包人提供的通信工具、交通工具和高档办公用品等。

（3）发包人及其工作人员不得要求或者接受承包人为其住房装修、婚丧嫁娶活动、配偶子女的工作安排以及出国出境、旅游等提供方便等。

（4）发包人工作人员及其配偶、子女不得从事与发包人工程有关的材料设备供应、工程分包、劳务等经济活动等。

（5）发包人及其工作人员不得以任何理由向承包人推荐分包单位或推销材料，不得要求承包人购买合同规定外的材料和设备。

（6）发包人工作人员要秉公办事，不准营私舞弊，不准利用职权从事各种个人有偿中介活动和安排个人施工队伍。

3. 承包人的义务

（1）承包人不得以任何理由向发包人及其工作人员行贿或馈赠礼金、有价证券、贵重礼品。

（2）承包人不得以任何名义为发包人及其工作人员报销应由发包人单位或个人支付的任何费用。

（3）承包人不得以任何理由安排发包人工作人员参加超标准宴请及娱乐活动。

（4）承包人不得为发包人单位和个人购置或提供通信工具、交通工具和高档办公用品等。

4. 违约责任

（1）发包人及其工作人员违反本合同第 1、2 条，按管理权限，依据有关规定给予党纪、政纪或组织处理；涉嫌犯罪的，移交司法机关追究刑事责任；给承包人单位造成经济损失的，应予以赔偿。

(2)承包人及其工作人员违反本合同第1、3条，按管理权限，依据有关规定给予党纪、政纪或组织处理；给发包人单位造成经济损失的，应予以赔偿；情节严重的，发包人建议交通主管部门给予承包人一至三年内不得进入其主管的公路建设市场的处罚。

5.双方约定：本合同由双方或双方上级单位的纪检监察部门负责监督执行。由发包人或发包人上级单位的纪检监察部门约请承包人或承包人上级单位纪检监察部门对本合同执行情况进行检查，提出在本合同规定范围内的裁定意见。

6.本合同有效期为发包人和承包人签署之日起至该工程项目竣工验收后止。

7.本合同作为＿＿＿＿＿(项目名称)＿＿＿＿＿标段施工合同的附件，与工程施工合同具有同等的法律效力，经合同双方签署后立即生效。

8.本合同一式四份，由发包人和承包人各执一份，送交发包人和承包人的监督单位各一份。

发包人：＿＿＿＿＿＿(盖单位章)　　承包人：＿＿＿＿＿＿(盖单位章)
法定代表人或其委托代理人：＿＿＿(签字)　　法定代表人或其委托代理人：＿＿＿(签字)
＿＿＿年＿＿＿月＿＿＿日　　＿＿＿年＿＿＿月＿＿＿日
发包人监督单位：(全称)　(盖单位章)　　承包人监督单位：(全称)　(盖单位章)

3.安全生产合同

安全生产合同

为在＿＿＿＿＿(项目名称)＿＿＿＿＿标段施工合同的实施过程中创造安全、高效的施工环境，切实搞好本项目的安全管理工作，本项目发包人＿＿＿＿＿(发包人名称，以下简称“发包人”)与承包人＿＿＿＿＿(承包人名称，以下简称“承包人”)特此签订安全生产合同：

1.发包人职责

(1)严格遵守国家有关安全生产的法律法规，认真执行工程承包合同中的有关安全要求。

(2)按照“安全第一、预防为主”和坚持“管生产必须管安全”的原则进行安全生产管理，做到生产与安全工作同时计划、布置、检查、总结和评比。

(3)重要的安全设施必须坚持与主体工程“三同时”的原则，即：同时设计、审批，同时施工，同时验收，投入使用。

(4)定期召开安全生产调度会，及时传达中央及地方有关安全生产的精神。

(5)组织对承包人施工现场进行安全生产检查，监督承包人及时处理发现的各种安全隐患。

2.承包人职责

(1)严格遵守《中华人民共和国安全生产法》、《建设工程安全生产管理条例》等国家有关安全生产的法律法规、《公路水运工程安全生产监督管理办法》、《公路工程施工安全技术规程》和《公路筑养路机械操作规程》等有关安全生产的规定。认真执行工程承包合同中的有关安全要求。

(2)坚持“安全第一、预防为主”和“管生产必须管安全”的原则，加强安全生产宣传教育，增强全员安全生产意识，建立健全各项安全生产的管理机构和安全生产管理制度，配备专职及兼职安全检查人员，有组织有领导地开展安全生产活动。各级领导、工程技术人员、生产管理人员和具体操作人员，必须熟悉和遵守本合同的各项规定，做到生产与安全工作同时计划、布置、检查、总结和评比。

(3)建立健全安全生产责任制。从派往项目实施的项目经理到生产工人(包括临时雇请的民工)的安全生产管理系统必须做到纵向到底，一环不漏；各职能部门、人员的安全生产责任制做到横向到边，人人有责。项目经理是安全生产的第一责任人。现场设置的安全机构，应按《公路水运工程安全生产监督管理办法》规定的最低数量和资质条件配备专职安全生产管理人员，专职负责所有员工的安全和治安保卫工作及预防事故的发生。安全机构人员有权按有关规定发布指令，并采取保护性措施防止事故发生。

(4)承包人在任何时候都应采取各种合理的预防措施，防止其员工发生任何违法、违禁、暴力或妨碍治安的行为。

(5)承包人必须具有劳动安全管理部门颁发的安全生产考核合格证书，参加施工的人员，必须接受安全技术教育，熟知和遵守本工种的各项安全技术操作规程，定期进行安全技术考核，合格者方准上岗操作。对于从事电气、起重、建筑登高架设作业、锅炉、压力容器、焊接、机动车船艇驾驶、爆破、潜水、瓦斯检验等特殊工种的人员，经过专业培训，获得《安全操作合格证》后，方准持证上岗。施工现场如出现特种作业无证操作现象时，项目经理必须承担管理责任。

(6)对于易燃易爆的材料除应专门妥善保管之外，还应配备有足够的消防设施，所有施工人员都应熟悉消防设备的性能和使用方法；承包人不得将任何种类的爆炸物给予、易货或以其他方式转让给任何其他人，或允许、容忍上述同样行为。

(7)操作人员上岗，必须按规定穿戴防护用品。施工负责人和安全检查员应随时检查劳动防护用品的穿戴情况，不按规定穿戴防护用品的人员不得上岗。

(8)所有施工机具设备和高空作业的设备均应定期检查，并有安全员的签字记录，保证其经常处于完好状态；不合格的机具、设备和劳动保护用品严禁使用。

(9)施工中采用新技术、新工艺、新设备、新材料时，必须制定相应的安全技术措施，施工现场必须具有相关的安全标志牌。

(10)承包人必须按照本工程项目特点，组织制定本工程实施中的生产安全事故应急救援预案；如果发生安全事故，应按照《国务院关于特大安全事故行政责任追究的规定》以及其他有关规定，及时上报有关部门，并坚持"四不放过"的原则，严肃处理相关责任人。

(11)安全生产费用按照《公路水运工程安全生产监督管理办法》的相关规定使用和管理。

3.违约责任

如因发包人或承包人违约造成安全事故，将依法追究责任。

4.本合同由双方法定代表人或其授权的代理人签署并加盖单位章后生效，全部工程竣工验收后失效。

5.本合同正本二份、副本______份，合同双方各执正本一份，副本______份，当正本与副本的内容不一致时，以正本为准。

发包人：____________(盖单位章)	承包人：____________(盖单位章)
法定代表人或其委托代理人：______(签字)	法定代表人或其委托代理人：______(签字)
______年______月______日	______年______月______日

4. 项目经理委任书

(承包人全称)
(合同工程名称)项目经理委任书

致:(发包人全称)

(承包人全称)法定代表人(职务、姓名)代表本单位委任(职务、姓名)为(合同工程名称)的项目经理。凡本合同执行中的有关技术、工程进度、现场管理、质量检验、结算与支付等方面工作,由 (姓名)代表本单位全面负责。

承　包　人:____________(盖单位章)

法定代表人:　(职务)______

(姓名)______

(签字)______

________年______月____日

抄送: (监理工程师)

5. 履约担保格式

履 约 担 保

____________(发包人名称):

鉴于______________(发包人名称,以下简称"发包人")接受________(承包人名称)(以下称"承包人")于________年______月______日参加__________(项目名称)__________标段施工的投标。我方愿意无条件地、不可撤销地就承包人履行与你方订立的合同,向你方提供担保。

1. 担保金额人民币(大写)______________元(¥________________)。

2. 担保有效期自发包人与承包人签订的合同生效之日起至发包人签发交工验收证书之日止。

3. 在本担保有效期内,因承包人违反合同约定的义务给你方造成经济损失时,我方在收到你方以书面形式提出的在担保金额内的赔偿要求后,在7天内无条件支付,无须你方出具证明或陈述理由。

4. 发包人和承包人按合同条款第15条变更合同时,我方承担本担保规定的义务不变。

担 保 人:__________________(盖单位章)

法定代表人或其委托代理人:________(签字)

地　　址:____________________

邮政编码:____________________

电　　话:____________________

传　　真:____________________

________年______月____日

6. 预付款担保格式

预付款担保

____________(发包人名称):

根据__________(承包人名称)(以下称"承包人")与__________(发包人名称)(以下简称"发包人")于______年______月______日签订的______(项目名称)________标段施工承包合同,承包人按约定的金额向发包人提交一份预付款担保,即有权得到发包人支付相等金额的预付款。我方愿意就你方提供给承包人的预付款提供担保。

1. 担保金额人民币(大写)_________________元(¥_________________)。

2. 担保有效期自预付款支付给承包人起生效,至发包人签发的进度付款证书说明已完全扣清止。

3. 在本保函有效期内,因承包人违反合同约定的义务而要求收回预付款时,我方在收到你方的书面通知后,在7天内无条件支付,无须你方出具证明或陈述理由。但本保函的担保金额,在任何时候不应超过预付款金额减去发包人按合同约定在向承包人签发的进度付款证书中扣除的金额。

4. 发包人和承包人按合同条款第15条变更合同时,我方承担本保函规定的义务不变。

担 保 人:__________________(盖单位章)
法定代表人或其委托代理人:________(签字)
地　　址:________________________
邮政编码:________________________
电　　话:________________________
传　　真:________________________

________年______月____日

7. 工程资金监管协议格式

工程资金监管协议

发 包 人:________________(以下简称"甲方")
承 包 人:________________(以下简称"乙方")
经办银行:________________(以下简称"丙方")

为了促进________(项目名称)的顺利实施,管好用好建设资金,确保工程资金专款专用,同时为承包人提供便捷有效的银行业务服务,根据________(项目名称)合同条款有关规定,经甲、乙、丙三方协商,达成协议如下:

1. 资金管理的内容

(1)乙方为完成________(项目名称)工程成立的项目经理部在丙方开设基本结算户;

(2)甲方应按合同规定将工程款(质量保证金除外)汇入乙方在丙方开设的账户;

(3)乙方应将流动资金及甲方所拨付资金专项用于________(项目名称);

(4)丙方应为乙方提供便捷有效的银行业务服务,并接受甲方委托对乙方在丙方开设的基本结算户资金使用情况进行监督。

2. 甲方的权责

(1)按照________(项目名称)合同有关条款规定的时间和方式,向乙方支付工程款;

(2)在发现乙方将本项目资金挪用、转移时,甲方有权中止工程支付,直至乙方改正为止;

(3)不定期审查丙方对乙方的资金使用监督情况,如丙方不能履行其责任,甲方有权随时终止本协议;

(4)在乙、丙双方发生争议时,甲方应负责协调、解决。

3. 乙方的权责

(1)项目经理部成立以后,乙方应尽快在丙方开设基本结算户;

(2)确保本项目资金专款专用,不发生挪用、转移资金的现象;保证不通过权益转让、抵押、担保承担债务等任何其他方式使用基本结算户的资金;

(3)办理材料、设备等采购业务金额在____万元以上的,应出示购货合同、协议和发票;在办理总额超过____万元以上的采购业务时,应将合同、协议和发票复印件送丙方备案;购买应急材料、设备时可先办理支付手续,但事后必须补备有关资料;

(4)用银行转账支票办理支付款项时,必须将转账支票送交丙方,由丙方负责办理支票转付手续;

(5)向分包单位支付工程进度款时,应附甲方批准分包的文件;

(6)向上级单位缴纳管理费、机械设备及周转材料租赁摊销费等款项时,应附上级单位出具的转账通知等有关资料,以确保资金专款专用。

4. 丙方的权责

(1)成立________(项目名称)工程资金管理服务小组,明确业务流程,提高工作效率,杜绝“压票”现象;

(2)根据乙方提供的购货合同、协议和发票,检查其所购材料、设备是否用于____(项目名称)工程建设,对本标段以外的购货款项,有权拒绝办理,并及时报告甲方;

(3)根据乙方与分包单位签订的合同及支付文件,检查其支付款项是否符合有关条件,向分包单位以外单位的支付有权拒绝办理,并及时报告甲方;

(4)根据乙方提供的上级单位出具的转账通知等有关资料,办理管理费、机械设备及周转材料租赁摊销费等款项的支付;对超出转账通知等有关资料以外的支付,有权拒绝办理,并及时报告甲方;

(5)定期将乙方前一个周期的支付情况,整理后书面报送甲方;乙方复印备案的材料一并送甲方。

5. 甲、乙、丙三方都应履行保密责任,不得将其他两方的业务情况透露给三方以外的其他单位或个人。

6. 本协议有效期自乙方在丙方开户起,至工程交工验收甲方向乙方颁发交工验收证书后结束。

7. 本协议未尽事宜,由甲方牵头,三方协商解决。

8. 本协议正本三份、副本______份。合同三方各执正本一份、副本______份,当正本与副本内容不一致时,以正本为准。

发包人:____________________(盖单位章)

法定代表人或其委托代理人：______（签字）

________年______月____日

承包人：________________（盖单位章）

法定代表人或其委托代理人：______（签字）

________年______月____日

经办银行：______________（盖单位章）

法定代表人或其委托代理人：______（签字）

________年______月____日

五、工程量清单

1.工程量清单的作用、组成与格式

工程量清单是一份与技术规范相对应的文件，它是单价合同的产物。其作用在于：

(1)提供合同中关于工程量的足够信息，以使投标人能统一、有效而精确地编写投标文件；

(2)标有单价的工程量清单是办理中期支付和结算以及处理工程变更计价的依据。

工程量清单由说明、工程细目(工程量清单)、计日工明细表、暂估价表、工程量清单汇总表和工程量清单单价分析表六部分组成。其中的说明，规定了工程量清单的性质、特点以及单价的构成和填写要求等。工程细目(工程量清单)反映了施工项目中各工程子目的数量，它是工程量清单的主体部分，其格式如表2-3所示。

工 程 量 清 单　　表2-3

清单　第　　章					
子目号	子 目 名 称	单位	数量	单价	合价
清单　　章合计　人民币________________					

2.工程量清单主要内容

第100章　总则：保险费等、竣工文件、施工环保费、安全生产费、工程管理软件(暂估价)、临时工程与设施、承包人驻地建筑等。

第200章　路基：场地清理，路基挖方，路基填筑，特殊地区路基处理，路基防护、挡土墙等。

第300章　路面：垫层、石灰稳定土地基层，水泥稳定土地基层及基层，石灰粉煤灰稳定土地基层及基层，级配碎(砾)石地基层及基层、透层与黏层及封层，热料沥青混合料面层，改性沥青及其混合料，水泥混凝土面板、排水等。

第400章　桥梁、涵洞：圆管涵及倒虹吸管涵，盖板涵和箱涵，拱涵等。板与拱架及支架，钢筋，基础挖方及回填，钻孔灌注桩，沉桩，挖孔灌注桩，桩的垂直荷载试验，沉井，结构混凝土工程，预应力混凝土工程，预制构件的安装，砌石工程，钢构件，桥面铺装，桥梁支座，桥梁接缝与伸缩缝装置，防水处理等。

第500章　隧道：洞口、明洞开挖，防水与排水，洞身开挖与洞身衬砌，预埋件，消防设施等。

第600章　安全设施及预埋管线：护栏，隔离栅，道路交通标志及其标线，防眩设施，通信及电力管道预埋基础，收费设施及地下通道等。

第700章　绿化及环境保护：铺设表土，撒播草种，种植乔木、灌木等，铺草皮，植物养护级管理，声屏障，环境保护等。

3.工程量清单说明

(1)本工程量清单是根据招标文件中包括的、有合同约束力的图纸以及有关工程量清单的国家标准、行业标准、合同条款中约定的工程量计算规则编制。约定计量规则中没有的子目，其工程量按照有合同约束力的图纸所标示尺寸的理论净量计算。计量采用中华人民共和国法定计量单位。

(2)本工程量清单应与招标文件中的投标人须知、通用合同条款、专用合同条款、技术规范及图纸等一起阅读和理解。

(3)本工程量清单中所列工程数量是估算的或设计的预计数量，仅作为投标报价的共同基础，不能作为最终结算与支付的依据。实际支付应按实际完成的工程量，由承包人按技术规范规定的计量方法，以监理工程师认可的尺寸、断面计量，按本工程量清单的单价和总额价计算支付金额；或者，根据具体情况，按合同条款第15.4款的规定，由监理工程师确定的单价或总额价计算支付额。

(4)工程量清单各章是按“技术规范”的相应章次编号的，因此，工程量清单中各章的工程子目的范围与计量等应与“技术规范”相应章节的范围、计量与支付条款结合起来理解或解释。

(5)对作业和材料的一般说明或规定，未重复写入工程量清单内，在给工程量清单各子目标价前，应参阅“技术规范”的有关内容。

(6)工程量清单中所列工程量的变动，丝毫不会降低或影响合同条款的效力，也不免除承包人按规定的标准进行施工和修复缺陷的责任。

(7)图纸中所列的工程数量表及数量汇总表仅是提供资料，不是工程量清单的外延。当图纸与工程量清单所列数量不一致时，以工程量清单所列数量作为报价的依据。

(8)除非合同另有规定，工程量清单中有标价的单价和总额价均包括了为实施和完成合同工程所需的劳务、材料、机械、质检(自检)、安装、缺陷修复、管理、保险(工程一切险及第三方责任险除外)、税费、利润等费用，以及合同明示或暗示的所有责任、义务和一般风险。

(9)工程量清单中本合同工程的每一个子目，都需填入单价；对于没有单价或总额价的子目，其费用应视为已包括在工程量清单的其他单价或总额价中，承包人必须按监理工程师指令完成工程量清单中未填入单价或总额价的工程子目，但不能得到结算与支付。

(10)符合合同条款规定的全部费用应认为已被计入有标价的工程量清单所列各子目之中，未列子目不予计量的工作，其费用应视为已分摊在本合同工程的有关子目的单价或总额价之中。

(11)承包人用于本合同工程的各类装备的提供、运输、维护、拆卸、拼装等支付的费用，已包括在工程量清单的单价与总额价中。

(12)工程量清单中各项金额均以人民币(元)结算。

(13)计量方法：

①用于支付已完工程的计量方法，应符合技术规范中相应章节的“计量与支付”条款的规定。

②图纸中所列的工程数量表及数量汇总表仅是提供资料，不是工程量清单的外延。当图纸与工程量清单所列数量不一致时，以工程量清单所列数量作为报价的依据。

③工程量清单中各项金额均以人民币(元)结算。

4.工程量清单的子目划分及对造价管理的影响

工程量清单的编写包括子目划分及工程量整理两项工作。在划分工程子目时,应满足如下要求:

(1)和技术规范保持一致性;

(2)便于计量与支付,减小计量难度;

(3)便于合同管理及处理工程变更;

(4)保持合同的公平性。

为满足上述要求,在划分工程子目时应注意下列问题。

(1)工程量清单各工程子目在名称、单位等方面都应和技术规范相一致,以便投标人清楚各工程子目的内涵和准确地填写各子目的单价。

(2)工程子目的大小要科学。工程子目可大可小,工程子目小有利于处理工程变更(变更的计价),但计量工作量和计量难度会因此增加;工程子目大可减少计量工作量,但太大难以发挥单价合同的优势,不便于变更工程的处理;另外,工程子目大也会使得支付周期延长,投标人的资金周转发生困难,最终影响合同的正常履行和合同的严肃性。例如,桥梁工程有基础挖方子目,由于计价中包含了基础回填等工作,所以投标人必须等到基础回填工作完成以后才能办理该项目的计量与支付。但如果将基础开挖和基础回填分成两个工程子目,则可以避免上述问题。工程子目小会增加计量工作量,但对处理工程变更和合同管理是有利的。例如,路基挖方中弃方运距的处理问题,实践中有两种处理方案:一种是路基挖方单价中包括全部弃方运距;另一种是路基挖方中包含部分弃方运距(如500m或1 000m),而超过该运距的弃方运费单独计量与支付。可以说,如果弃土区明确而且施工中不出现变更的话,上述两种处理方案是一样的(而且前一种方式可减少计量工作量)。但是,一旦弃土区变更或发生设计变更,由于弃土运距发生变化,则第一种方式的单价会变得不适应,双方必须按变更工程协商确定新的单价(使投标和合同单价失效),而采用第二种方式时合同中的单价仍然是适用的,原则上可以按原单价办理结算。

(3)应将开办项目作为独立的工程子目单列出来。开办项目往往是一些一开工就要全部或大部分发生甚至开工前就要发生的项目,如工程保险、担保、投标人的驻地建设、测量放样、临时工程等。如将这些项目包含在其他项目的单价中,则投标人开工时上述各种款项不能得到及时支付,这不仅影响合同的公平性和投标人的资金周转,而且会影响招标中预付款的数量(预付款的数量要增加),并且会加剧投标人的不平衡报价(投标人会将开工早的工程子目报价提高,以尽早收回成本),因此影响变更工程的计价。

(4)工程量清单中应备有计日工清单。设立计日工清单的目的是用来处理一些小型变更工程(小到可以用计日工的形式来计价)计价,使工程量清单在造价管理上的可操作性更强。为控制投标人的计日工报价的合理性,在编制工程量清单时应事先假定各计日工的数量。

5.工程量清单的工程量整理及对造价管理的影响

工程量清单的工程量是反映投标人的义务量大小及影响造价管理的重要数据。在整理工程量时应根据设计图纸及调查所得的数据,在技术规范的计量与支付方法的基础上进行综合计算。同一工程子目,其计量方法不同,所整理出来的工程量会不一样。在工程量的整理计算中,应保证其准确性,否则,会带来下列问题。

(1)工程量的错误一旦被投标人发现,投标人会利用不平衡报价给业主带来损失。

(2)工程量的错误会诱发其他施工索赔。

(3)工程量的错误还会增加变更工程的处理难度。由于投标人采用了不平衡报价,所以当合同发生工程变更而引起工程量清单中工程量的增减时,因不平衡报价对所增减的工程量计价不适应,会使得监理工程师不得不和业主及投标人协商确定新的单价来对变更工程进行计价,以致合同管理的难度增加。

(4)工程量的错误会造成投资控制和预算控制的困难。由于合同的预算通常是根据投标报价加上适当的预留费后确定的,工程量的错误还会造成项目管理中预算控制的困难和增加追加预算的难度。

六、图纸及勘察资料

1.图纸与工程造价

图纸的设计深度以满足施工招标投标的要求为准。有施工图更好,没有施工图时,应在初步设计图纸的基础上整理出一份招标用图纸(由于从招标准备至完成招标工作的周期很长,所以,招标准备以至招标过程中通常没有施工图纸)。只要是单价合同,即使无施工图纸(只有招标图纸)也是可以组织招标的,但如果是总价合同,则必须要有施工图纸。

设计图纸(设计方案)不仅严重影响工程造价,对项目的投资效益也有决定性影响。这些影响包括以下六个方面:

(1)设计图纸决定工程性质,由此影响工程造价;

(2)设计图纸决定施工难度,由此影响施工成本与工程造价;

(3)设计图纸决定工程数量,由此影响工程造价;

(4)设计图纸影响建设工期,由此影响工程造价和投资效益;

(5)设计方案影响项目的营运和维护费用,由此影响投资效益;

(6)设计文件质量影响结构安全性、耐久性,影响工程变更及施工进度计划的实施,由此影响使用寿命、施工索赔及投资效益。

为提高设计文件的质量、控制工程造价,应积极开展以下工作:

(1)引进竞争机制,开展设计招标;

(2)规范设计审查工作,开展设计监理;

(3)应用价值工程方法,开展优化设计工作。

为进一步优化设计方案,提高投资效益,应积极革新设计思想和设计观念,并实现以下三个方面的转变:

(1)由注重设计方案的技术先进性向注重设计方案的经济性的转变;

(2)由以成本造价为中心向以投资效益为中心的转变;

(3)由以节省材料为重点向便于施工(特别是机械化施工)、节省施工成本、缩短工期的方向转变。

2.勘察资料与工程造价

勘察资料是影响工程施工难度及工程造价的重要文件。勘察资料中详细地说明了项目所在地的地形情况、地质地貌情况、地表以下的施工条件,水文、气候、沿线的交通运输及沿线的筑路材料料场分布情况等内容。这些信息与施工成本的大小密切相关,对投标人投标时各工程项目单价的高低有重要影响。勘察资料不准确会影响投标报价及合同造价的准确性，增大投标人的施工风险，并带来许多施工索赔，增大造价管理的难度(FIDIC 条款中，勘察资料不准确的风险由投标人承担)。

因此，在编制招标文件时，应在原有的勘察、设计资料的基础上整理出一份满足招标工作要求的勘察资料。公路工程国际招标中，勘察资料仅是一份参考资料，而国内招标中勘察资料与设计图纸一样都是合同的组成部分，业主必须对勘察资料的准确性负责。勘察资料的格式可参考《公路工程国内招标文件范本》。

3. 附表

(1)中标结果通知书；

(2)确认通知。

七、技术规范

1. 技术规范的组成与格式

技术规范是一份十分重要的文件，它详细具体地说明了投标人履行合同时的质量要求、验收标准、材料的品级和规格，为满足质量要求应遵守的施工技术规范，以及计量与支付的规定等。

由于不同性质的工程其技术特点和质量要求及标准等均不相同，所以，技术规范应根据不同的工程性质及特点分章、分节、分部、分子目来编写。

第 100 章　总则：保险费等、竣工文件、施工环保费、安全生产费、工程管理软件(暂估价)、临时工程与设施、承包人驻地建筑等。

第 200 章　路基：场地清理，路基挖方，路基填筑，特殊地区路基处理，路基防护、挡土墙等。

第 300 章　路面：垫层、石灰稳定土地基层，水泥稳定土地基层及基层，石灰粉煤灰稳定土地基层及基层，级配碎(砾)石地基层及基层、透层与黏层及封层，热料沥青混合料面层，改性沥青及其混合料，水泥混凝土面板、排水等。

第 401 章　桥梁、涵洞：圆管涵及倒虹吸管涵，盖板涵和箱涵，拱涵等。板与拱架及支架，钢筋，基础挖方及回填，钻孔灌注桩，沉桩，挖孔灌注桩，桩的垂直荷载试验，沉井，结构混凝土工程，预应力混凝土工程，预制构件的安装，砌石工程，钢构件，桥面铺装，桥梁支座，桥梁接缝与伸缩缝装置，防水处理等。

第 500 章　隧道：洞口、明洞开挖，防水与排水，洞身开挖与洞身衬砌，预埋件，消防设施等。

第 600 章　安全设施及预埋管线：护栏，隔离栅，道路交通标志及其标线，防眩设施，通信及电力管道预埋基础，收费设施及地下通道等。

第 700 章　绿化及环境保护：铺设表土，撒播草种，种植乔木、灌木等，铺草皮，植物养护级管理，声屏障，环境保护等。

每章中对每一节工程的特点分质量要求、验收标准、材料规格、施工技术规范及计量与支付等分别进行规定和说明。

技术规范中施工技术的内容应简化，因为，施工技术是多种多样的，招标中不应排斥投标人通过先进的施工技术降低投标报价的机会。投标人完全可以在施工中采用自己所掌握的先进施工技术，节约生产成本。

技术规范中的计量与支付规定也是非常重要的，可以说，没有计量与支付的规定，投标人就无法进行投标报价（编制单价），施工中也无法进行计量与支付工作。计量与支付的规定不同，投标人的报价也会不同。计量与支付的规定中包括计量项目、计量单位、计量项目中的工作内容、计量方法以及支付规定。例如，挖方路基（土方）的计量支付规定如下。

（1）计量

①路基土石方开挖数量包括边沟、排水沟、截水沟，应以经监理工程师校核批准的横断面地面线和土石分界的补充测量为基础，按路线中线长度乘以经监理工程师核准的横断面面积进行计算，以立方米计量。

②挖除路基范围内非适用材料（不包括借土场）的数量，应以承包人测量，并经监理工程师审核批准的断面或实际范围为依据的计算数量，以立方米计量。

③除非监理工程师另有指示，凡超过图纸或监理工程师规定尺寸的开挖，均不予计量。

④石方爆破安全措施、弃方的运输和堆放、质量检验、临时道路和临时排水的维修等均不另计量，作为承包人应做的附属工作。

⑤在挖方路基的路床顶面以下，土方断面应挖松深300mm再压实；石方断面应辅以人工凿平或填平压实。此两项作为承包人应做的附属工作，均不予计量。

⑥改河、改渠、改路的开挖工程按合同图纸施工，计量方法可按上述①款进行。改路挖方线外工程的工作量计入203-1项内。

（2）支付

①按上述规定计量，经监理工程师验收并列入工程量清单的以下支付子目的工程量，每一计量单位，将以合同单价支付。此项支付包括材料、劳力、设备、运输等及其为完成此项工程所必需的全部费用。

②土方和石方的单价费用，包括开挖、运输、堆放、分理填料、装卸、弃方和剩余材料的处理，以及其他有关的全部施工费用。

《公路工程标准施工招标文件》（2009年版）中的技术规范，比较全面地考虑了技术规范文件中应包括的各项内容。实际工作中，可在此基础上根据图纸、国家或交通运输部颁发的技术规范作进一步的修订完善。

2. 技术规范与工程造价

技术规范与工程造价的关系是：技术规范中的质量要求和验收标准越高，投标人的义务越多，则投标报价和工程造价越高。

质量与工程造价的关系如图2-1所示。从图中可以看出，随着质量要求的提高，工程造价会越来越高，特别是质量标准超出某一范围时，其工程造价会急剧上升。

因此，实践中科学地选定质量标准，对保证工程质量、降低工程造价是十分重要的。在选定质量标准时，一方面要符合国家或行业质量标准；另一方面，对是否还应进一步提高质量标准，则应加强价值工程分析，避免盲目提高质量标准、增大工程造价的行为。

技术规范中应对为保证施工质量要求而应遵守的施工技术规范作出明确规定，但不应限制投标人的施工方法，以利于投标人在施工中发挥自身的技术特长和优势，进一步优化施工方法，降低施工成本和工程造价。

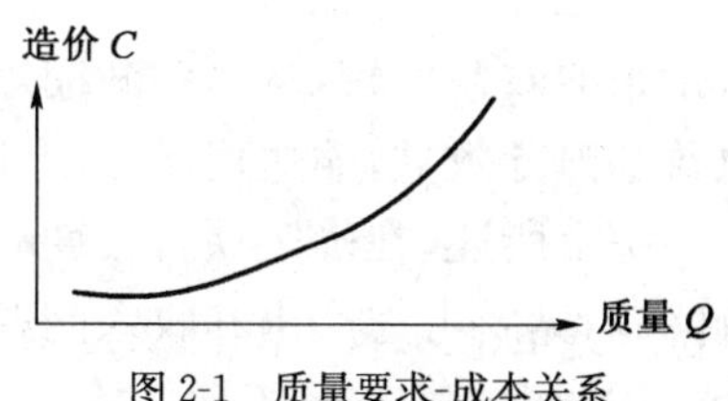

图2-1　质量要求-成本关系

技术规范中的其他内容也会影响投标报价或工程总价。如技术规范中的计量与支付规定不同，投标人的单价构成与单价高低也不相同。

3. 项目工期编制及对工程造价的影响

项目工期的确定受以下因素的影响。

(1)项目的设计方案。设计方案不同，其工程性质、工程量及施工难度不同，施工工期亦不一样，通过优化设计可缩短工期。

(2)质量要求与验收标准。工期与质量的关系如图 2-2 所示。即项目的质量要求与验收标准越高，其工期越长，质量要求与验收标准决定项目的极限工期。

(3)项目的施工。包括项目的施工组织方式与施工排序，项目的施工方案、施工方法、施工工艺以及项目施工中的资源投入。通过优化施工及增大人力、物力投入可缩短工期。在确定项目工期时，为满足工期的科学性与合理性要求，应考虑如下主要因素。

①为保证施工质量及满足施工工艺和施工顺序要求必需的工期。项目的施工工艺及施工顺序是由项目的设计、工程性质及质量要求、施工方案与施工方法及施工的内在规律决定的。因此，受质量要求及施工工艺和施工顺序的限制，其工期总有其极限工期。

②为满足施工经济性要求的施工工期。工期的长短会影响项目的经济性及施工成本，工期与成本及造价的关系如图 2-3 所示。从图 2-3 中可以看出，项目的直接成本与工期成反比。这些费用有：人工费、机械使用费、周转性材料使用费、临时设施费、施工队伍调遣费等。工期缩短，所投入的人工、机械等必然增多，受作业面的限制，工效会相对下降；且周转性材料要增加，其周转次数会减少；另外，临时设施、施工队伍调遣费会因人工、机械、周转性材料的增多而增多。所以上述各项费用会不同程度地增加，反之，会减少(见图 2-3 中的直接成本曲线)。而施工管理费则与工期成正比，工期越长，管理费支出越大，另外，项目的资金成本即建设期贷款利息也越多。因而总成本曲线为一条 U 形曲线，当工期为 T_0 时，其总成本最小。因此，从施工成本而言，每一个施工项目都有其最佳工期和最低成本，从提高施工的资源使用效率考虑，应按最低成本和造价来确定项目工期。

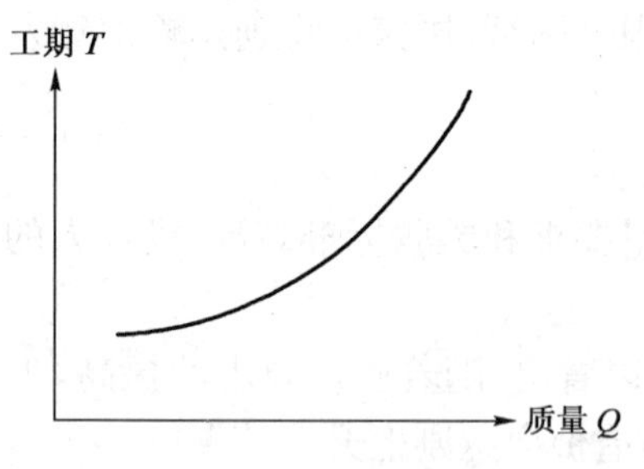

图 2-2 工期-质量关系

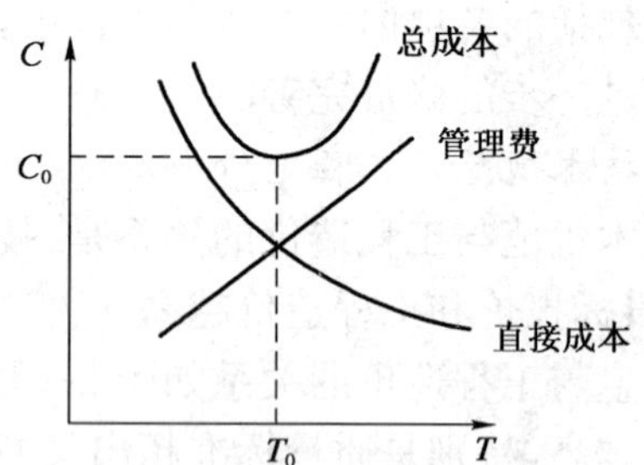

图 2-3 工期、成本及造价关系

③满足效益要求的项目工期。从图 2-3 可知，当项目工期短于经济工期时，项目的施工总成本和工程造价增加，因此，应进一步进行项目的投资与效益分析，将增大的成本与缩短工期所带来的效益比较，从而判断缩短工期的经济性与合理性。公路建设项目的效益有国民经济效益和财务效益，缩短建设工期，既可增大国民经济效益，也可增加业主的收费收入。

综上所述，在确定项目工期时，既要考虑质量问题，也要考虑效益问题，既要考虑成本和造价问题，又要考虑产出和收入问题。工期制定的过程，是综合决策的过程，方案比较的过程。

④让投标人选择工期。从工期的影响因素可知，投标人的施工组织、施工方案和施工方法以

及施工中的人力、物力等因素对工期有重要影响。因此，业主制定的工期应允许投标人进行修改和优化，并在评标时对投标人缩短工期给业主带来的受益进行综合考虑（仅针对关键标段）。

4.预付款的确定

支付预付款的目的是使投标人在施工中有能满足施工要求的流动资金。制订招标文件时，不提供预付款，甚至要求投标人垫资施工的做法是错误的，既违反了《公路建设市场管理办法》等法律法规的规定，也加大了投标人的负担，影响了合同的公平性。预付款有动员预付款和材料预付款两种。

(1)预付款用于承包人为合同工程施工购置材料、工程设备、施工设备、修建临时设施以及组织施工队伍进场等。预付款的额度和预付办法在专用合同条款中约定。预付款必须专用于合同工程。

(2)预付款保函：除专用合同条款另有约定外，承包人应在收到预付款的同时向发包人提交预付款保函，预付款保函的担保金额应与预付款金额相同。保函的担保金额可根据预付款扣回的金额相应递减。

(3)预付款的扣回与还清：预付款在进度付款中扣回，扣回办法在专用合同条款中约定。在颁发工程接收证书前，由于不可抗力或其他原因解除合同时，预付款尚未扣清的，尚未扣清的预付款余额应作为承包人的到期应付款。

5.其他合同参数的确定

(1)竣工奖金及误期损害赔偿费

竣工奖金及误期损害赔偿费的大小，应在考虑项目工期对预期受益的影响及建设期支付贷款利息和一定的激励及制裁目的后综合制定。不考虑项目工期对预期受益影响及建设期支付贷款利息因素所制定出来的竣工奖金及误期损害赔偿费既不科学，文件上也不严密，投标人有空子可钻。

(2)迟付款利率的制定

迟付款利率的大小应反映资金的机会成本，在业主的贷款利率的基础上综合制定。

八、投标文件格式

调价函格式（如有）

调价函格式（如有）

_______________（招标人名称）：

经我方慎重研究，基于__________理由，在________（项目名称）________标段施工招标投标函报价人民币（大写）__________元（￥__________）的基础上进行调价，调价后金额为人民币（大写）__________元（￥__________），调价后金额为我方最终报价。

调价后的工程量清单附后，否则调价无效。

投标人：____________________（盖单位章）

法定代表人或其委托代理人：______（签字）

________年______月____日

1.投标函及投标函附录

投标书是为投标人填写投标总报价而由业主准备的一份空白文件。投标书中主要应反映下列内容:投标人、投标项目(名称)、投标总报价(签字盖章)、投标有效期。投标人在详细研究了招标文件并经现场考察工地后,即可以依据所掌握的信息确定投标报价策略,然后通过施工预算和单价分析,填写工程量清单,并确定该项工程的投标总报价,最后将投标总报价填写在投标书上。招标文件中提供投标书格式的目的:一是为了保持各投标人递送的投标书具有统一的格式;二是提醒各投标人投标以后需要注意和遵守有关规定。

(1)投标函

投 标 函

__________(招标人名称):

1.我方已仔细研究__________(项目名称)__________标段施工招标文件的全部内容(含补遗书第______号至第______号),在考察工程现场后,愿意以人民币(大写)__________元(¥__________)的投标总报价(或根据招标文件规定修正核实后确定的另一金额),工期______日历天,按合同约定实施和完成承包工程,修补工程中的任何缺陷,工程质量达到__________。

2.我方承诺在投标有效期内不修改、撤销投标文件。

3.随同本投标函提交投标保证金一份,金额为人民币(大写)__________元(¥__________)。

4.如我方中标:

(1)我方承诺在收到中标通知书后,在中标通知书规定的期限内与你方签订合同。

(2)随同本投标函递交的投标函附录属于合同文件的组成部分。

(3)我方承诺按照招标文件规定向你方递交履约担保。

(4)我方承诺在合同约定的期限内完成并移交全部合同工程。

5.我方在此声明,所递交的投标文件及有关资料内容完整、真实和准确,且不存在“投标人须知”第1.4.3项规定的任何一种情形。

6.在合同协议书正式签署生效之前,本投标函连同你方的中标通知书将构成我们双方之间共同遵守的文件,对双方具有约束力。

7.______________________________(其他补充说明)。

投标人:____________________(盖单位章)

法定代表人或其委托代理人:______(签字)

地址:______________________________

网址:______________________________

电话:______________________________

传真:______________________________

邮政编码:__________________________

________年______月____日

(2)投标函附录(表2-4)

投 标 函 附 录

表2-4

序号	条款名称	合同条目号	约定内容	备注
1	缺陷责任期	1.1.4.5	自实际交工日期起计算______年	
2	逾期交工违约金	11.5	______元/天	
3	逾期交工违约金限额	11.5	______%签约合同价	
4	提前交工的奖金	11.6	______元/天	
5	提前交工的奖金限额	11.6	______%签约合同价	
6	价格调整的差额计算	16.1.1	见价格指数和权重表	
7	开工预付款金额	17.2.1	______%签约合同价	
8	材料、设备预付款比例	17.2.1	______等主要材料、设备单据所列费用的______%	
9	进度付款证书最低限额	17.3.3(1)	______%签约合同价或______万元	
10	逾期付款违约金的利率	17.3.3(2)	______‰/天	
11	质量保证金百分比	17.4.1	月支付额的______%	
12	质量保证金限额	17.4.1	______%合同价格,若交工验收时承包人具备被招标项目所在地省级交通主管部门评定的最高信用等级,发包人给予______%合同价格质量保证金的优惠,并在交工验收时向承包人返还质量保证金优惠的金额	
13	保修期	19.7	自实际交工日期起计算______年	

投标人:______________(盖单位章)

投标文件签署人签名:__________

2.法定代表人身份证明及授权委托书

(1)法定代表人身份证明

法定代表人身份证明

投标人名称:________________________

单 位 性 质:________________________

地　　址:________________________

成 立 时 间:________年______月____日

经 营 期 限:________________________

姓名:(法定代表人签字)　性别:______　年龄:______　职务:______

系________________________(投标人名称)的法定代表人。

特此证明

投标人:________________(盖单位章)

________年______月____日

注:法定代表人的签字必须是亲笔签名,不得使用印章、签名章或其他电子制版签名。

(2)授权委托书

授权委托书

本人________(姓名)系________(投标人名称)的法定代表人,现委托________(姓名)为我方代理人。代理人根据授权,以我方名义签署、澄清、说明、补正、递交、撤回、修改__________(项目名称)__________标段施工投标文件、签订合同和处理有关事宜,其法律后果由我方承担。

委托期限:________________。

代理人无转委托权。

附:法定代表人身份证明

投标人:__________________(盖单位章)
法定代表人:__________________(签字)
身份证号码:________________________
委托代理人:__________________(签字)
身份证号码:________________________
________年______月____日

注:

(1)法定代表人和委托代理人必须在授权书上亲笔签名,不得使用印章、签名章或其他电子制版签名;

(2)在授权委托书后应附有公证机关出具的加盖钢印、单位章并盖有公证员签名章的公证书,钢印应清晰可辨,同时公证内容完全满足招标文件规定;

(3)公证书出具的日期与授权书出具的日期同日或在其之后;

(4)以联合体形式投标的,本授权委托书应由联合体牵头人的法定代表人按上述规定签署并公证。

3.联合体协议书

联合体协议书

________________(所有成员单位名称)自愿组成联合体,共同参加____________(项目名称)____________标段施工投标。现就联合体投标事宜订立如下协议。

1.____________(某成员单位名称)为牵头人。

2.联合体牵头人合法代表联合体各成员负责本招标项目投标文件编制和合同谈判活动,代表联合体提交和接收相关的资料、信息及指示,处理与之有关的一切事务,并负责合同实施阶段的主办、组织和协调工作。

3.联合体将严格按照招标文件的各项要求,递交投标文件,履行合同,并对外承担连带责任。

4.联合体牵头人代表联合体签署投标文件,联合体牵头人的所有承诺均认为代表了联合体各成员。

5.联合体各成员单位内部的职责分工如下:(牵头人名称)承担________专业工程,占总工程量的______%；(成员一名称)承担________专业工程，占总工程量的______%；……

6. 投标工作和联合体在中标后工程实施过程中的有关费用按各自承担的工作量分摊。

7. 本协议书自签署之日起生效，合同履行完毕后自动失效。

8. 本协议书一式______份，联合体成员和招标人各执一份。

牵头人名称：________________(盖单位章)
法定代表人：____________________(签字)
成员一名称：________________(盖单位章)
法定代表人：____________________(签字)
成员二名称：________________(盖单位章)
法定代表人：____________________(签字)
……

________年______月____日

4. 投标保证金

投标保证金

若采用电汇，投标人应在此提供电汇回单的复印件。

如采用银行保函，银行保函原件装订在投标文件的正本之中，格式如下。

________________(招标人名称)：

鉴于____________(投标人名称)(以下称"投标人")于________年______月______日参加________(项目名称)____________标段施工的投标，__________(担保人名称，以下简称"我方")无条件地、不可撤销地保证：投标人在规定的投标有效期内撤销或修改其投标文件的，或者投标人不接受依据评标办法的规定对其投标文件中细微偏差进行澄清和补正，或者投标人提交了虚假资料，或者投标人在收到中标通知书未按招标文件规定提交履约担保或拒绝签订合同协议书的，我方承担保证责任。收到你方书面通知后，在 7 天内无条件向你方支付人民币(大写)__________元。

本保函在投标有效期或经延长的投标有效期期满后 30 日内保持有效。要求我方承担保证责任的通知应在上述期限内送达我方。你方延长投标有效期的决定，应通知我方。

担保人名称：____________________(盖单位章)
法定代表人或其委托代理人：__________(签字)
地　　址：______________________________
邮政编码：______________________________
电　　话：______________________________
传　　真：______________________________

________年______月____日

5. 已标价工程量清单

6. 施工组织设计

7. 项目管理机构

8. 拟分包项目情况表

9. 资格审查资料

10. 承诺函

11. 其他材料

其他有关表格见《公路工程标准施工招标文件》(2009年版)。

第三节　资格审查

一、资格审查的概念和资格预审的作用

投标人资格审查分为资格预审和资格后审两种形式。资格预审是指招标人在发出投标邀请前,对潜在投标人的投标资格进行的审查。只有通过资格预审的潜在投标人,方可取得投标资格。资格后审是指在开标后对投标人进行的资格审查,审查内容与资格预审相同。为减小评标难度,简化评标手续,避免一些不合格的投标人在投标上的人力、物力和财力上的浪费,投标人资格审查以资格预审形式为好。资格后审在邀请招标和货物采购招标中用得较多。

资格预审具有如下积极作用:保证施工单位主体的合法性;保证施工单位具有相应的履约能力;减小评标难度;抑制低价抢标现象。

二、资格审查的内容

无论是资格预审还是资格后审,其审查的内容是基本相同的。具体内容如下。

1. 营业执照

营业执照中注有企业的法人资格、注册资金及经营许可范围等许多重要信息。审查投标人的营业执照,实际上是审查投标人的资格是否符合法定要求,是否具有权利能力与行为能力。

2. 资质等级证书

公路工程施工企业根据国家相关规定,结合公路工程特点分为施工总承包企业、路面工程专业承包企业、路基工程专业承包企业、桥梁工程专业承包企业、隧道工程专业承包企业、交通工程专业承包企业等六大类。每个类别又划分不同的等级,如施工总承包企业分为特级企业、一级企业、二级企业、三级企业。许多工程在招标时要求具有一定的技术等级,如施工总承包一级企业可承担单项合同额不超过企业注册资本金5倍的各等级公路及其桥梁、长度300m及其以下的隧道工程的施工。企业的资质等级说明了企业的技术力量、财务状况和履约能力。

3. 法人证书或法定代表人授权书及公证书

4. 主要施工经历

施工经历中要包括以前进行过的与拟招标项目类似的工程施工情况,以及质量好坏,获得过何种奖励等。投标人除了要提交施工经历的文字说明外,还应提交详细的证明材料。

5. 技术力量简况

技术力量简况包括承包人、技术人员、机械设备以及拟投入到本项目的技术人员和施工机械设备情况、拟担任本项目的项目经理及技术负责人的情况及简历。

6.资金或财务状况

资金或财务状况即施工企业的固定资产、流动资产、资产负债率、资金流动比率、资产流动比率,特别是拟投入到本项目的流动资金数额及相应的证明。

7.在建项目情况

在建项目情况可通过现场调查予以核实。

8.关联企业情况

三、资格预审的程序

资格预审一般可分为七个步骤,即:

(1)招标人编制资格预审文件;

(2)发布资格预审通告;

(3)发售资格预审文件,每套资格预审文件售价只计工本费,最高不超过1 000元人民币;

(4)潜在投标人编制并递交资格预审申请文件;

(5)对资格预审申请文件进行评审;

(6)编写资格预审评审报告,报上一级交通主管部门审定;

(7)向通过资格预审的投标申请人发出投标邀请。

招标人应当按照资格预审公告规定的时间、地点出售资格预审文件。自资格预审文件出售之日起至停止出售之日止,最短不得少于5个工作日。

招标人应当合理确定资格预审申请文件的编制时间,自开始发售资格预审文件之日起至潜在投标人递交资格预审申请文件截止之日止,不得少于14日。

四、资格预审文件

(一)资格预审公告

1.示范文本

资格预审公告(代招标公告)

＿＿＿＿＿＿(项目名称)＿＿＿＿＿＿标段施工招标

1.招标条件

本招标项目＿＿＿＿＿＿(项目名称)已由＿＿＿＿＿＿(项目审批、核准或备案机关名称)以＿＿＿＿＿＿(批文名称及编号)批准建设,项目业主为＿＿＿＿＿＿,建设资金来自＿＿＿＿＿＿(资金来源),项目出资比例为＿＿＿＿＿＿,招标人为＿＿＿＿＿＿。项目已具备招标条件,现进行公开招标,特邀请有兴趣的潜在投标人(以下简称申请人)提出资格预审申请。

2.项目概况与招标范围

＿＿＿＿＿＿(说明本次招标项目的建设地点、规模、计划工期、招标范围、标段划分等)。

3.申请人资格要求

3.1　本次资格预审要求申请人具备＿＿＿＿＿＿资质,＿＿＿＿＿＿业绩,并在人员、设备、资金等方面具备相应的施工能力。

3.2　本次资格预审＿＿＿＿＿＿(接受或不接受)联合体资格预审申请。联合体申请资格预审的,应满足下列要求:＿＿＿＿＿＿＿＿＿＿。

3.3　每个申请人最多可对＿＿＿＿(具体数量)个标段提出资格预审申请,且允许中＿＿＿个标;被招标项目所在地省级交通主管部门评为最高信用等级的申请人,最多可对＿＿＿＿(具体数量)个标段提出资格预审申请,且允许中＿＿＿个标。

3.4　具有投资参股关系的关联企业,或具有直接管理和被管理关系的母子公司,或同一母公司的子公司,或法定代表人为同一人的两个及两个以上法人不得同时对同一标段提出资格预审申请。

4.资格预审方法:本次资格预审采用＿＿＿＿＿＿(合格制/有限数量制)。

5.资格预审文件的获取

5.1　请申请人于＿＿＿年＿＿＿月＿＿＿日至＿＿＿年＿＿＿月＿＿＿日(法定公休日、法定节假日除外)每日上午＿＿＿时至＿＿＿时,下午＿＿＿时至＿＿＿时(北京时间,下同),在＿＿＿＿(详细地址)持企业法人营业执照副本原件、企业资质证书副本原件、企业安全生产许可证副本原件、单位介绍信、经办人身份证及上述资料复印件一套购买资格预审文件。参加多个标段资格预审的申请人必须分别购买相应标段的资格预审文件,并对每个标段单独递交资格预审申请文件。

5.2　资格预审文件每套售价＿＿＿＿＿＿元,售后不退。

6.资格预审申请文件的递交

6.1　递交资格预审申请文件截止时间(申请截止时间,下同)为＿＿＿年＿＿＿月＿＿＿日＿＿＿时＿＿＿分,申请人应于当日＿＿＿时＿＿＿分至＿＿＿时＿＿＿分将资格预审申请文件递交至＿＿＿＿＿＿＿＿＿＿。

6.2　逾期送达或者未送达指定地点的资格预审申请文件,招标人不予受理。

7.发布公告的媒介

本次资格预审公告同时在＿＿＿＿＿＿＿＿＿＿(发布公告的媒介名称)上发布。

8.联系方式

招 标 人:＿＿＿＿＿＿＿＿＿＿	招标代理机构:＿＿＿＿＿＿＿＿＿＿
地　　址:＿＿＿＿＿＿＿＿＿＿	地　　　址:＿＿＿＿＿＿＿＿＿＿
邮政编码:＿＿＿＿＿＿＿＿＿＿	邮 政 编 码:＿＿＿＿＿＿＿＿＿＿
联 系 人:＿＿＿＿＿＿＿＿＿＿	联　系　人:＿＿＿＿＿＿＿＿＿＿
电　　话:＿＿＿＿＿＿＿＿＿＿	电　　　话:＿＿＿＿＿＿＿＿＿＿
传　　真:＿＿＿＿＿＿＿＿＿＿	传　　　真:＿＿＿＿＿＿＿＿＿＿

＿＿＿＿年＿＿＿月＿＿＿日

2.几点说明

(1)招标人可根据项目特点和实际需要对本章内容进行补充、细化,但应遵守《中华人民共和国招标投标法》第16条和《招标公告发布暂行办法》等有关法律法规的规定。

(2)对于被招标项目所在地省级交通主管部门评为最高信用等级的申请人,招标人可在招投标方面给予一定的奖励。

(3)国务院国有资产监督管理机构直接监管的中央企业均不属于3.4条规定的"母公司",其一级子公司可同时对同一标段提出资格预审申请,但同属一个子公司的二级子公司不得同时对同一标段提出资格预审申请。

(4)资格预审文件的发售时间不得少于5个工作日。

(5)格预审文件中所有复印件均指彩色扫描件或彩色复印件。

(6)资格预审文件中提到的货币单位除有特别说明外,均指人民币元。

(7)每套资格预审文件售价只计工本费,最高不超过1 000元人民币。

(8)资格预审文件自开始发售之日起至申请人递交资格预审申请文件截止时间止,不得少于14天。

(二)申请人须知

1. 申请人须知前附表

申请人须知前附表见表2-5。

申请人须知前附表　　表2-5

条款号	条 款 名 称	编 列 内 容
1.1.2	招标人	名称: 地址: 联系人: 电话:
1.1.3	招标代理机构	名称: 地址: 联系人: 电话:
1.1.4	项目名称	
1.1.5	建设地点	
1.2.1	资金来源	
1.2.2	出资比例	
1.2.3	资金落实情况	
1.3.1	招标范围	
1.3.2	计划工期	计划工期:________日历天 计划开工日期:________年______月____日 计划交工日期:________年______月____日
1.3.3	质量要求	标段工程交工验收的质量评定:__________; 竣工验收的质量评定:__________
1.4.1	申请人资质条件、能力和信誉	资质条件:见附录1 财务要求:见附录2 业绩要求:见附录3 信誉要求:见附录4 项目经理和项目总工资格:见附录5 其他要求:

续上表

条款号	条 款 名 称	编 列 内 容
1.4.2	是否接受联合体资格预审申请	□不接受 □接受，但联合体所有成员数量不得超过______家； 还应满足下列要求：
2.2.1	申请人要求澄清资格预审文件的截止时间	递交资格预审申请文件截止之日______天前
2.2.2	招标人澄清资格预审文件的截止时间	递交资格预审申请文件截止之日______天前
2.2.3	申请人确认收到资格预审文件澄清的时间	收到澄清后______小时内(以发出时间为准)
2.3.1	招标人修改资格预审文件的截止时间	递交资格预审申请文件截止之日______天前
2.3.2	申请人确认收到资格预审文件修改的时间	收到修改后______小时内(以发出时间为准)
3.1.1	申请人需补充的其他材料	
3.2.4	近年财务状况的年份要求	______年～______年
3.2.5	近年完成的类似项目的年份要求	______年～______年
3.2.7	近年发生的诉讼及仲裁情况的年份要求	______年～______年
3.3.1	签字或盖章要求	
3.3.2	资格预审申请文件副本份数	______份，另加1份电子文件(光盘或U盘，如需要)
3.3.3	资格预审申请文件的装订要求	
4.1.2	封套上写明	招标人地址：________________ 招标人全称：________________ ________(项目名称)________标段施工招标资格预审申请文件在____年____月____日____时____分前不得开启 申请人的地址：________________ 申请人全称：________________
4.2.1	申请截止时间	____年____月____日____时____分
4.2.2	递交资格预审申请文件的地点	
4.2.3	是否退还资格预审申请文件	□否 □是
5.1.2	审查委员会人数	审查委员会构成：共____人；其中招标人代表____人，专家____人；专家确定方式：从____专家库中随机抽取
5.2	资格审查方法	□合格制 □有限数量制
6.1	资格预审结果的通知时间	
6.3	资格预审结果的确认时间	收到投标邀请书后____小时内(以发出时间为准)予以确认

续上表

条款号	条款名称	编列内容
8.4	监督部门	监督部门：________ 地　　址：________ 电　　话：________ 传　　真：________ 邮政编码：________
9.1.1	申请人申请资格	每个申请人最多可对本项目的____个标段提出资格预审申请，且允许中____个标；被招标项目所在地省级交通主管部门评为最高信用等级的申请人最多可对本项目的____个标段提出资格预审申请，且允许中____个标
需要补充的其他内容		

附录见《公路工程标准施工招标资格预审文件》。

2. 主要内容

(1)总则：项目概况、资金来源和落实情况、招标范围、计划工期和质量要求、申请人资格要求、语言文字、费用承担等。

(2)资格预审文件：资格预审文件的组成、资格预审文件的澄清、资格预审文件的修改等。

(3)资格预审申请文件的编制：资格预审申请文件的组成、资格预审申请文件的编制要求、资格预审申请文件的装订、签字等。

(4)资格预审申请文件的递交：资格预审申请文件的密封和标志、资格预审申请文件的递交等。

(5)资格预审申请文件的审查：审查委员会、资格审查等。

(6)通知和确认：通知、解释、确认。

(7)申请人的资格改变。

(8)纪律与监督：严禁贿赂、不得干扰资格审查工作、保密、投诉。

(9)需要补充的其他内容。

(三)资格审查办法

1. 合格制

合格制即《公路工程施工招标资格预审办法》中规定的“强制性资格条件评审法”。

2. 有限数量制

审查委员会依据规定的审查标准和程序，对通过初步审查和详细审查的资格预审申请文件进行量化打分，按得分由高到低的顺序确定通过资格预审的申请人。通过资格预审的申请人不超过资格审查办法前附表规定的数量。

(四)资格预审申请文件格式

(1)资格预审申请函；

资格预审申请函

＿＿＿＿＿＿（招标人名称）：

1.按照资格预审文件的要求，我方（申请人）递交的资格预审申请文件及有关资料，用于你方（招标人）审查我方参加＿＿＿＿＿＿（项目名称）＿＿＿标段施工招标的投标资格。

2.我方的资格预审申请文件包含"申请人须知"第3.1.1项规定的全部内容。

3.我方接受你方的授权代表进行调查，以审核我方提交的文件和资料，并通过我方的客户，澄清资格预审申请文件中有关财务和技术方面的情况。

4.你方授权代表可通过＿＿＿＿＿＿（联系人及联系方式）得到进一步的资料。

5.我方在此声明，所递交的资格预审申请文件及有关资料内容完整、真实和准确，且不存在"申请人须知"第1.4.3项规定的任何一种情形。

6.我方在此承诺，资格预审申请文件（初步施工组织计划除外）作为施工合同文件的组成部分，对我方具有约束力。

申　请　人：＿＿＿＿＿＿＿＿＿＿（盖单位章）
法定代表人或其委托代理人：＿＿＿＿＿＿（签字）
电　　　话：＿＿＿＿＿＿＿＿＿＿
传　　　真：＿＿＿＿＿＿＿＿＿＿
申请人地址：＿＿＿＿＿＿＿＿＿＿
邮 政 编 码：＿＿＿＿＿＿＿＿＿＿
＿＿＿＿年＿＿＿＿月＿＿＿日

（2）法定代表人身份证明及授权委托书；

（3）联合体协议书；

（4）申请人基本情况表；

（5）近年财务状况表；

（6）近年完成的类似项目情况表；

（7）正在施工和新承接的项目情况表；

（8）近年发生的诉讼及仲裁情况；

（9）初步施工组织计划；

（10）其他材料。

有关表格见《公路工程标准施工招标资格预审文件》（2009年版）。

（五）项目建设概况

1.项目说明

（1）项目位置：公路的起讫地点、里程、等级、技术标准、主要控制点；或独立大桥的桥型、荷载、跨径、桥长、桥宽、基础、水深、引道长度等；或独立隧道的长度、宽度，防水排水、衬砌和设施等。

（2）主要工程内容。

2.建设条件

（1）地形与地貌简况；

（2）地质与地震简况；

(3)水文与气象简况；

(4)交通、电力、通信及其他条件。

3.建设要求

(1)主要技术指标；

(2)工程建设规模；

(3)工期、质量、安全等要求。

4.其他需要说明的情况

(1)招标范围及标段划分；

(2)各标段主要工程量一览表。

五、资格审查

(1)在规定时间内收到潜在投标人递交的资格预审申请文件后，招标人组建资格预审评审委员会，本着公开、公平、公正、科学、择优的原则负责资格评审工作。

(2)对潜在投标人的资格评审，应当严格按照资格预审文件载明的资格预审条件、标准和方法进行。不得采取抽签、摇号等博彩方式进行资格审查。

在审查过程中，数据的统计要准确，要核实原始资料是否齐全真实，对于以往的业绩和在建工程情况，应尽可能派人到现场或以通信、电话方式去了解和核实。对同一专业的单位组成的联合体，应按照资质等级较低的单位确定资质等级是否符合要求。对强制性指标，应逐项核实是否达到其标准。

(3)资格评审委员会由招标人代表和有关方面的专家组成，人数为5人以上单数，其中技术、经济类专家人数应不少于成员总数的三分之二。

资格审查委员会的专家由招标人从评标专家库中抽取。专家应当从事相关领域工作满8年并且有高级职称或是具有同等专业水平。

(4)资格审查方法分合格制法和有限数量制法两种。招标人可根据具体特点和实际需要选择合适的评审方法。

六、资格评审办法

1.合格制审查

(1)审查方法：凡符合《公路工程标准施工招标资格预审文件》(2009年版)规定审查标准的申请人均通过资格审查。

(2)审查程序：初步审查、详细审查。

(3)澄清与核实。

招标人应按照标段内容和特点，对潜在投标人的施工经验、财务能力、施工能力、管理能力和履约信誉等资格条件，制订强制性的量化标准。只有全部满足强制性资格条件的潜在投标人才可通过资格审查。评审结论分“通过”和“未通过”两种。

2.合格制审查

(1)审查方法：凡符合《公路工程标准施工招标资格预审文件》(2009年版)规定审查标准的申请人均通过资格审查。

(2)审查程序：初步审查、详细审查。

(3)澄清与核实。

(4)评分。招标人应对潜在投标人的施工经验、财务能力、施工能力、管理能力、施工组织和履约信誉等资格条件,制订可以量化的评分标准,并明确通过资格审查的最低总得分值。只有总得分超过规定的最低总得分值的潜在投标人才能通过资格审查。

对重要的资格条件也可制定最低资格条件要求,不符合最低资格条件的,不得通过资格审查。计算得分时应以评审委员会的打分平均值确定,该平均值以去掉一个最高分和一个最低分后计算。

一般采用百分制,可划分评分内容和权重分值。

资格审查委员会对资格预审申请文件中不明确之处,可通过招标人要求潜在投标人进行澄清,但不应作为资格审查不通过的理由。如潜在投标人不按照招标人的要求进行澄清,其资格审查可不予通过。澄清应以书面材料为主,一般不得直接接触潜在投标人。

资格审查委员会在审查潜在投标人的主要人员资历和施工业绩、信誉时,应当通过省级以上交通主管部门设立的交通行业施工企业信息网进行查询;若潜在投标人所提供信息与企业信息网上的相关内容不符,经核实存在虚假、夸张的内容,不予通过资格审查。

对联合体进行资格审查时,其施工能力为主办人和各成员单位施工能力之和。对含分包人的潜在投标人进行资格评审时,其施工能力为潜在投标人和分包人施工能力之和。

对通过资格审查的潜在投标人明显偏少的标段,在征得潜在投标人同意的情况下,审查委员会可以对通过评审的潜在投标人申请的标段进行调整。经调整后,合格的潜在投标人仍少于三家的,招标人应重新组织资格预审或经有关部门批准采取邀请招标方式。

七、资格审查报告

资格审查工作结束后由资格审查委员会编制资格审查报告,推荐投标人。

资格审查报告一般应包括如下内容:

(1)工程项目概述;

(2)资格预审工作简介;

(3)资格审查结果;

(4)未通过资格审查的主要理由及相关附件证明;

(5)资格审查表等附件。

招标人应在资格审查工作结束后15日内,按项目管理权限,将资格审查报告报交通主管部门备案。

交通主管部门在收到资格审查报告后5个工作日内未提出异议的,招标人可向通过资格审查的潜在投标人发出投标邀请书,向未通过资格审查的潜在投标人告知资格审查结果。至此,资格预审工作结束。

第四节　招标组织及标底

一、招标组织阶段的工作内容及注意事项

招标组织阶段的工作内容包括发售招标文件、组织现场考察、组织标前会议(标前答疑)、

接受投标人的标书等事项。

在投标人领取招标文件并进行初步研究后，招标人应组织投标人进行现场考察，以便投标人充分了解与投标报价有关的施工现场的地形、地质、水文、气象、交通运输、临时进出场道路及临时设施、施工干扰等方面的情况和风险，并在报价中对这些风险费用作出准确的估计和考虑。为了满足现场考察的效果，现场考察的时间安排通常应考虑投标人研究招标文件所需要的合理时间。现场考察过程中，招标人应派比较熟悉现场情况的设计代表详细地介绍各标段的现场情况，现场考察的费用由投标人自己负责。

组织标前会议的目的是解答投标人提出的问题。投标人在研究招标文件、进行现场考察后，会对招标文件中的某些地方提出疑问，这些疑问有些是投标人不理解招标文件产生的，有些是招标文件的遗漏和错误产生的。根据投标人须知中的规定，投标人的疑问应在投标截止日期至少18日前提出。招标人应将各投标人的疑问收集汇总，并逐项研究处理。如属于投标人未理解招标文件而产生的疑问，可将这些问题放在"澄清书"中予以澄清或解释，如属于招标文件的错误或遗漏，则应编制"补遗书"对招标文件进行补充和修正。总之，投标人的疑问应统一书面解答，并应当在投标截止日期至少15日前将"澄清书"、"补遗书"发给所有投标人。

因此，一方面，应注意标前会议的组织时间符合法律、法规的规定；另一方面，当"补遗书"很多且对招标文件的改动较大时，为使投标人有合理的时间将"补遗书"的内容在编标时予以考虑，招标人可视情况宣布延长投标截止日期。

为满足投标的需要，招标人应制备投标箱(也有不设投标箱的做法)、投标箱的钥匙由专人保管(可设双锁，分人保管钥匙)，箱上加贴启封条。投标人投标时将密封符合要求的投标文件装入投标箱，招标人随即将盖有日期的收据交给投标人，以证明是在规定的投标截止日期前投入的。投标截止期限到，即封闭投标箱，在此以后的投标概不受理(为无效标书)。投标截止日期在招标文件和投标邀请书中已列明，投标期(从发售招标文件到投标截止日期)的长短视标段大小、工程规模、技术复杂程度及进度要求而定。

二、标底的概念

标底是建设产品在建筑市场交易中的预期价格，在招标投标过程中，标底是衡量投标报价是否合理，是否具有竞争力的重要工具。除此之外，实践中标底还具有制止盲目报价、抑制低价抢标的作用；具有控制工程造价、核实投资规模的作用；它同时也具有(评标中)判断投标人是否有串通哄抬标价的作用。

设立标底的做法是2009年以前针对我国当时建筑市场发育状况和国情而采取的措施，是具有中国特色的招标投标制度的一个具体体现。

但是，标底并不是决定投标能否中标的标准价，而只是对投标进行评审和比较时的一个参考价。

因此，科学合理地制订标底是做好评标工作的前提和基础。科学合理的标底应具备以下经济特征。

(1)标底的编制应遵循价值规律。即标底作为一种价格应反映建设项目的价值。价格与价值相适应是价值规律的要求，是标底科学性的基础。因此，在标底编制过程中，应充分考虑建设项目在施工过程中的社会必要劳动消耗量、机械设备使用量以及材料和其他资源的消耗量。

(2)标底的编制应服从供求规律。即在编制标底时应考虑建筑市场的供求状况对建筑产品价格的影响,力求使标底和建筑产品的市场价格相适应。当建筑市场的需求增大或缩小,需求曲线右移或左移时,相应的市场价格将上升或下降,同样,当建设市场的供给增大或缩小,供给曲线右移或左移时,相应的市场价格将下降或上升。作为标底在编制时,应考虑到建筑市场供求比例的变化所引起的市场价格的升降,并在底价上做出相应的调整。

(3)标底在编制过程中应反映建筑市场当前当地平均先进的劳动生产力水平。即标底在编制过程中应反映竞争规律对建筑产品价格的影响;以图通过标底起到促进投标竞争和社会生产力水平提高的作用。

以上三点既是标底的经济特征,也是编制标底时应满足的原则和要求。因此,标底的编制一般应注意以下几点。

①根据设计图纸及有关资料、工程量清单,参照现行定额及市场价格,设定标底。

②标底价格应由成本、利润和税金组成,一般应控制在批准的建设项目总概算及投资包干的限额内。

③标底价格作为招标人的期望价,应力求与市场的实际变化相吻合,要有利于竞争和保证工程质量。

④标底价格考虑人工、材料、机械台班等价格变动因素,还应包括施工不可预见费、包干费和措施费等;工程要求优良的,还应增加相应费用。

⑤一个标段只能编制一个标底。

第五节　开标、评标与定标

一、开标

(一)概述

(1)招标人将按本招标文件“投标邀请书”和资料表中规定的截止时间或按《公路工程标准招标文件》(2009 年版)通知延后的截止时间和地点,对所有收到的投标文件进行开标。开标时,投标人应委派授权代表人准时出席,在开标时检查投标文件,确认开标结果,并在开标记录上签字。

(2)开标由招标人主持,邀请行政主管部门监督或公证机关进行公证。

(3)对已按《公路工程标准招标文件》(2009 年版)规定要求撤回的投标文件,不予开标。在投标截止时间之后收到的投标文件,将不予开标,原封退还给投标人。

(4)开标时,由投标人或者其推选的代表检查投标文件的密封情况,也可以由招标人委托的公正机构检查并予以公证;经确认无误后,由招标人当众拆封,对投标文件的签署及投标担保的提交情况等进行核查。未按投标人须知规定进行密封和标记的投标文件将不予开标;开标后,招标人发现投标人未按照招标文件的要求提交投标担保,或者投标书未按照招标文件规定签署并加盖公章,或者未在投标书上填写投标总价,招标人将当场宣布为废标。

(5)只对符合《公路工程标准招标文件》(2009 年版)规定要求的投标文件开标，并由招标人宣读合同段名称、投标人名称、投标价、技术性选择方案的投标价(如有)、标底(如有)，以及招标人认为必要的其他内容。未经宣读的调价函(如有)，一律不在评标中考虑。招标人应做好开标记录，存档备查。

(6)若招标人宣读的结果与投标文件不符时，投标人有权在开标现场提出异议，经监督或公证机关当场核查确认之后，可重新宣读其投标文件。若投标人现场未提出异议，则认为投标人已确认招标人宣读的结果。

(7)招标人设有标底的，应在开标时当场公布并记录备案。

(8)投标人因故不能派代理人出席开标活动，事先应以书面形式(信函、传真)通知招标人，此时，招标人将认为该投标人默认开标结果。

(二)开标程序进行

(1)宣布开标纪律；

(2)公布在投标截止时间前递交投标文件的投标人名称，并点名确认投标人是否派人到场；

(3)宣布开标人、唱标人、记录人、监标人等有关人员姓名；

(4)按照投标人须知前附表规定检查投标文件的密封情况；

(5)按照投标人须知前附表的规定确定并宣布投标文件开标顺序；

(6)设有标底的，公布标底；

(7)按照宣布的开标顺序当众开标，公布投标人名称、标段名称、投标保证金的递交情况、投标报价、质量目标、工期及其他内容，并记录在案；

(8)投标人代表、招标人代表、监标人、记录人等有关人员在开标记录上签字确认；

(9)开标会议结束。

二、评标

(一)评标定标的原则

评标定标是在招标投标的基本原则下对投标人的竞争力进行综合评定并确定中标单位的过程。在评标、定标过程中应坚持以下原则：

(1)公平原则；

(2)公正原则；

(3)科学原则；

(4)择优原则。

(二)评标程序及工作步骤

评标程序及工作步骤如下：

(1)组建清标工作组；

(2)组建评标委员会；

(3)初步评审；

(4)详细评审；

(5)撰写评标报告。

(三)评标委员会的组建

根据《中华人民共和国招标投标法》及《公路工程施工招标评标委员会工作细则》,评标委员会应依法组建并符合以下规定。

(1)清标工作组由招标人选派熟悉招标工作、政治素质高的人员组成,协助评标委员会工作。

(2)评标委员会由评标专家和招标人代表共同组成,人数为五人以上单数。其中,评标专家人数不得少于成员总数的三分之二。评标专家按照交通运输部有关规定从评标专家库中抽取。与投标人有利害关系的人员不得进入相关招标项目的评标委员会。

(3)清标工作组和评标委员会人员的具体数量由招标人视评标工作量确定。

(4)评标委员会应民主推荐一名主任委员,负责组织协调评标委员会成员开展评标工作。评标委员会应根据评标工作量和工程特点,制订工作计划,明确分工,交叉审核,确保评标质量。

(四)评标准备

1. 评标前准备工作内容

清标工作组应在评标委员会开始工作之前进行评标的准备工作,主要内容包括:

(1)根据招标文件,制订评标工作所需各种表格;

(2)根据招标文件,汇总评标标准对投标文件的合格性要求,以及影响工程质量、工期和投资的全部因素;

(3)对投标文件响应招标文件规定的情况进行摘录,列出相对于招标文件的所有偏差;

(4)对所有投标报价进行算术性校核。

评标工作使用的表格和评标内容必须注明依据和出处,招标文件未规定的事项不得作为评标依据。清标工作应全面、客观、准确,不得营私舞弊、歪曲事实,不得对投标文件作出任何评价。

2. 评标前准备的信息及数据

评标委员会开始评标工作之前,首先要听取招标人或者其委托的招标代理机构及清标工作组关于工程情况和清标工作的说明,并认真研读招标文件,获取评标所需的重要信息和数据,主要包括以下内容:

(1)招标项目建设规模、标准和工程特点;

(2)招标文件规定的评标标准和评标方法;

(3)工程的主要技术要求、质量标准及其他与评标有关的内容。

评标委员会应根据招标文件规定,对清标工作组提供的评标工作用表和评标内容进行认真核对,对与招标文件不一致的内容要进行修正。对招标文件中规定的评标标准和方法,评标委员会认为不符合国家有关法律、法规,或其中含有限制、排斥投标人进行有效竞争的,评标委员会有权按规定对其进行修改,并在评标报告说明修改的内容和修改的原因。

三、初步评审

招标人依法组织的评标委员会首先对投标文件进行初步评审。对投标文件的初步评审包含形式评审与响应性评审、资格评审,只有通过初步评审的投标文件才能进入详细评审。

(一)通过形式评审与响应性评审的主要条件

1)投标文件按照招标文件规定的格式、内容填写,字迹清晰可辨:

(1)投标函按招标文件规定填报了投标价、工期及工程质量目标;

(2)投标函附录的所有数据均符合招标文件规定;

(3)已标价工程量清单说明及承诺函文字与招标文件规定一致,未进行修改和删减;

(4)按照招标文件规定的格式、内容编制了施工组织设计及项目管理机构相关图表;

(5)投标文件组成齐全完整,内容均按规定填写。

2)投标文件上法定代表人或其授权代理人的签字、投标人的单位章盖章齐全,符合招标文件规定:

投标函及投标函附录、承诺函、已标价工程量清单[包括工程量清单说明、投标报价说明、计日工说明、其他说明及工程量清单各项表格(工程量清单表 5-1～表 5-5)]、调价函及调价后的工程量清单(如有)的内容应由投标人的法定代表人或其委托代理人逐页签署姓名(本页正文内容已由投标人的法定代表人或其委托代理人签署姓名的可不签署)并逐页加盖投标人单位章(本页正文内容已加盖单位章的除外)。

3)与申请资格预审时比较,投标人资格没有实质性下降:

(1)通过资格预审后法人名称变更时,应提供相关部门的合法批件及企业法人营业执照和资质证书的副本变更记录复印件;

(2)资格没有实质性下降,指投标人仍然满足资格预审中的最低要求(业绩、人员、财务等)。

4)投标人按照招标文件规定的金额、形式、时效和内容提供了投标担保:

(1)投标担保金额符合招标文件规定的金额;

(2)若采用电汇,投标人在投标人须知前附表规定的时间之前,将投标保证金由投标人的基本账户一次性汇入招标人指定账户;

(3)若采用银行保函,银行保函的格式、开具保函的银行、银行保函的有效期均满足招标文件要求,且银行保函原件装订在投标文件的正本之中。

5)投标人法定代表人的授权代理人,需提交附有法定代表人身份证明的授权委托书,并符合下列要求:

(1)授权人和被授权人均在授权书上签名,未使用印章、签名章或其他电子制版签名;

(2)附有公证机关出具的加盖钢印、单位章并盖有公证员签名章的公证书,钢印应清晰可辨,同时公证内容完全满足招标文件规定;

(3)公证书出具的日期与授权书出具的日期同日或在其之后。

6)投标人法定代表人若亲自签署投标文件的,提供法定代表人身份证明,并符合下列要求:

(1)法定代表人在法定代表人身份证明上签名,未使用印章、签名章或其他电子制版签名;

(2)附有公证机关出具的加盖钢印、单位章并盖有公证员签名章的公证书,钢印应清晰可辨,同时公证内容完全满足招标文件规定;

(3)公证书出具的日期与法定代表人身份证明出具的日期同日或在其之后。

7)投标人以联合体形式投标时,联合体协议书满足招标文件的要求:

(1)未进行资格预审的,投标人按照招标文件提供的格式签订了联合体协议书,并明确了联合体牵头人；

(2)进行资格预审的，投标人提供了资格预审申请文件中所附的联合体协议书复印件。

8)投标人如有分包计划，应按“投标文件格式”的要求填写“拟分包项目情况表”，且专业分包的工程量累计未超过总工程量的30%。

9)一份投标文件应只有一个投标报价，在招标文件没有规定的情况下，未提交选择性报价。

10)投标人若提交调价函，调价函符合招标文件要求。

11)投标人若填写工程量固化清单，填写完毕的工程量固化清单未对工程量固化清单电子文件中的数据、格式和运算定义进行修改。

12)投标文件载明的招标项目完成期限未超过招标文件规定的时限。

13)投标文件未附有招标人不能接受的条件。

14)权利义务符合招标文件规定：

(1)投标人应接受招标文件规定的风险划分原则，未提出新的风险划分办法；

(2)投标人未增加发包人的责任范围，或减少投标人义务；

(3)投标人未提出不同的工程验收、计量、支付办法；

(4)投标人对合同纠纷、事故处理办法未提出异议；

(5)投标人在投标活动中无欺诈行为；

(6)投标人未对合同条款有重要保留。

(二)通过资格评审的主要条件

(1)投标人具备有效的营业执照、资质证书、安全生产许可证和基本账户开户许可证；

(2)投标人的资质等级符合招标文件规定；

(3)投标人的财务状况符合招标文件规定；

(4)投标人的类似项目业绩符合招标文件规定；

(5)投标人的信誉符合招标文件规定；

(6)投标人的项目经理(包括备选人)和项目总工(包括备选人)资格符合招标文件规定；

(7)投标人的其他要求符合招标文件规定；

(8)不存在“投标人须知”第1.4.3项规定的任何一种情形。

(三)算术性修正

符合性审查工作完成后，评标委员会应按照招标文件规定对投标人报价进行算术性修正并对有算术上的差错和累加运算上的差错给予修正。

1)投标报价有算术错误的，评标委员会按以下原则对投标报价进行修正，修正的价格经投标人书面确认后具有约束力。投标人不接受修正价格的，其投标作废标处理，并没收其投标担保。

(1)投标文件中的大写金额与小写金额不一致的，以大写金额为准；

(2)总价金额与依据单价计算出的结果不一致的，以单价金额为准修正总价，但单价金额小数点有明显错误的除外；

(3)当单价与数量相乘不等于合价时，以单价计算为准，如果单价有明显的小数点位置差错，应以标出的合价为准，同时对单价予以修正；

(4)当各子目的合价累计不等于总价时，应以各子目合价累计数为准，修正总价。

2)工程量清单中的投标报价有其他错误的，评标委员会按以下原则对投标报价进行修正，修正的价格经投标人书面确认后具有约束力。投标人不接受修正价格的，其投标作废标处理，并没收其投标担保。

(1)在招标人给定的工程量清单中漏报了某个工程子目的单价、合价或总额价，或所报单价、合价或总额价减少了报价范围，则漏报的工程子目单价、合价和总额价或单价、合价和总额价中减少的报价内容视为已含入其他工程子目的单价、合价和总额价之中。

(2)在招标人给定的工程量清单中多报了某个工程子目的单价、合价或总额价，或所报单价、合价或总额价增加了报价范围，则从投标报价中扣除多报的工程子目报价或工程子目报价中增加报价范围的部分报价。

(3)当单价与数量的乘积与合价(金额)虽然一致，但投标人修改了该子目的工程数量，则其合价按招标人给定的工程数量乘以投标人所报单价予以修正。

3)修正后的最终投标报价若超过投标控制价上限(如有)，投标人的投标文件作废标处理。

4)修正后的最终投标报价仅作为签订合同的一个依据，不参与评标得分的计算。

四、详细评审

(一)概述

1)评标委员会还应对通过初步评审之后的投标文件，从合同条件、技术能力以及投标人以往施工履约信誉等方面进行详细评审。

2)对合同条件进行详细评审的主要内容包括：

(1)投标人应接受招标文件规定的风险划分原则，不得提出新的风险划分办法；

(2)投标人不得增加业主的责任范围，或减少投标人义务；

(3)投标人不得提出不同的工程验收、计量、支付办法；

(4)投标人对合同纠纷、事故处理办法不得提出异议；

(5)投标人在投标活动中不得含有欺诈行为；

(6)投标人不得对合同条款有重要保留。

投标文件如有不符合以上条件之一者，属于重大偏差，按废标处理。

3)对投标人技术能力和以往履约信誉进行详细评审的主要内容：

(1)对投标人提供的财力资源情况(财务报表及相关资金证明材料)的真实性、完整性进行财务能力的评价；

(2)对投标人承诺的拟投入本工程的技术人员素质、设备配置情况的可靠性、有效性进行技术能力的评价；

(3)对投标人编制的施工组织设计、关键工程技术方案的可行性，以及质量标准、进度与质量、安全要求的符合性进行管理水平的评价；

(4)对投标人近五年完成的类似公路工程项目的质量、工期，以及履约表现进行业绩与信誉的评价。

4)在对投标人技术能力和履约信誉详细评审过程中，发现投标人的投标文件有下列问题之一，则属于重大偏差，按废标处理：

(1)承诺的质量检验标准低于招标文件或国家强制性标准要求；

(2)关键工程技术方案不可行;

(3)施工业绩及履约信誉证明材料虚假;

(4)相对资格预审时,其施工能力和财务能力有实质性降低,且不能满足本工程实施的最低要求。

投标文件存在的其他问题应视为细微偏差,评标委员会可要求投标人进行澄清,或对投标文件进行不利于该投标人的评标量化,但不得作废标处理。

(二)评标方法

主要有合理低价法、综合评估法和经评审的最低投标价法三种评标方法,供招标人根据招标项目具体特点和实际需要选择适用。

(1)评标委员会按《中华人民共和国标准施工招标文件》(2007 年版)规定的量化因素和分值进行打分,并计算出综合评估得分。

按规定的评审因素和分值对施工组织设计计算出得分 A;

按规定的评审因素和分值对项目管理机构计算出得分 B;

按规定的评审因素和分值对投标报价计算出得分 C;

按规定的评审因素和分值对其他部分计算出得分 D。

(2)评分分值计算保留小数点后两位,小数点后第三位"四舍五入"。

(3)投标人得分 $=A+B+C+D$。

(4)评标委员会发现投标人的报价明显低于其他投标报价,或者在设有标底时明显低于标底,使得其投标报价可能低于其个别成本的,应当要求该投标人作出书面说明并提供相应的证明材料。投标人不能合理说明或者不能提供相应证明材料的,由评标委员会认定该投标人以低于成本报价竞标,其投标作废标处理。

五、细微偏差

1)投标文件中的下列偏差为细微偏差:

(1)在算术性复核中发现的算术性差错;

(2)在招标人给定的工程量清单中漏报了某个工程子目的单价和合价;

(3)在招标人给定的工程量清单中多报了某个工程子目的单价和合价,或所报单价增加或减少了报价范围;

(4)在招标人给定的工程量清单中修改了某些工程数量;

(5)除强制性标准规定之外,拟投入本合同段的施工、检测设备、人员不足;

(6)施工组织设计(含关键工程技术方案)不够完善。

2)评标委员会对投标文件中的细微偏差按如下规定处理:

(1)按本节(三)规定对算术性差错予以修正;

(2)对于漏报的工程子目单价和合价,或单价和合价中减少的报价内容,视为已含入其他工程子目的单价和合价之中;

(3)对于多报的工程子目报价或工程细目报价中增加的部分报价,从评标价中给予扣除;

(4)对于修改了工程数量的工程子目报价,按招标人给定的工程数量乘以投标人所报单价的合价予以修正,评标价作相应调整;

(5)在施工、检测设备或人员单项评分中酌情扣分,但最多扣分不得超过该单项评分的 40%;

(6)在施工组织设计(含关键工程技术方案)评分中酌情扣分,但最多扣分不得超过该单项评分的40%;

3)若采用最低投标价法评标,除本款第1条(1)、(2)、(3)、(4)项的细微偏差按本款第2条款规定进行修正外,招标人还应要求投标人对第本款第1条(5)、(6)项的细微偏差进行澄清。只有投标人的澄清文件为招标人所接受,投标人才能参加评标价的最终评比。

六、评标价

(1)投标人经细微偏差澄清和补正后并经投标人确认的投标报价,减去招标人给定的暂定金额(含不可预见费总额,或专项暂定金额,或某个给定单价的支付号的合价,或某个给定的总额价等)之后为投标人的评标价。

(2)招标人对投标人投标报价的评审应以评标价为基准。

七、投标文件的澄清

(1)招标人将以书面方式要求投标人对投标文件中的细微偏差内容作必要的澄清或者补正。对此,投标人不得拒绝。澄清或者补正应以书面方式进行,并不得超出投标文件的范围或者改变投标文件的实质性内容。投标人的澄清或补正内容将作为投标文件的组成部分。

(2)投标人拒不按照要求对投标文件进行澄清或者补正的,招标人将否决其投标,并没收其投标担保。招标人不接受投标人主动提出的澄清。

八、撰写评标报告,推荐中标单位

评标委员会在完成上述评标工作后,即可撰写评标报告,推荐中标单位。根据《公路工程施工招标评标委员会评标工作细则》,评标报告应包括以下内容。

1.项目概况

(1)项目范围;

(2)建设标准、规模和施工标段划分情况;

(3)资金来源;

(4)项目批复。

2.招标过程

(1)招标代理(可选择内容);

(2)资格预审结果;

(3)标书出售;

(4)开标记录(如果有标底,标底应为开标内容之一)。

3.评标工作

(1)采用的标准、办法及依据;

(2)评标委员会和清标工作组人员组成;

(3)初步评审:

①符合性检查;

②资格复核;

③算术性修正；

④澄清及有关情况说明。

(4)详细评审：

①合同条件审查；

②评标价计算与评审；

③技术评审；

④澄清情况说明；

⑤综合评价。

4. 评标结果

(1)评价排序并推荐中标候选人；

(2)有关不同意见(如有)；

(3)合同签署前建议招标人应处理的有关事宜。

5. 附表及有关澄清资料

(1)评标报告的格式，详见《公路工程施工招标评标委员会评标工作细则》附录。

(2)评标委员会推荐的中标候选人应当限定在一至三人，并标明排列顺序。

(3)招标人应当将评标结果按规定公示，接受社会监督。

九、定标及签订合同的工作事项

招标人在评标报告的基础之上并确定出中标人的过程称为定标。定标不能违背评标定标原则、标准、方法以及评标委员会的评标结果。

当采用综合评分法定标时，中标人应是能够最大限度地满足招标文件中规定的各项综合评价标准且综合评分最高的单位。

当采用最低评标价定标时，中标人应是评标价最低，而且有充分理由说明这种低标是合理的，且能满足招标文件的实质性要求，即技术可靠、工期合理、财务状况理想的投标人。

当采用双信封法定标时，将投标人的评标价得分和技术得分相加得到投标人的最终得分，中标人应是得分最高者中标。

在确定了中标人之后，业主即可向中标单位颁发“中标通知书”，明确其中标项目(标段)和中标价格(如无算术错误，该价格即为投标总价)等内容。中标通知书的格式如下。

中标通知书

致投标人：(投标人全称)

承包工程：(承包工程名称)

标段编号：____________

有关贵方于________年________月________日提交的上述工程的投标文件，经我方分析研究，并分别于(填入历次标书澄清会议日期)共(次数)次与贵方对标书内容进行澄清和修正后，现正式通知贵方，基于调整后之合同造价及下列条款，我方已选定贵方为该项招标工程之中标人，并接纳贵方的投标文件。

1. 合同总价为人民币：(填入大写金额)(用小写金额说明)。

上述总价是由工程量清单内所列之工程数量及固定包干单价计算组成，经双方协商修正后作为该项承包工程之合同总价。

2.贵方须在接到本通知书后__________天内，按招标文件中提供的银行保函格式办理履约担保手续，提交由银行担保的履约保证书。

3.贵方须在接到本通知书后__________天内签署本工程承包合同协议书。在合同协议书正式签署之前，本通知书连同投标文件、合同通用条件和专用条件、技术规范、工程量清单、图纸及标书澄清中的会议纪要和补充协议等文件，将作为该项承包工程的有效合同文件。

谨此函告！

招标人：(招标人全名)

(公章)

代表：(签名)

日期：　年　月　日

颁发中标通知书的过程，在法律上属于承诺的过程。自中标通知书颁发之日起，双方的合同法律关系即已形成，中标通知书和投标书、合同条款、技术规范、工程量清单及图纸等文件构成了一份对双方有约束力的合同，任何一方都须严格履行合同中的义务，否则即构成违约行为，另一方有权追究其违约责任或进行索赔。

因此，《中华人民共和国招标投标法》规定，中标通知书对招标人和中标人具有法律效力。中标通知书发出后，招标人改变中标结果的，或者中标人放弃中标的，应当依法承担法律责任。

当中标通知书的颁发条件不成熟而招标人又希望向投标人表达中标意向时，可向投标人签发承包合同意向书，但承包合同意向书的签发不是承诺，承包合同意向书对业主无法律约束力。

中标通知书应在投标有效期内颁发，投标有效期的开始日期从开标之日算起，大型国际招标的投标有效期较长，通常为90～180天，在投标有效期内，投标人不能修改或撤回标书，否则其投标保证金将被没收。招标人有时还会视情况延长投标有效期，此时投标人可以拒绝这种要求，这不会影响投标保证金的退回；但投标人一旦接受这种要求，则在延长期内，必须遵守原标书，否则，招标人仍然有权没收其投标保证金(投标有效期延长后可能会因物价上涨问题影响施工成本，但只要合同条款有价格调整的条款，这一因素的影响可以避免。另外，延长投标有效期还有可能使投标人错过施工的黄金季节，对此投标人应在作出同意延长有效期的决定时考虑其风险)。

业主在签发中标通知书的同时(或签发后不久)，应将招标文件中规定的合同协议书的格式填好并发给中标人，中标人在收到协议书后28天内，应以适当方式签字、盖章，并退还业主，由业主办理签字盖章手续(也可以在签字仪式上会签)。协议书通常正本一式两份，双方各执一份，于签字盖章后正式生效。副本若干份，双方分存。

合同协议书签订的过程，仅仅是将招标文件和投标文件的规定、条件和条款以书面的形式固定下来的过程，而不是合同的补充和修正，因此，招标人和中标人不得再行订立背离合同实质性内容的其他协议。

合同协议书应明确承包合同主体(承包合同双方名称)、客体(承包项目名称)、承包合同造价及承包合同的组成文件等事项。最后由双方法人代表签字并加盖单位公章。

履约银行保函

致:(业主全称)

鉴于(承包人全称)(下称"承包人")与(业主全称)(以下简称"业主")签订修建__________(公路项目名称)第__________合同段合同协议书,并保证按合同规定承担该合同段工程的实施和完成及其缺陷修复,我行愿意出具保函为承包人担保,担保金额为人民币(大写)__________元(¥__________)。

本保函的义务是:我行在接到业主提出的因承包人在履行合同过程中未能履约或违背合同规定的责任和义务而要求索赔的书面通知和付款凭证后的__________天内,在上述担保金额的限额内向业主支付__________数额的款项,无须业主出具证明或陈述理由。

在向我行提出要求前,我行将不坚持要求业主应首先向承包人索要上述款项。我们还同意,任何对合同条款所作的修改或补充都不能免除我行按本保函所应承担的义务。

本保函在担保金额支付完毕,或业主向承包人颁发交工证书之日起失效。

担保银行:(银行全称)(盖章)

法定代表人

或

其授权的代理人:(职务)__________

(姓名)__________

(盖章)__________

________年________月________日

如果中标人未按时签署合同协议并按规定办理履约担保手续,则业主将会取消其中标资格,并没收其投标保证金。鉴于这种情况,业主可以将合同授予下一个其竞争能力较强的投标人。

如果中标人按时签署了合同协议书并按规定办理了履约担保手续,则业主将通知其他未中标人,并退回投标保证金。由此招标过程全部结束。

思 考 题

1. 简述我国的公路建设项目报建制度。
2. 简述公路施工招标应具备的基本条件。
3. 简述公路工程施工招标文件的组成。
4. 简述公路工程施工招标程序。
5. 根据计价方式的不同,承包合同有哪些类型?各有何特点?
6. 简述标段划分对工程造价的影响。
7. 简述投标人须知对报价及工程造价的影响。
8. 简述招标文件的合同条款对投标报价及工程造价的影响。
9. 简述工程量清单的组成及工程量清单对造价及合同管理的影响。
10. 简述项目工期对施工成本及工程造价的影响。
11. 简述设计图纸及勘察资料对工程造价的影响。

12. 简述资格预审的内容和程序。

13. 简述公路工程施工招标中投标人的资格要求。

14. 简述资格评审的方法及各自的特点。

15. 简述招标单位在投标组织工作中的主要工作内容及注意事项。

16. 简述标底的概念及基本特征。

17. 简述评标委员会的作用及组建要求。

18. 简述评标定标的基本程序及工作内容。

19. 简述投标担保的主要作用。

20. 评标过程中业主或投标人常提出调整标价的要求，这种行为是否允许？试根据经济合同法律知识及招标投标的基本原则要求予以说明。

21. 简述中标通知书及合同协议书的基本格式。

22. 试论述加强公路工程招、投标管理的必要性及怎样加强公路工程招、投标管理。

第三章 公路工程施工投标

第一节 投标报价工作内容

施工投标是施工单位对招标的响应，是通过竞争获得工程承包任务的过程。对于公路建设者来说，其是企业在公路建设市场竞争中承接任务的一种经营手段。投标与招标一样有其自身的运行规律，有与招标程序相适应的程序。参加投标的施工企业在认真掌握招标信息、研究招标文件的基础上，根据招标文件的要求，在规定的期限内向招标单位递交投标文件，提出合理报价，以争取获胜中标。

投标不仅是施工企业之间报价的竞争，更是企业之间比实力、比信誉、比施工技术措施方案、比水平、比应变能力的竞争。因此，企业通过投标竞争，可促进自身管理水平的提高，使企业在不断改革中提高信誉，达到降低工程造价、确保工程质量、缩短建设工期、提高投资效益的目的。

一、投标报价程序

公路工程施工投标工作业务流程，一般可用如图 3-1 所示的流程图来表示。

在投标工作程序中，主要包括以下工作步骤。

(1)根据招标广告或招标单位的邀请，筛选投标的有关标段，选择适合本企业承包的工程参加投标。

(2)向招标单位提交资格预审申请文件，包括：资格预审申请函、法定代表人身份证明及授权委托书、联合体协议书(如果是联合体)、申请人基本情况表、近年财务状况表、近年完成类似项目情况表、正在施工和新承接的项目情况表，及初步施工组织设计计划等。

(3)经招标单位投标资格审查合格后，向招标单位购买招标文件及资料。

(4)研究招标文件合同要求、技术规范和图纸，了解合同特点和设计要点，制订出初步施工方案，提出考察现场提纲和准备向业主提出的疑问。

(5)参加招标单位组织的现场踏勘和投标预备会，认真考察现场、提出问题、倾听招标单位解答各单位的疑问。

(6)在认真考察现场及调查研究的基础上，修改原有施工方案，落实和制订出切实可行的施工组织设计。在工程所在地材料单价、运输条件、运距长短的基础上编制出确切的材料单价，然后计算和确定标价，填好招标文件所规定的各种表函，盖好印鉴密封，在规定的时间内送到招标单位，并交付一定的投标保证金。

(7)参加招标单位召开的开标会议，提供招标单位要求补充的资料或回答需要进一步澄清的问题。

(8)如果中标，则与招标单位一起依据招标文件规定的时间签订承包合同，并送上银行履约保函；如果未中标，则及时总结经验和教训，按时撤回投标保证金。

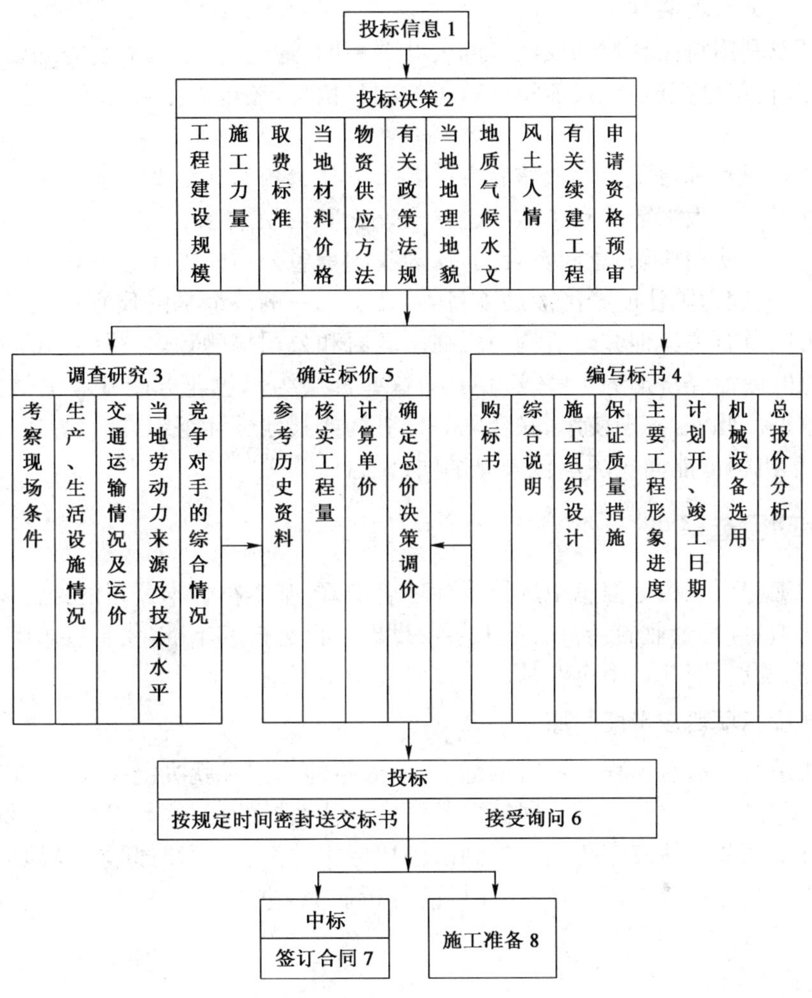

图 3-1　公路工程投标工作业务流程

以下就投标工作程序中的重点环节，即招标信息获取、投标项目选择、参加资格预审、标价计算等进行详细阐述。

二、招标信息获取

1. 通过报刊、信息网络或其他媒介搜集信息

招标项目的招标公告都要通过报刊、信息网络或者其他媒体发布。通过报刊发布的招标公告是一种传统的信息发布方式，在国内外运用得比较广泛。在我国，《经济日报》、《人民日报》、《中国日报》、《中国交通报》等都是标讯刊登得比较多的报刊。在国外，如新加坡，《联合早报》是发布政府工程招标公告的法定报刊。《联合国发展论坛》、《欧盟官方公报》则是分别刊登世界银行、亚洲银行贷款项目招标信息和欧盟各国招标信息的主要途道。随着现代技术的发展，世界各国开始运用互联网发布招标信息，如欧盟的“每日电子标讯”（Tenders Electronic Daily），美国的“采购改良网”（Acquisition Reform Network）等，我国的“中国采购与招投标信息网”（www. chinabidding. gov. cn）以及国内各省市建设工程交易中心网站等。随着科学技术的发展，今后可能还会涌现其他新的发布渠道。

2.利用公共关系搜集信息

承包人可以利用自己新建的或已有的公共关系网，通过与官方、非官方的朋友等不同类型的人物交往，进行信息交流，不仅能得到有关的项目信息，还可以了解当地的政治、经济等其他方面的情况。

3.国际工程项目可通过驻外使馆和有关其他驻外机构及国外驻我国机构

我国同世界上绝大多数国家和地区建立了外交和商贸关系，并同这些政府间签订了大量的各种形式的经济使用协议、意向及合同，这为我国承包公司的国际业务开展打下了良好的基础。其中，承包人较为关注的经济援助项目等，几乎无一例外都是由政府间高层人物签署协议的。驻外使馆以及有关其他驻外机构与所在国政府和公司接触频繁，得到的信息也十分丰富，因此对当地总的政治经济形势了解较为明确，这些都会为承包业务的开展提供扎实可信的资料和中肯的意见。此外，各国使馆、联合国驻华机构或其他国际组织（如世界银行、亚行等国际金融组织）驻华机构都能向我国承包人提供项目信息。

三、投标项目选择

从众多的工程项目招标信息中选择投标环境良好，基本符合本公司的经营策略、经营能力和经营特长的项目，是企业的经营决策大事。投标项目选得准不准，将直接影响到中标后企业的利益、生存和发展，因此每个企业都应认真研究这个问题。

（一）选择投标项目应考虑的原则

国内外几乎每天都有工程在进行招标，承包人不能见招标就决定投标，而应综合考虑各种因素，正确地决定投哪些标、不投哪些标以及投一个什么样的标，这是提高中标概率、获得较好经济效益的首要环节。从发布招标广告到出售招标文件都有一段时间，在这段时间内，有经验的承包人都要对投标环境进行客观的、详尽的分析研究，进而选定投标项目。一般来说，有利的项目应当满足以下原则。

(1)有一定利润

承包企业在确定投标前，除必须弄清招标文件内容和要求外，尚须研究项目中标后可能获得的利润程度，通过工程技术和经济效益的分析，测算出工程中标后可能获得的利润。无利可图的项目理所当然不应去投标。

(2)投标环境良好

投标环境是指工程项目所在地的政治、经济、法律、社会、自然条件（地质、气候、水文等）对投标和中标后履行合同有影响的各种宏观因素。良好的投标环境是承包人实现公司经营目标的前提条件。

(3)符合公司的目标和经营宗旨

这要求考虑该项目是否在公司确定要发展的地区，如果首次进入该市场，则要调查市场的开拓前景如何，该工程是否有相关续建工程等。

(4)符合公司的自身条件

所谓公司自身的条件是指企业本身的专业范围、经济实力、管理水平和实际工程经验。承包人应当从这些方面谨慎考虑自己能否按业主要求完成项目，能否发挥自身的专业特长和技术优势。

(5)考虑工程实现的可靠性

承包人在对投标项目进行分析时，应考虑该工程实现的可靠性，如建设条件、建设规模、资金落实情况、施工条件、工程难度、业主资信等因素。

(6)考虑自身竞争的优势

由于招标的公开竞争性，承包人在筛选项目时应考虑项目的竞争激烈程度，自身是否有战胜对手的优势。对于毫无中标把握的项目不宜勉强参与，以免浪费资源、影响企业形象。

虽然同时符合上述原则的项目很可能不止一个，这些项目可能集中在一个地区，也可能分散在数个国家和地区，但作为一般性原则，集中优势力量在一个市场承包一个较大的项目，比利用同样的资源分散地承包几个小型项目更为有利。另外，对于经济和政治风险大的地区的项目、规模和技术要求超过本公司能力的项目、难度大风险大而在盈利上也无很大吸引力的项目、非本公司专业领域的项目等，一定要慎重选择，尽量回避。

(二)选择投标项目的方法

选择投标项目的方法可分为两类：定性决策法和定量决策法。

1. 定性决策法

定性决策法即从考虑本企业的优势和劣势以及招标项目的整体特点出发确定是否参与投标。一般可根据下列10项指标来划断：

(1)管理的条件，指能否抽出足够的、水平相应的管理工程人员(包括工地项目经理和组织施工的工程师)参加该工程；

(2)工人的条件，指工人的技术水平和工人的工种、人数能否满足该工程要求；

(3)设计人员条件，要视该工程对设计及出图的要求而定；

(4)机械设备条件，指该工程需要的施工机械设备的品种、数量能否满足要求；

(5)工程项目条件，指对该项目有关情况的熟悉程度，包含对项目本身、业主和监理情况、当地市场情况、工期要求、交工条件等；

(6)以往实施同类工程的经验；

(7)业主的资金是否落实；

(8)合同条件是否苛刻；

(9)竞争对手的情况，包括竞争对手的多少、实力等；

(10)对公司今后在该地区带来的影响和机会。

按照上述指标，可用专家评分比较法(企业内的专家)来分析，其步骤如下。

第一步，按照10项指标各自对企业完成该招标项目的相对重要性，分别确定权数。

第二步，用10项指标对投标项目进行衡量，将各标准划分为好、较好、一般、较差、差五个等级，各等级赋予定量数值，如按1.0、0.8、0.6、0.4、0.2打分。例如，企业的管理条件足以完成本工程便将标准打1.0分，而竞争对手愈多则分愈低。

第三步，将每项指标权数与等级分相乘，求出该指标得分。10项指标得分之和即为此工程投标机会总分。

第四步，将总得分与过去其他投标情况进行比较或与公司事先确定的准备接受的最低分数相比较，来决定是否参加投标。

【例3-1】 表3-1是用此方法评价投标机会的一个例子。

专家评分比较法评价投标机会　　表 3-1

投标考虑的指标	权数（W）	等级（C）					WC
		好 1.0	较好 0.8	一般 0.6	较差 0.4	差 0.2	
管理的条件	0.15		√				0.12
工人的条件	0.10	√					0.10
设计人员条件	0.05	√					0.05
机械设备条件	0.10			√			0.06
工程项目条件	0.15			√			0.09
同类工程经验	0.05	√					0.05
业主资金条件	0.15		√				0.12
合同条件	0.10			√			0.06
竞争对手条件	0.10				√		0.04
所带来的影响和机会	0.05					√	0.01
累计值							0.70

注：“√”表示等级的取值。

这种方法可以用于以下两种情况。

一是对某一个招标项目投标机会做出评价，即利用本公司过去的经验，确定一个$\sum WC$值。例如在0.60以上可以投标，则上例属于可投标的范畴；但也不能单纯看$\sum WC$值，还要分析一下权数大的几个指标，也就是要分析重要指标的等级，如果太低，也不宜投标。

二是可用以比较若干个同时可以考虑投标的项目，看哪一个$\sum WC$最高，即可考虑优先投标。

2. 定量决策法

定量决策法即对影响项目选择的各种因素应用系统原理和概率统计方法进行定量分析，以进行合理的选择。

1）线性规划法的应用

线性规划是运筹学的重要分支，其应用范围很广。因为线性规划研究的主要问题之一为如何根据已有人力、财力、物力、技术和时间资源等条件去取得最大经济效果，所以很适宜于用来选择投标工程。

（1）线性规划的定义

对于满足一组由线性方程或线性不等式构成约束条件的系统进行规划，并且使由线性方程表示的目标函数达到最大值（或最小值）的数学方法，称为线性规划。线性规划问题可用数学符号表示如下。

目标函数：

$$\max Z = c_1x_1 + c_2x_2 + \cdots + c_nx_n \tag{3-1}$$

约束条件：

$$
\begin{cases}
\alpha_{11}x_1+\alpha_{12}x_2+\cdots+\alpha_{1n}x_n\leqslant b_1\\
\alpha_{21}x_1+\alpha_{22}x_2+\cdots+\alpha_{20}x_n\leqslant b_2\\
\cdots\cdots\\
\alpha_{M1}x_1+\alpha_{M2}x_2+\cdots+a_{mn}x_n\leqslant b_m\\
x_1,x_2,\cdots,x_n\geqslant 0
\end{cases}
\tag{3-2}
$$

其缩写形式为：

目标函数：

$$
\max Z=\sum_{j=1}^{n}c_j\cdot x_j \tag{3-3}
$$

约束条件：

$$
\begin{cases}
\sum_{j=1}^{n}\alpha_{ij}x_j\leqslant b_i(i=1,2,\cdots,m)\\
x_j\geqslant 0(i=1,2,\cdots,n)
\end{cases}
\tag{3-4}
$$

上述模型是用直线(线性)关系描述的，它由三部分组成。

①目标函数把所有研究问题中想要达到的目标用数学式子加以描述，并根据描述的不同对象，确定求极大值或最小值[注意，上述目标函数表达为求极大值。因为线性函数 $C_1x_1+C_2x_2+\cdots+C_nx_n$ 的最大值与线性函数 $-(C_1x_1+C_2x_2+\cdots+C_nx_n)$ 的最小值等价，因此，对于求目标函数最小值的问题，只需将式中右边的正号改为负号就可以了]。例如，如果目标函数为产品成本，则为求极小值问题；对于我们要研究的问题，目标函数为预期利润，则为极大值。

②约束条件是为了实现目标对各种因素在数量方面的限制要求，也就是对所考虑和控制的因素加以限制的条件。

③非负要求。由上述公式中体现的条件，表明所考虑和控制的因素值都是非负值，只有这些要求才能符合实际的管理活动。

(2)线性规划模型的建立

用线性规划解决实际问题，首先必须把实际问题归纳成线性规划的数学模型。一般说来要考虑下面三种情况。

①技术情况线性规划模型的约束条件中，不等号左端的 x_i 的系数，就表示一组已给定了的技术条件。例如，对于工程承包，这些条件可为所需的人力、财力、资金等资源。

②限制条件在线性规划模型的约束条件中，不等号右边所列的数字，就表示了对各种可能的解答所给出的限制范围。例如，对于工程承包，这些数字表示为达到不同利润的资源限制。

③达到目标线性规划的目标函数，表示了选择最优解的准则。

为进一步明了线性规划数学模型的建立方法与步骤，下面通过一个实例来说明。

【例 3-2】 假定工程承包采用投标方式，某承包人有 6 个 A 类工程和 3 个 B 类工程共 9 个工程可供选择。这些工程要求同时开工，而承包人人力有限，不宜同时都投标。承包人估计：A 类工程每个可获利润 7 000 元；B 类工程每个可获利润 5 000 元，承包人当前拥有 4 种技工，可利用的瓦工工时为 35 000 个，普通工工时 50 000 个，木工工时 25 000 个，钢筋工工时 25 000个，承包人对于修建 A 类工程及 B 类工程所耗用的工时估计如表 3-2 所示。承包人应向哪些工程进行投标才能争取更大的利润？

修建 A 类工程及 B 类工程所耗工时估计　　表 3-2

工　种	一个 A 类工程	一个 B 类工程
瓦工需用工时	6 600	4 800
普通工需用工时	7 500	5 600
木工需用工时	4 000	4 000
钢筋工需用工时	3 000	3 000

解:建立数学模型。

第一步,确立变量。设 x_1、x_2 分别为所承包的 A 类工程和 B 类工程的数目。设 E 为承包获得的总利润。

第二步,确立目标函数。此问题的目标是使利润最大,利润 E 的最大值为:

$$E_{max}=7\ 000x_1+5\ 000x_2$$

第三步,找约束条件。考虑到所承包的工程所需的瓦工、普通工、木工和钢筋工时数不能超过能提供的瓦工、普通工、木工和钢筋工总工时数,可写出四个不等式方程。

$$\begin{cases}\text{瓦工}\ 6\ 600x_1+4\ 800x_2\leqslant 35\ 000\\ \text{普工}\ 7\ 500x_1+5\ 600x_2\leqslant 50\ 000\\ \text{木工}\ 4\ 000x_1+4\ 000x_2\leqslant 25\ 000\\ \text{钢筋工}\ 3\ 000x_1+3\ 000x_2\leqslant 25\ 000\end{cases}$$

第四步,考虑 A 类工程和 B 类工程的数目且其值只能为正整数,则有:

$$x_1=0,1,2,3,4,5\ \text{或}\ 6$$

$$x_2=0,1,2\ \text{或}\ 3$$

第五步,整理以上各步,得线性规划模型:

$$\text{约束条件}\begin{cases}\text{目标函数}:E_{max}=7\ 000x_1+5\ 000x_2\\ \text{瓦工}\ 6\ 600x_1+4\ 800x_2\leqslant 3\ 500\\ \text{普工}\ 7\ 500x_1+5\ 600x_2\leqslant 50\ 000\\ \text{木工}\ 4\ 000x_1+4\ 000x_2\leqslant 25\ 000\\ \text{钢筋工}\ 3\ 000x_1+3\ 000x_2\leqslant 25\ 000\\ x_1=0,1,2,3,4,5\ \text{或}\ 6\\ x_2=0,1,2\ \text{或}\ 3\end{cases}$$

解该线性规划,就可求得 $x_1=x_2=3$ 为最优解,此时最大预期利润为 $E_{max}=7\ 000\times3+5\ 000\times3=36\ 000$ 元。

求解线性规划有多种方法,现在各种求解方法都已有标准的电算程序可用,欲对其有更多了解者,可参考其他有关著作。

2)决策树法的应用

以上介绍的是以预期利润确定投标策略，然而，承包人最终所获得的利润不仅取决于得标的概率，还决定于预期利润可能实现的概率，即承包人中标之后，在承包过程中实现预期利润的可能性。其一般分为对预期利润乐观的、期望的(或一般的)和悲观的估计。

我们将某一方案可能的预期利润，确定为预期利润和其出现概率的乘积，用公式表示为：

$$E_p = P' \cdot E \tag{3-5}$$

式中：E_p——可能的预期利润；

P'——预期利润出现的概率；

E——预期利润。

运用可能预期利润制定的投标策略，不仅考虑了竞争对手的外部因素，而且从本身的经营管理情况和对施工中各种因素的估计出发，考虑了实现预期利润的可能性。解决这一问题可用决策树法。

决策树是模拟树木生枝生长过程，以从出发点开始不断分枝来表示所分析问题的各种可能性，并以各分枝的期望值中的最大者作为选择的依据。它是一种按照"走一步看几步"的思路进行决策的技术，既可用来解决单级决策问题，又能解决多级决策问题。

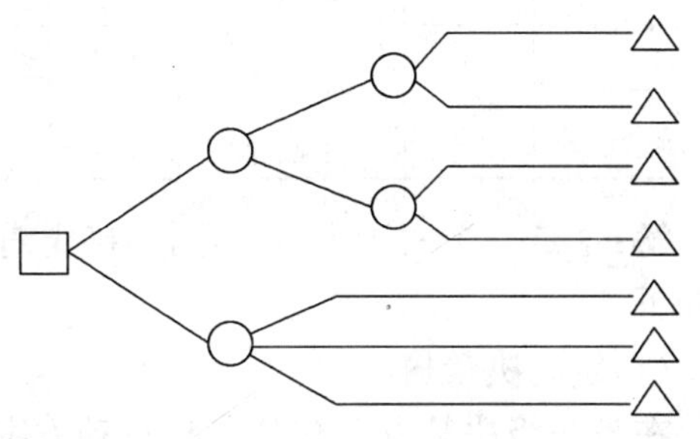

图 3-2　决策树模型

□——决策结点，由决策结点引出的分枝称方案分枝，分枝数反映可能的行动方案数。

○——方案结点，又称概率分叉点或机会结点，自然状态点。其上标注该方案的效益期望值，由此引出的分枝表示可能出现的各种自然状态，称为概率分枝或机会分枝。其上注明自然状态的内容，还要标注各自的概率。

△——方案末梢，又称结果结点，其右旁注该方案在相应状态下的损益值。如果问题只需一级决策，则在此终止。如还需作第二阶段决策，则用"决策结点□"代替"△"，再重复上述步骤画出决策树。

(1)决策树模型

一般的决策树模型如图 3-2 所示。

(2)决策步骤

①画决策树，把预测或估计的决策问题未来发展情况可能性和可能结果，用决策树模型反映出来。

②按绘制决策树相反的程序，即从右向左逐步后退，根据预期利润值分层进行决策。

a. 在方案结点上应计算出可能预期利润，即将这个方案结点上各分枝的可能预期利润相加的结果。

b. 在决策结点，根据计算出来的各结点的可能预期利润值进行选优，并把选优值标注在结点上，同时在舍弃方案的分枝上画上双截线。

c. 如属多级决策，则连续计算选优至第一个决策结点为止，就可以确定最优的投标策略。

对于我们所讨论的问题，其决策的目标为效益，当然在选优时选最大值。决策树法也可用于费用、劳力、财力的支出或损失等目标的决策，此时则应取期望值的最小值。

【例 3-3】 某承包人在工程承包市场上有三项工程可参与投标，但由于能力所限，只能参加一项工程的投标。对任何一项工程，企业都可以投以"高标"，也可以投以"低标"。"高标"的中标率为 0.3，"低标"的中标率为 0.6。若投标失败，其相应的损失，工程 A 为 1 000 元，工程 B 为 600 元，工程 C 为 400 元。各项工程预期利润的概率，根据以往的情况估计如表 3-3 所示。承包人在投标竞争中为了谋求最大的利润，应确定对哪项工程投哪种标？

各项工程预期利润的概率 表 3-3

工程项目	标型	利润估计	概率	利润值(元)	标型	利润估计	概率	利润值(元)
工程 A	高标	乐观利润	0.3	12 000	低标	乐观利润	0.2	8 000
		期望利润	0.5	8 000		期望利润	0.5	4 000
		悲观利润	0.2	4 000		悲观利润	0.3	−1 000
工程 B	高标	乐观利润	0.1	3 000	低标	乐观利润	0.2	6 000
		期望利润	0.6	4 000		期望利润	0.6	2 000
		悲观利润	0.3	1 000		悲观利润	0.2	0
工程 C	高标	乐观利润	0.4	10 000	低标	乐观利润	0.3	8 000
		期望利润	0.3	6 000		期望利润	0.4	4 000
		悲观利润	0.3	3 000		悲观利润	0.3	2 000

解:这是一个两级决策问题,即确定对哪项工程投标,投哪种标。采用决策树法决策,其步骤如下:

(1)绘制决策树

在第一级决策点 I,包括三种行动方案:投工程 A、投工程 B 和投工程 C,由此引出三个决策分枝。第二级决策有三个决策点(分别用 IIA、IIB、IIC 表示),每一决策点又有投高标与投低标两种行动方案,故决策分枝数为 3×2=6。相应于 6 个决策分枝,有 6 个方案结点(分别用①、②、③、④、⑤、⑥表示),每一结点又有中标和失标两种状态,故又引出 6×2=12 条概率分枝。在中标状态,利润的获取又有优、一般、赔三种情况,故方案末梢的数目为 6×3+6=24。决策树的构成如图 3-3 所示。

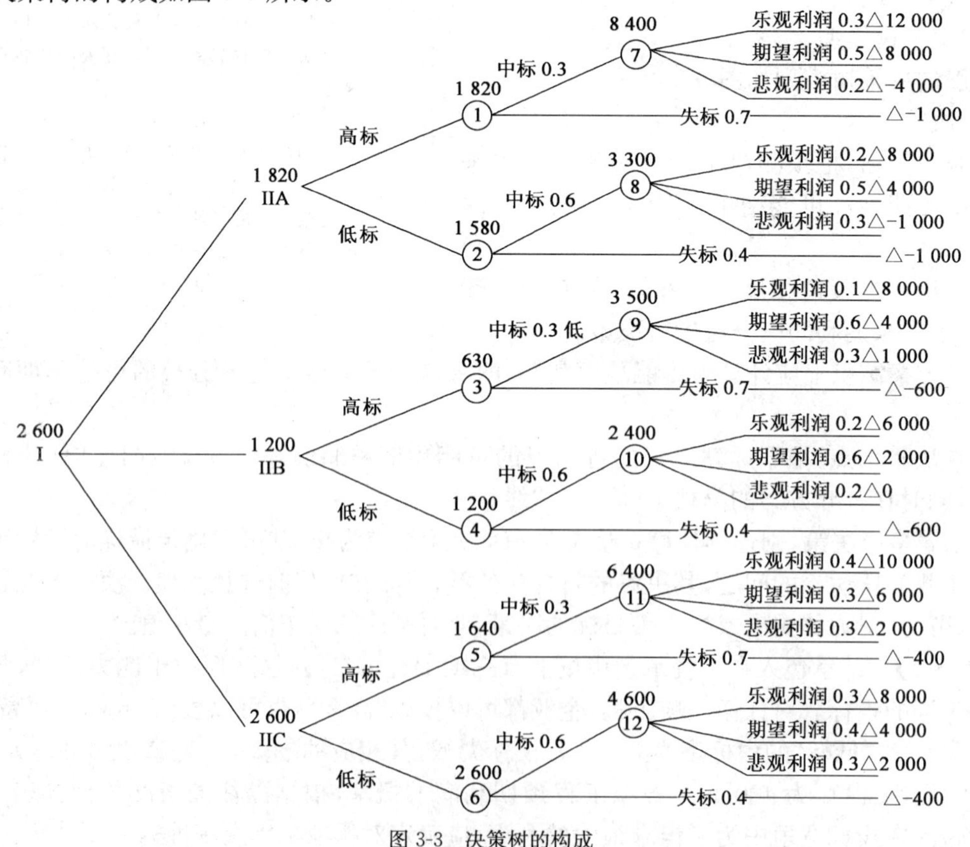

图 3-3 决策树的构成

(2)决策步骤

①按决策树从后向前逆推计算的方法，首先计算方案结点 7～12 的可能预期利润值 $E_p=\sum P_i \cdot E_i$，并将其标于方案结点上方。计算过程及结果如表 3-4 所示。

继续向前逆推计算结点 1～6 的可能预期利润值。

②在决策结点 IIA，比较高标与低标两种情况的期望收益值，可知高标情况下的可能利润值较高，故保留此分枝，将决策结果(1 820)标于 IIA 结点上方。在结点 IIB、IIC 得到的结果同结点 IIA 恰好相反(图 3-3)。

③继续选优至第一个决策点 I，分别比较三个方案的可能预期利润值，可以确定应投 C 工程。沿投 C 工程分枝从左向右推找，便可确定以低标投工程 C 为最优策略，可能预期利润为2 600元。

方案结点 1～12 的计算过程及结果 表 3-4

结 点 号	计算式($\sum P_i \cdot E_i$)	可能预期利润 E_p(元)
7	0.3×12 000+0.5×8 000+0.2×4 000	8 400
8	0.2×8 000+0.5×4 000+0.3×(−1 000)	3 300
9	0.1×8 000+0.6×4 000+0.3×1 000	3 500
10	0.2×6 000	0.6×2 000+0.2×0	2 400
11	0.4×10 000+0.3×6 000+0.3×2 000	6 400
12	0.3×8 000+0.4×4 000+0.3×2 000	4 600
1	0.3×8 400+0.7×(−1 000)	1 820
2	0.6×3 300+0.4×(−1 000)	1 580
3	0.3×3 500+0.7×(−600)	630
4	0.6×2 400+0.4×(−600)	1 200
5	0.3×6 400+0.7×(−400)	1 640
6	0.6×4 600+0.4×(−400)	2 600

(三)参加资格预审

1. 资格预审的内容

资格预审的内容包括基本资格预审和专业资格预审。基本资格是指承包人的合法地位和信誉，包括是否注册、是否破产、是否存在违法违纪行为等。专业资格是指已具备基本资格的承包人履行拟订施工项目的能力，具体包括：经验和以往承担类似合同的业绩和信誉；为履行合同所配备的人员情况；为履行合同任务而配备的机械、设备以及施工方案等情况；财务情况。通过对投标人上述相关情况的审查，初步判断潜在投标人是否具有工程施工能力。因此，对于施工承包人而言，通过资格预审是能否参与竞标的先决条件。

2. 资格预审申请文件的编制

资审申请文件一般包括承包人的组织机构，在所在地区或承建同类工程的经验，拥有的资源(管理人员、技术人员、工人、施工设备)和财务状况及信誉等五个方面；此外，还包括根据招标项目的特点拟订的初步施工组织设计。在新进入一个地区，因缺乏当地施工经验，只好填报在别的地区的经验。对承包人财务状况方面，要求附上近年资产负债表、现金流量表、利润表和财务状况说明书，还要求附上资信好的银行出具的关于承包人资信的银行信贷证明；另外，还有承包人拥有的施工机械表和主要管理人员资历表等。上述这些资料平时都要注意积累和整理并编辑成册，以便随时提供使用。此类资料要求文字简明扼要，以图表和反映公司活动的照片为主，并根据拟建项目类型，适当调整内容，不断更新充实。对反映公司经营状况的财务资料，要认真审核，正确反映本企业的良好的经营状况，特别是要反映出公司实力。切忌临时拼凑资料，造成谬误或残缺不全，致使业主要求进行补充，贻误时机，或给人造成不良的印象。如果招标项目规模大，工程范围广，本企业实力有限，需要及早物色信誉好的其他公司联合参加资格预审。为此，需要商定某种集团形式，共同编制资格预审申请文件。

3. 努力争取通过资格预审

承包人的资格预审是投标活动的前奏，与投标一样存在着竞争。除了认真按照业主要求编送有关文件之外，还要开展必要的宣传活动，争取资格审查通过。

在已经获得项目的地区，业主更多地注视承包人在建工程的进展和质量，为此，要获得业主信任，应当很好地完成在建工程。一旦在建工程搞好了，通过其他项目的资格审查就没多大问题。在新进入一个地区，为了争取通过资格审查，应派人专程送交资格审查申请文件，并开展宣传、联络活动。主持资格审查工作的可能是业主指定的业务部门，也可能委托咨询公司。如果主持资格审查部门对新承包人缺乏了解，或抱有某种成见，资格审查人员可能对承包人提问或挑剔，有些竞争对手也可能通过关系施加影响，散布谣言，破坏新来的承包人的名誉。为了澄清事实，扩大宣传，承包人的代表要主动了解资格审查进展情况，向有关部门、人员说明情况，并提供充分的说明资料，以便取得主持资格审查人员的信任，必要时还要通过驻外人员或别的渠道介绍本公司的实力和信誉。例如，有的公司为了在一个新开拓地区获得承建一项大型工程，不惜出资邀请有关当局前来我国参观本公司已建项目，了解公司情况，取得了良好效果。有的国家主管建设的当局领导人得知我国在其邻国成功地完成援建或承包工程，常主动邀请我国参加他们的工程项目投标。这都说明扩大宣传的必要性。

4. 编制资格预审申请文件注意事项

资格预审阶段应注意的主要问题，是严格按规定要求编报“资格预审申请文件”。

(1)形式上，编制资格预审申请文件时，注意文字要规范严谨，装帧要精美，力争给业主留下深刻的印象。

(2)内容上，在填报工程业绩时，应在资料真实的前提下，选择那些施工难度大、结构新颖、技术复杂、质量优良、工期短、造价低及评价高的工程项目，充分展现企业经济和技术实力，有助于通过资格审查。

四、确定标价

1. 标价的构成

投标报价的费用构成主要有直接费、间接费、利润、税金以及不可预见费等。直接费是指在工程施工中直接用于工程实体上的人工、材料、设备和施工机械使用费等费用的总和；间接费是指组织和管理工程施工所需的各项费用，主要由施工管理费和其他间接费组成；利润和税金是指按照国家有关部门的规定，工程施工企业在承担施工任务时应计取的利润，以及按规定应计入工程造价内的营业税、城市建设维护税等税金；不可预见费是工程项目的风险费。

为了便于计算工程量清单中各个分项的价格，进而汇总整个工程标价，通常将工程费用分为直接费和待摊费用，如图 3-4 所示。待摊费用的概念是工程项目实施所必需的，但在工程量清单中没有单列项的项目费用，需要将其作为待摊费用分摊到工程量清单的各个报价分项中去。

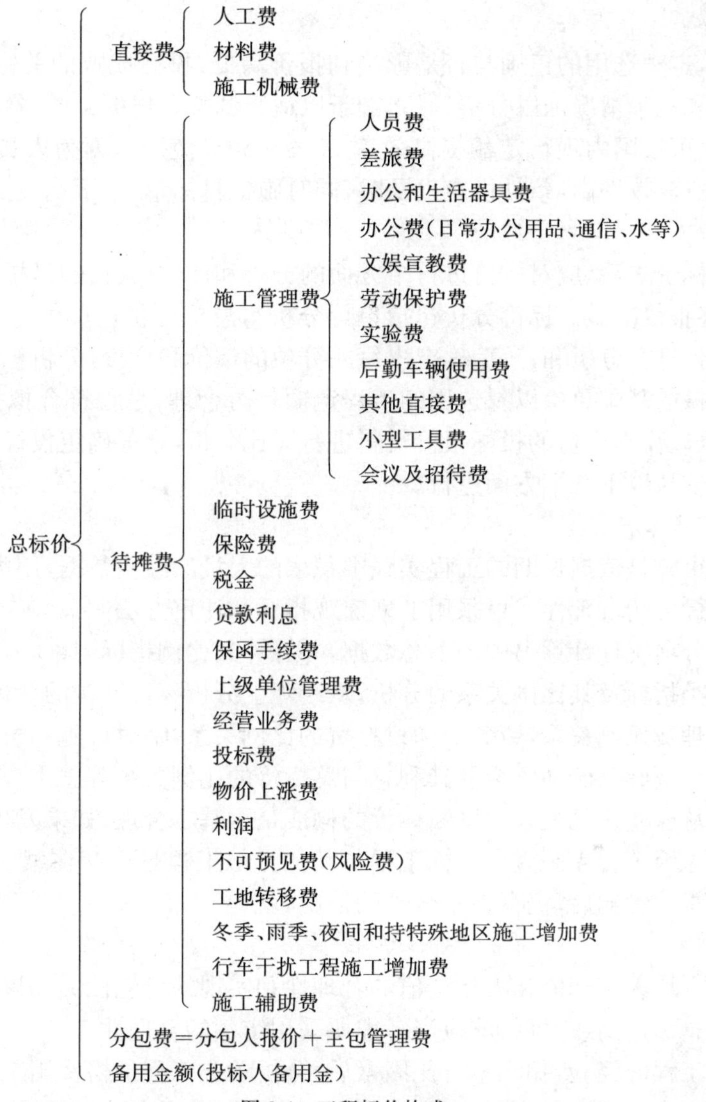

图 3-4　工程标价构成

标价的计算可以按照定额或市场的单价，逐项计算每个项目的单价与合价，分别填入招标人提供的工程量清单中，应包括人工费、材料费、施工机械使用费、其他直接费、间接费、利润、税金及材料差价和风险费用等全部费用。

(1)人工、材料、机械单价

投标时采用的人工、材料、机械单价，应根据本企业自身的情况以及建设市场情况和劳动力、施工机械租赁市场状况综合确定。

(2)其他直接费、间接费、利润、税金的计算

在计算出直接费的基础上，依据企业自身情况确定各项费率及法定税率，依次计算出其他直接费、间接费、利润和税金。

(3)风险费的计算

风险费指工程承包过程中由于各种不可预见的风险因素发生而增加的费用。通常由投标

人经过对具体工程项目的风险因素分析之后，确定一个比较合理的工程总价的百分数作为风险费。

计算标价时，定额选用的正确与否是影响到报价高低、投标成败的关键因素之一。因此，应根据工程条件和竞争情况加以分析，对定额予以适当调整。根据经验，在国外承包工程时一般选用较高定额(可按国内现行定额提高效率10%～30%使用)，因为人员素质高，机械化程度高，机械性能先进，效率高，条件供应也及时，同时施工目标单一，干扰较少。

2. 标价分析

初步计算出标价之后，应对标价进行多方面的分析和评估，其目的是探讨标价的经济合理性，从而作出最终报价决策。标价分析包括单价分析与总价分析。单价分析就是对工程量清单中所列分项单价进行分析和计算，确定出每一分项的单价和合价，分析标价计算中使用的劳务、材料、施工机械的基础单价以及选用的工程定额是否合理，是否符合拟投标工程的实际情况。同时，应根据以往本企业的投标报价资料进行对比分析，合理确定投标单价和总报价。

标价分析评估从以下几个方面进行。

(1)标价的宏观审核

标价的宏观审核是依据长期的工程实践中积累的大量的经验数据，用类比的方法，从宏观上判断初步计算标价的合理性。可采用下列宏观指标和评审方法。

①首先应当分项统计计算书中的汇总数据，并计算其比例指标。

②通过对各类指标及其比例关系的分析，从宏观上分析标价结构的合理性。例如，分析总直接费和总的管理费比例关系，劳务费和材料费的比例关系，临时设施和机具设备费与总的直接费用的比例关系，利润、流动资金及其利息与总标价的比例关系等。承包过类似工程的有经验的承包人不难从这些比例关系中判断标价的构成是否基本合理；如果发现有不合理的部分，应当初步探讨其原因。首先研究拟投标工程与其他类似工程是否存在某些不可比因素，如果考虑了不可比因素的影响后，仍存在不合理的情况，就应当深入探讨其原因，并考虑调整某些基价、定额或分摊系数。

③探讨上述平均人月产值和人年产值的合理性和实现的可能性。如果从本公司的实践经验角度判断这些指标过高或过低，就应当考虑所采用定额的合理性。

④参照同类工程的经验，扣除不可比因素后，分析单位工程价格及用工、用料量的合理性。

⑤从上述宏观分析得出初步印象后，对明显不合理的标价构成部分进行微观方面的分析检查。重点是在提高工效、改变施工方案、降低材料设备价格和节约管理费用等方面提出可行措施，并修正初步计算标价。

(2)标价的动态分析

标价的动态分析是假定某些因素发生变化，测算标价的变化幅度，特别是这些变化对计划利润的影响。

①工期延误的影响

由于承包人自身的原因，如材料设备交货拖延、管理不善造成工程延误、质量问题导致返工等，承包人可能会增大管理费、劳务费、机械使用费以及占用的资金及利息。这些费用的增加不可能通过索赔得到补偿，而且还会导致误期赔偿。一般情况下，可以测算工期延长某一段时间，上述各种费用增大的数额及其占总标价的比率。这种增大的开支部分只能用风险费和计划利润来弥补。因此，可以通过多次测算，得知工期拖延多久，利润将全部丧失。

②物价和工资上涨的影响

通过调整标价计算中材料设备和工资上涨系数，测算其对工程计划利润的影响。同时切实调查工程物资和工资的升降趋势和幅度，以便做出恰当判断。通过这一分析，可以得知投标计划利润对物价和工资上涨因素的承受能力。

③其他可变因素影响

影响标价的可变因素很多，而有些是投标人无法控制的，如贷款利率的变化、政策法规的变化等。通过分析这些可变因素的变化，可以了解投标项目计划利润的受影响程度。

(3)标价的盈亏分析

初步计算标价经过宏观审核与进一步分析检查，可能对某些分项的单价作必要的调整，然后形成基础标价，再经盈亏分析，提出可能的低标价和高标价，供投标报价决策时选择。盈亏分析包括盈余分析和亏损分析两个方面。

盈余分析是从标价组成的各个方面挖掘潜力、节约开支，计算出基础标价可能降低的数额，即所谓"挖潜盈余"，进而算出低标价。盈余分析主要从下列几个方面进行：

①定额和效率，即工料、机械台班消耗定额以及人工、机械效率分析；

②价格分析，即对劳务、材料设备、施工机械台班(时)价格三方面进行分析；

③费用分析，即对管理费、临时设施费等方面逐项分析；

④其他方面，如流动资金与贷款利息，保险费、维修费等方面逐项复核，找出有潜可挖之处。

考虑到挖潜不可能百分之百实现，尚需乘以一定的修正系数(一般取 0.5～0.7)，据此求出可能的低标价，即：

$$低标价=基础标价-(挖潜盈余\times修正系数) \tag{3-6}$$

亏损分析是分析在算标时由于对未来施工过程中可能出现的不利因素考虑不周和估计不足，可能产生的费用增加和损失。主要从以下几个方面分析：

①人工、材料、机械设备价格；

②自然条件；

③管理不善造成质量、工作效率等问题；

④建设单位、监理工程师方面的问题；

⑤管理费失控。

以上分析估计出的亏损额，同样乘以修正系数(0.5～0.7)，并据此求出可能的高标价，即：

$$高标价=基础标价+(估计亏损\times修正系数) \tag{3-7}$$

下面举例说明单价分析的方法与步骤。

【例 3-4】　如表 3-5 所示某公路工程项目工程量清单中浇筑混凝土路面分项的单价分析表格式。

单价分析计算表　　表 3-5

工程量清单中分项编号		工程内容：水泥混凝土路面	单位：m^3		数量：Q	
序号	工料内容	单位	基价(元)	定额消耗量	单位工程量计价(元)	本分项计价(元)
(1)	(2)	(3)	(4)	(5)	(6)	(7)
I	材料费					

续上表

工程量清单 中分项编号		工程内容： 水泥混凝土路面	单位：m^3		数量：Q	
序号	工料内容	单位	基价 （元）	定额 消耗量	单位工程量 计价（元）	本分项计价 （元）
(1)	(2)	(3)	(4)	(5)	(6)	(7)
1-1	水泥	t	…	…	…	
1-2	碎石	m^3				
1-3	砂	m^3				
1-4	沥青	kg				
1-5	木材	m^3				
1-6	水	m^3				
1-7	零星材料					
	小计				α_1	
	乘上涨系数后材料价					
II	劳务费					
2-1	机械操作手	工日				
2-2	一般熟练工	工日				
	劳务费小计				α_2	
III	机械使用费					
3-1	混凝土拌和站	台班				
3-2	混凝土搅拌车	台班				
3-3	小型机具费					
	机械费小计				α_3	
IV	直接费用(I+II+III)				α	A
V	分摊费				b	B
VI	计算单价				U	S
	拟填入工程量计价单中的单价					
	本分项总价					

(1)首先计算本分项工程的单位工程量直接费 α。即分别计算浇筑 $1m^3$ 混凝土的材料费 α_1、劳务费 α_2、机械使用费 α_3，然后将上述的三者相加，$\alpha=\alpha_1+\alpha_2+\alpha_3$。

单价分析表中各种材料（如水泥、碎石等）、劳务、施工机械的单位工程量计价，均由基价乘以定额消耗量之积算出。材料费和人工费应视情况根据市场行情预测考虑物价上涨系数和工资上涨系数。

本分项工程直接费 A=本分项工程的单位工程量直接费 $\alpha\times$本分项工程量 Q

(2)计算分摊系数 β 和本分项工程分摊费 B

本分项工程分摊费 B=本分项工程直接费用 $A\times$分摊系数 β

本分项工程的单位工程量分摊费 b=本分项工程的单位工程量直接费 $\alpha\times$分摊系数 β。其中，分摊系数等于整个工程项目的待摊费用之和除以所有分项的直接费之和，即：

$$分摊系数\ \beta=\frac{\sum 各项工程待摊费}{\sum 分项工程直接费}\times 100(\%)$$

(3)计算本分项工程的单价 U 和合价 S

本分项工程单价 U=本分项工程的单位工程量直接费 α+本分项工程的单位工程量分摊费 b=本分项工程的单位工程量直接费 $\alpha\times(1+$分摊系数 $\beta)$

将工程量清单中所有分项工程的合价汇总,即可算出工程的计算标价。

$$总标价=\sum分项工程合价+备用金额$$

关于单价分析有一点还应特别加以说明,即有的招标文件要求投标人对部分项目要递交单价分析表,而一般招标文件不要求递交单价分析表。但是对于投标人自己来说,除了非常有经验和有把握的分项之外,都应进行单价分析,使投标报价建立在有充分依据、计算较为准确的基础上。

应该指出,招标投标中的标价计算不像编制概、预算,有一个统一的编制办法,因此,计算标价首先要按照合同要求并结合本单位的经验和习惯,去确定计算办法、程序和报价策略。常用的算标方法有单价分析法、系数法、类比法。具体应用时最好不要用单一的计算办法,而要用几种方法进行复核和综合分析。

五、投标文件容易出现的问题

1.投标文件的编制

工程报价最后确定后,就可按照招标文件中各项要求完成整套投标文件,然后打印、复制、装订。

招标文件是招标人出售的文件,其中包括了许多要求投标人编制完成的内容。投标人在招标文件的基础上完成这些内容之后递交的文件就是投标文件。

全部投标文件编好之后,经校核无误,由负责人签署、盖章(公司公章),按投标人须知的规定分装,然后密封。

2.易出现的问题

在评标过程中,专家会根据招标文件中规定的商务要求和技术规范的重大偏差,可视为不响应、不符合而导致废标。

(1)标书内名称或合同段打印差错、装订缺页。

(2)不能明确法定代表人的身份。

(3)授权委托书后未附有公证机关出具的加盖钢印、单位章并盖有公证员签名章的公证书;或者钢印不清晰;或者公证内容不满足招标文件规定。

(4)公证书出具的日期比授权书出具的日期早。

(5)法定代表人和委托代理人的签字不是亲笔签名,使用印章、签名章或其他电子制版签名。

(6)以联合体形式投标的,授权委托书不是由联合体牵头人的法定代表人按上述规定签署并公证的;或者缺少联合体协议书。

(7)提交的投标担保时间不够,或修改了招标文件提供的格式,变为有条件担保,不能接受;或者没按要求在投标文件中提供电汇回单的复印件(采用电汇方式),或者没在投标文件的正本中装订银行保函原件(采用银行保函方式)。

(8)未能遵循技术规范要求,提供了不同于原设计的设计或产品,其在关键性能指标、参数或其他要求方面有实质性的不同。

(9)修改招标文件中“投标人须知”的实质内容。

(10)强制性标准或业绩不能满足要求或存在做假业绩的问题。

(11)人员资质、业绩、学历存在自相矛盾等问题。

(12)对招标文件的理解不透(如降价函,应附调价后的工程量清单)。

第二节　投标前调查

一、投标前调查的要求

投标信息内容包括来自企业内外的与投标有关的一切经济、技术和社会等方面的信息。对这些信息的调查要“快、全、准、用”。“快”为迅速及时。“全”则为多多益善,对信息应系统积累,如哪里有招标项目、工程概况如何、什么日期开始招标、什么时间开标及当地材料价格、汇率、工期等,在招标的全过程中,即从准备投标一直到定标前几分钟,都要掌握信息;而交标之后,开标之前,均应及时采取相应的措施以利夺标。“准”是要求信息的准确性,要善于辨别信息的真伪。“用”就是要善于利用信息,为正确地投标决策服务。

二、需要掌握的信息内容

根据标前调查目的不同,将投标前调查分为两个阶段,一为投标决策信息调查,另一为投标信息调查。

1.投标决策信息调查

所谓投标决策信息调查,即在掌握了招标信息之后,为决定是否参加投标而所需了解的相关信息的搜集与调查,主要包括如下内容。

(1)当地建筑市场信息及拟招标建设项目的工程情况,如项目规模有多大,公路有多少公里,分几个标段,资金来源、招标单位名称、招标时间、项目是否列入国家计划等市场信息。

(2)投标环境,包括对商业市场、金融市场、劳务市场及其他有关业务和自然条件等对投标和中标后履行合同有影响的各种宏观因素的调查,对国外承包还应包括对所在国政治、法律、社会等情况的调查。

(3)当地建筑材料和设备能否供应,价格怎样,交通运输情况如何,当地税种、税率、银行贷款利率、地方法规等。

(4)材料与施工技术发展动态,如招标项目有无新结构、新技术、新材料,需要采购的新设备和新工艺等情况。

(5)招标单位的倾向性(即招标人倾向让哪个或哪类层次施工单位来承包工程)和困难,如工期要提前、投资不足、材料供应困难等。应探明建设单位(或招标人)的主要困难是什么。

(6)各竞争对手的基本情况,如有多少单位参加投标,每个标段各有几个单位投标,他们的名称、资质、技术水平高低、装备能力、管理水平、队伍作风、是否急于想中标、投标报价动向、与业主之间的人际关系等。

(7)设计及其他协作单位的情况。

(8)类似工程的施工方案、报价、工期等。本企业是否承担过类似的工程,其报价、施工方案、施工工期等情况。

(9)本企业内部今年和明年任务是否饱满,有否力量投入新的投标项目。

(10)本企业欲完成本项目投标工程和同类已完工程的技术经济指标,如形象进度、成本降低率、单位面积人工、材料耗用定额和造价、劳动定额执行情况等。

(11)企业为本投标项目购置新设备、采用新技术的可能性。

(12)企业投标的历史资料。对每次投标的情况,不管中标与否,均应该记录并进行分析,如每次投标参与投标的企业数、各家的报价情况、中标价及标底等。对这些资料的分析有助于提高编标报价的水平,而当采用定量决策的方法选择投标项目时,这些资料更是不可缺少的。

2. 投标信息调查

现场考察一般是投标预备会的一部分,招标人会组织所有投标人进行现场参观和说明。投标人应准备好现场考察提纲并积极参加这一活动。

1)现场考察的重要性

投标人应参加由招标人安排的正式现场考察,否则,投标者可能会被拒绝投标。按照国际、国内规定,投标人提出的报价一般被认为是在现场考察的基础上编制的,一旦标书交出,如在投标日期截止后发现问题,投标人就无法因现场考察不周、情况不了解而提出修改标书,或调整标价给予补偿的要求。另外,编制标书需要许多数据并了解有关情况,也要从现场调查中得出。因此,投标人在报价以前必须认真地进行工程现场考察,全面、细致地了解工地及其周围的政治、经济、地理、法律等情况。如考察时间不够,参加编标人员在投标预备会结束后,一定要再留下几天,再到现场查看,或重点补充考察,并在当地做材料、物资等调查研究,收集编标用的资料。

2)国外现场考察的主要内容

投标人在购买招标文件后,应先拟订好考察现场的提纲和疑点,做到有准备、有计划地调查。其主要包括内容如下:

(1)政治方面

①项目所在国政局是否稳定,有无发生政变的可能。

②项目所在国与邻国关系如何,有无发生边境冲突或封锁边界的可能。

③项目所在国与我国的双边关系如何。

(2)地理、地貌、气象方面

①项目所在地及附近地形地貌与设计图纸是否相符。

②项目所在地的河流水深、地下水情况、水质等。

③项目所在地近20年的气象资料,如最高(最低)气温、每月雨量、雨日、冰冻深度、降雪量、冬期时间、风向、风速、台风等情况。

④当地特大风、雨、雪、灾害情况。

⑤地震灾害情况。

⑥自然地理情况:修筑便道位置、高度、宽度标准,运输条件及水、陆运输等情况。

(3)法律、法规方面

①与承包活动有关的合同法、外汇管理法、税收法、劳动法、环境保护法、建筑市场管理法等。

②国外承包工程除上述有关法律、法规外,尚应了解项目所在国的民法对本项目工程施工有关具体规定,如劳动力的雇用、设备材料的进口及运输施工机械使用等规定。

(4)工程条件

①工程所需当地建筑材料的料源及分布地。

②场内外交通运输条件,现场周围道路桥梁通过能力,便道便桥修建位置、长度和数量。

③施工供电、供水条件,外电架设的可能性(包括数量、架支线长度、费用等)。

④新盖生产生活房屋的场地及可能租赁民房情况、租地单价。

⑤当地劳动力来源、技术水平及工资标准情况。

⑥当地施工机械租赁、修理的能力。

(5)经济方面

①工程所需各种材料,当地市场供应数量、质量、规格、性能能否满足工程要求及其价格情况。

②当地买土地点、数量、运距。

③国外承包工程还要了解当地工人工作时间、年法定假日天数,工人假日和冬、雨、夜施工及病假的补贴,工人所交所得税及社会保险金。

④监理工程师工资标准。

⑤当地各种运输、装卸及汽柴油价格。

⑥当地主副食供应情况和近 3～5 年物价上涨率。

⑦保险费情况。

(6)工程所在地有关健康、安全、环保和治安情况

例如工程所在地的医疗设施、救护工作、环保要求、废料处理、保安措施等。

(7)其他方面

现场考察需带有招标人发的 1/2 000 比例的平面图,详细标绘施工便道、便桥、现场布置及数量。调查路基范围内拆迁情况,需填筑之水塘面积大小、抽水数量、淤泥深度和数量,以及了解开山的岩石等级、打洞放炮设计施工方法。调查桥梁位置、水深水位、便桥架设、钻孔(打桩)工作平台搭设、深水基础、承台、下部构造如何施工、上部构造如何预制、预制场设在哪里及怎样布置、安装等有关具体问题,以便为施工组织设计做好准备。

3)国内投标现场考察的主要内容

(1)地理条件

①当地地图、地形(等高线)图,了解运输网及地形。

②附近社会团体的人口数。

③本地区的排水系统,有无大的问题。

④现场高程。

(2)地质和地表下资料

①该地区的地质图。

②工程所在地的地表下资料——土层及特性、水质资料,确定工程是否有填方地段,若有应标出其位置并说明填方类型。

③要求是否排水。

④挖土方施工方法与机械设备。

⑤挖沟渠或其他挖土方支撑方法。

⑥地面承载状况(是否能支撑橡胶轮胎建筑设备,是否能支撑履带建筑设备)。

⑦表土层的排水性能。

⑧是否需要建临时排水系统。

⑨已有的地下设施和排水系统图或其他的地下建筑物或障碍的平面图。

(3)气象资料

①月温度和湿度范围,包括有记载的每月最高和最低温度(若有寒风或高温资料也应包括)。

②月平均降雨量和降雪量,明确每年降雨的平均天数。

③该地区易受何种天气影响,发生特大风暴的次数如何,特大风暴是雷暴、雨暴、风雪、龙卷风或是飓风。

④最大冻土深度。

(4)施工现场准备工作

①剩下的废材料能否出卖。若能,卖给谁,什么价;若不能,则在何处处理,处理费如何。

②若需要填料,填料来源于何处,什么价。

③头顶上方有无电线或其他妨碍施工的建筑物;在清扫现场时,有否遇到危险及安全的因素。

④结构物是否需作防腐败处理。

⑤在施工准备或施工过程中,有哪些历史建筑物、基地、树木或其他设施需要拆迁。

(5)进场道路和停车场

①绘出进场道路图,说明路面类别及条件、可容纳交通量大小、制约因素等,采取何种改良措施,可使之为承包人所使用;承包人有无责任维护这些道路。

②必须新铺什么样的进场道路,且由谁来铺;有无在他人土地上的通行权、筑路权;若无,则如何获得这些权利。

③施工工地有无合适的停车场。若无,则工人们把车停在何处,且怎样到工地;仍需建什么样的停车场且由谁建,停车场是否有栅栏,是否必须安有栅栏。

(6)卸货和保管

①能否在开工前,材料到货并堆放在工地。若能,需要采取何种防卫措施,且由谁制订该措施;是否由业主准备劳动力提取这些材料;这是否会产生权限问题。

②工地有何种仓库可供承包人保管物品或有何场地可供承包人建仓库。

③有何种非工地仓库可用来存放那些不能在工地保管的物品。

④装卸材料需要何种特殊工具和设备,哪些工具和设备已有,哪些工具和设备必须添购。

(7)公用设施和临时设施

①施工时有无建筑物可利用。若有,说明其用处;若没有,说明需要进行哪些工作才能取得这些建筑物的图纸或其他尺寸资料。

②施工时报建的永久性建筑可为承包人作为临时使用否。

③将位于工地的临时建筑物,与工地附近的临时建筑物分开。若一定需要使用非工地土地,则由谁提供。

④承包人必须为业主或其他人员提供临时设施场所吗。

⑤工程竣工时业主接管所有的临时建筑还是承包人将其拆除。

⑥由谁提供办公家具。

⑦由谁提供饮用水，水源是什么，需要进行什么工作。混凝土用水、灰尘控制用水及清除水都有专门供水系统吗；若有，其水源是什么，由谁提供，需要进行什么工作。

⑧有无卫生设施（如卫生间、盥洗室、排污水系统）；需进行什么工作，且由谁提供。

⑨采暖及空调如何，由谁提供，需要进行什么工作。

⑩供电情况怎样（地理位置、电压、相位、容量等），需要进行什么工作才能供电且由谁提供。

⑪施工期间需要蒸汽吗；若用，则其来源于何处，并由谁提供。

⑫施工期间是否需要用压缩空气及其他气体；若用，则其来源于何处，且由谁提供。

⑬由谁来承担处理废料、垃圾的工作。

(8)当地材料及分包人

①记下承包人的姓名、住址及其他有关当地特点的建筑资料，以便在合同执行过程中与承包人进行联系。

②预拌混凝土的来源在何处及其价格是多少；若由承包人供应混凝土，则其集料和水泥在何处。

③附近有何运输公司可为工程服务。

④取得附近单位的电话簿。

(9)当地条件

①操作设备能否达到工地的各处位置；对于大门及场地限制等，有无特殊要求；操作人员与建筑人员之间合作有无问题。

②业务与当地政府及工程有关单位的关系如何。

③有无政治、文化形势影响工程，工程受社会支持吗。

④有无未解决问题或缺手续（如业主营业执照）以致影响开工或建设进度。

⑤施工所产生的高噪声、灰尘、交通拥挤等情况，是否会影响附近的单位及居民，致使他们产生抱怨或采取法律手段。

(10)健康、安全、环境和治安

①有何医疗设施，由谁提供。

②附近有何医院、药房和诊所，都有何设施。

③如何进行救护工作。

④有何防火设施。

⑤对于废料、垃圾、噪声、腐蚀、有害排放、化学泄漏和燃料所产生的影响有何环保要求；该环保设施由谁提供。

⑥工程人员是否处于有害气体、化学或辐射环境中，需提供哪些防护设施及训练。

⑦当地有何化学洗涤设备，是轻便型还是洗涤车。

⑧附近有何商业公司有资格处理有害排放物并将其运到批准的处理场。

(11)保安

①有何执法机构负责工地、关系单位和运输网的司法管理。

②若有外包工程，则当地执行机构提供保安措施否。

③有安全围栏吗，由谁提供，由谁提供警卫和监视系统。

(12)交通

①在地图上划分交通图:道路、桥梁和涵洞的承重能力和尺寸,铁路线和站台,可用驳船航道和码头,可用机场。

②铁路设施:有哪些铁路线经过该地区;需要铁路支线吗,若需要,则由谁提供,且与哪条铁路接轨。

③说明该地区的空运能力及机场情况,并列出每一机场可使用的最大机种。

④对于驳船,说明可用码头情况及吨位、规模、季节等制约条件,并列出其他有关港口。

⑤说明工程人员可利用的公共交通情况。

(13)劳动

①如果这是一个合作工程,则记下交通工具方的姓名和地址,取得所有协议和工资级别的复印件。详细说明生产、加班、差旅费等各种规章制度,注明所有协议的期限,估计罢工期间所造成的损失,讨论可能影响工程施工及费用的有关地区合作精神的条款。

②如果这是一个外包工程,则通过地方职业介绍所、当地承包人及其他渠道,了解一般的工资标准。在进行这些估价时,要考虑到该地区其他行业或工程的需要,是哪种技术且由谁提供培训。.

③对当地的经济条件进行评估,着重于工程人员的获得性、生产率及水平。

④说明那些可能限制工作人员恢复精力或影响创造高营业额(利润)的情况(如上下班距离或高犯罪区等)。

⑤取得有关劳动生产率的资料。

⑥该地区有无政府津贴的工作培训项目。

(14)建筑设备

①划分业主及其他承包人所提供的设备如何偿还。

②说明承包人必须提供的特种设备。

③设备维修是在工地还是按合同在当地的修配公司。

④将设备移到工地有何障碍(如路面、桥梁、涵洞的承重或架空电线的限制)。

(15)通信

①电话业务如何。

②工地有通信设施(如喇叭或无线电)吗。

(16)执照税和手续费

①工程免税吗,是免地方税还是国家税。

②需交何种地方税。

③该地区需要承包人营业执照吗,都有哪些规定。

④承包人需要哪些许可证。

⑤承包人需支付何种公用系统费(如电话、水、下水道及电等费用)。

(17)专业人员及职责

①附近有无合适的房屋可供承包人的职员居住。

②当地雇用业务人员的难易程度及工资级别如何。

(18)杂项

①承包人必须为业主、监理工程师、分包人或其他施工人员提供何种援助和服务。

②所有特殊事项(如财物滥用控制)都要求业主参加吗。

投标人通过投标前调查，根据调查结果编制出材料和机械台班单价，同时给施工组织规划设计，提供了大量第一手资料，为制订出合理的报价打下基础。

第三节　报价中的清单复核

由于工程量清单及数量由招标人编制，因此，投标人在购买招标文件后，应根据招标文件的要求，对照图纸，对招标文件提供的工程量清单进行复查或复核。此工作直接关系到工程计价及报价策略，必须认真做好。

一、清单复核的内容与方法

1.清单项目完整性复核

以合同条款、施工图和技术规范为依据，认真核对所有清单项目，看其是否全面反映了拟建工程的全部内容。具体方法有两种：

一种是以合同条款、施工图和技术规范为依据，对所有清单项目进行逐项认真核对，看其是否全面反映了拟建工程的全部内容。该方法一般比较耗时，工作量较大。

另外一种方法是先识别此项工程类型，以同类典型工程的历史工程数据进行比对。这种方法只能进行大项的比对，对于某些细节项目就要以看图纸来进行确定是否漏项。该方法一般相对省时，但相对粗糙。在实践中，应根据投标项目具体要求和情况选择复核方法或将两种方法结合使用。

2.清单项目一致性复核

(1)清单工程项目编码与项目名称是否一致；

(2)清单工程项目名称与施工图的项目名称是否一致；

(3)对技术规范规定多个单位的项目，查清单中选用的单位与工程量计算口径是否一致；

(4)清单工程项目与技术规范及定额计量单位是否一致。

3.清单工程量准确性复核

以合同条件、施工图和技术规范和计量规则为依据，对主要分部分项工程工程数量进行计算(具体方法见第三章第二节)，将投标人计算结果与招标文件清单中数量进行比较。

二、总价合同清单复核结果的处理方法

根据工程量清单计价总价合同的结算原则，承包人的投标总价是承包人完成合同约定的承包范围内所有工作的全部费用，清单仅为工程变更时提供价格参考。如果投标人未能复核工程量清单，则根据一般合同条件，合同履行过程中发现有遗漏项目是得不到费用补偿的。

因此，承包人应根据工程量清单、图纸、技术规范及合同条款确定完整的承包范围，并以此作为投标报价的基础。在确定承包范围的过程中，清单复核是一项极其重要的工作，必须加以重视。

当投标人通过清单复核发现招标工程清单中有遗漏项目或者工程数量有误差，则应及时向招标人提出添补遗漏项目和更正数量误差的书面要求，并要求招标人予以书面答复。

若招标人不同意添补遗漏项目和更正数量误差，投标人应将完成遗漏项目的费用分摊或

并入相关项目中报价，此时相关项目的单价和合价均会比一般情况高；并且报价时应把握总价优先的原则，调整单价，确保总价。

由此可见，总价合同下，清单项目的完整性复核比清单工程量的准确性复核更重要。投标人应加强对工程量清单的复核，尤其是对清单项目完整性的复核。

三、单价合同清单复核结果的处理方法

对于单价合同，招标人招标时按分项工程列出工程量清单及估算工程量；投标人投标时在工程量清单中填入分项工程单价，据此计算出“名义合同总价”；而结算时，采用按实计量的工程量作为最终结算依据，单价优先于总价。合同工程量清单存在误差时的相关问题，相比总价合同更为复杂。

当清单项目有遗漏时，投标人应根据复核结果提出要求招标人添补。若招标人不同意添补，则投标人无需将完成遗漏项目的费用分摊或并入相关项目中报价。因为根据一般合同条件和有关规范，“已标价的工程量清单”中没有的项目将由承包人提出单价，工程师确认予以结算。所以在单价合同下，投标人无需担心清单“漏项”带来的损失。

假如清单工程数量列示是准确的，投标人在报价过程中，需要认真估算完成清单工程量上每一个分项工程的费用，采用“估算费用÷清单工程量＝单价”的算法，初步确定报价单价，然后填表报价，形成报价总价。只要“估算费用”是合理的，由于清单工程量又是准确的，报价单价应该也是合理的（或者说是正常的或平衡的）。

假如投标人通过清单复核发现招标工程清单中数量有误差，则应向招标人提出修正要求。若招标人同意更正，则根据书面确认的清单工程量，采用“估算费用÷修正后清单工程量＝单价”的算法，初步确定报价单价，然后填表报价，形成报价总价。

若招标人不同意修正，可在计算标价时作为一种策略加以利用。那么招标人此时的报价方法有两种，即“单价＝估算费用÷清单工程量”和“单价＝估算费用÷实际工程量”。此时招标人可结合自身情况制定相关的报价策略。

由此看来，在单价合同中，清单工程量的准确性复核较清单项目完整性复核更重要。

四、单位不一致时的处理方法

（1）出现名称不一致时，向招标人发出质疑通知，并要求予以书面答复。

（2）出现计量单位不一致时，应严格以清单工程项目计量单位为准，根据施工图和技术规范和计量规则进行换算；否则，将被视为“废标”。

第四节　报价策略与技巧

一、报价策略

报价策略是投标人在激烈竞争的环境下，为了企业的生存与发展而可能使用的对策。报价策略运用是否得当，对投标人能否中标并获得利润影响很大。常用的报价策略大致有如下几种。

1. 以获得高额利润为投标策略

施工企业的经营业务近期比较饱和，该企业施工设备和施工水平又较高，而投标的项目施工难度较大、工期短、竞争对手少，非我莫属。在这种情况下所投标的标价，可以比一般市场价格高一些并获得较大利润。

2. 以获得微利为投标策略

施工企业的经营业务近期不饱满，或预测市场工程项目因资金不足开工较少，为防止职工“窝工”，投标策略往往是多抓几个项目，标价以微利为主。

要确定一个低而适度的报价，首先要编制出先进合理的施工方案，在此基础上计算出能够确保合同工期要求和质量标准的最低预算成本。降低公路工程预算成本要从降低直接费、现场经费和间接费着手。具体做法和技巧如下：

(1)发挥本施工企业优势，降低成本

每个施工企业都有自身的长处和优势。如果发挥这些优势来降低成本，从而降低报价，这种优势才会在投标竞争中起到实质作用，即把企业管理优势转化为价值优势。

一个施工企业的优势一般可以从下列几个方面来表示。

①职工素质高：技术人员云集、施工经验丰富、工人技术水平高、劳动态度好、工作效率高；

②技术装备强：本企业设备新、性能先进、成套齐全、使用效率高、运转劳务费低、耗油低；

③材料供应：有一定的周转材料，有稳定的来源渠道、价格合理、运输方便、运距短、费用低；

④施工技术设计：施工人员经验丰富，提出了先进的施工组织设计，方案切实可行、组织合理、经济效益好；

⑤管理体制：劳动组合精干、管理机构精炼、管理费开支低。

当投标人具体有某些优势时，在计算报价的过程中就不必照搬统一的公路工程预算定额和费率，而是结合本企业实际情况将优势转化为较低的报价。另外，投标人可以利用优势降低成本进而降低报价，发挥优势报价。

(2)运用其他方法降低预算成本

有些投标者采用预算定额不变，而在现场经费、间接费和利润等方面适当降低，利用降低现场经费、间接费和利润的策略降低标价争取中标。

3. 以保本为投标策略

有些施工企业为了参加市场竞争，打入其他新的地区、开辟新的业务，并想在这个地区占据一定的位置，往往在第一次参加投标时，用最大限度低的报价、保本价、无利润价，甚至亏5%标价报价，进行投标。中标后在施工中充分发挥本企业专长，在质量上、工期上(出乎业主估计的短工期)，创优质工程、创立新的信誉，缩短工期，使业主早得益，并且使自己也取得立足之地，同时取得业主的信任和同情，以提前奖的形式给予补助，致使总价不亏本。

4. 亏损报价策略

在激烈的建筑市场竞争中，有的投标企业报出超常规的低标，令业主和竞争对手吃惊。超常规的报价方法，常用于施工企业面临生存危机或者竞争对手较强，为了保住施工地盘或急于解决本企业人员窝工现象。

一旦中标，除解决职工窝工的危机，同时保住地区市场并且又促进企业加强管理，精兵简政，优化组合，采取合理的施工方法，采取新工艺、降低消耗和成本来完成此项目，力争减少亏损或不亏损。

二、报价技巧

具体计算标价时，总的来说是要贯彻总的报价策略意图。例如，整个投标工程采用“低利政策”，则利润要定得较低或很低，甚至管理费率也定得较低，这样才能使标价降低。除此以外，计算标价中还有一定的技巧，即在工程成本不变的情况下，设法把对外标价报得低一些，待中标后再按既定办法争取获得较多的收益。报价中这两方面必须相辅相成，以提高战胜竞争对手的可能性。以下介绍一些投标中经常采用的报价技巧与思路，可供参考。

1.不平衡单价法

不平衡单价法是投标报价中最常用的一种方法。所谓不平衡单价法，即在保持总价格水平的前提下，将某些项目的单价定得比正常水平高些，而另外一些项目的单价则可以比正常水平低些，但这种提高和降低又应保持在一定限度内，避免工程单价的明显不合理而导致废标。常采用的“不平衡单价法”有下列几种。

(1)为了将初期投入的资金尽早回收，以减少资金占用时间和贷款利息，而将待摊入单价中的各项费用多摊入早收款的项目(如施工动员费、基础工程、土方工程等)中，使这些项目的单价提高，而将后期的项目单价适当降低。这样，可以提前回收资金，既有利于资金周转，存款也有利息。

(2)对在工程实施中可能增加工程量的项目适当提高单价，而对在实施中可能减少工程量的项目则适当降低单价。这样处理，虽然表面上维持总报价不变，但在今后实施过程中，承包人将会得到更多的工程付款。这种做法在公路、铁路、水坝以及各类难以准确计算工程量的室外工程项目的投标中常被采用。这一方法的成功与否取决于承包人在投标复核工程量时，对今后增减某些分项工程量所做的估计是否正确。

(3)图纸不明确或有错误的，估计今后有可能修改的项目单价可提高，工程内容说明不清楚的单价可降低，这样做有利于以后的索赔。

(4)工程量清单中无工程量而只填单价的项目(如土方工程中的挖淤泥、岩石等备用单价)，其单价宜高。因为这样做不会影响总标价，而一旦发生时可以多获利。

(5)对于暂定金额(或工程)，分析其将来要做的可能性大的，价格可定高些；估计不一定发生的，价格可定低些，以增加中标机会。

(6)零星用工(计日工作)一般可稍高于工程单价中的工资单价，因它不属于承包价的范围，发生时实报实销，也可多获利。但有的招标文件为了限制投标者随意提高计日工价，对零星用工给出一个“名义工程量”而计入总价，此时则不必提高零星用工单价了。

不平衡报价一定要控制在合理幅度内(一般可在5%～10%)，以免引起业主反对，甚至导致废标。

常见的不平衡报价法见表3-6。

2.利用可谈判的“无形标价”

在投标文件中，某些不以价格形式表达的“无形价格”，在开标后有谈判的余地，承包人可利用这种条件争取收益。如一些发展中国家货币对世界主要外币的兑换率均逐年贬值，在这些国家投标时，投标文件填报的外汇比率可以提高些。因为投标时一般是规定采用投标截止日前30天官方公布的固定外汇兑换率。承包人在多得到多填的外汇付款后再陆续换成当地货币使用时，就可以由其兑换率的差值而得到额外收益。

常见的不平衡报价法　　表 3-6

序　号	信 息 类 别	变 动 趋 势	不平衡报价结果
1	资金收入的时间	早	单价高
		晚	单价低
2	工程量估计不准确	增加	单价高
		减少	单价低
3	报价图纸不明确	增加工程量	单价高
		减少工程量	单价低
4	暂定工程	自己承包的可能性高	单价高
		自己承包的可能性低	单价低
5	单价和包干混合制的项目	固定包干价格项目	单价高
		单价项目	单价低
6	单价组成分析表	人工和机械费	单价高
		材料费	单价低
7	议标时业主要求压低单价	工程量大的项目	单价小幅度降低
		工程量小的项目	单价较大幅度降低
8	报单价项目	没有工程量	单价高
		有假定的工程量	单价适中

3. 调价系数的利用

多数施工承包合同中都包括有关价格调整的条款，并给出利用物价指数计算调价系数的公式，付款时承包人可根据该系数得到由于物价上涨的补偿。投标者在投标阶段就应对该条款进行仔细研究，以便利用该条款得到最大的补偿。对此，可参考如下几种情况：

(1)有的合同提供的计算调价系数的公式中，各项系数未定，标书中只给出一个系数的取值范围，要求承包人自己确定系数的具体值。此时，投标者应在掌握全部物价趋势的基础上，对于价格增长较快的项目取较高的系数，价格较稳定的项目取较低的系数。这样，最终计算出的调价系数较高，因而可得到较高的补偿。

(2)在各项费用指数或系数已确定的情况下，计算各分项工程的调价指数并预测公式中各项费用的变化趋势。在保持总报价不变的情况下，利用上述不平衡报价的原理，对计算出的调价指数较大的工程项目报较高的单价，可获较大的收益。

(3)公式中外籍劳务和施工机械两项，一般要求承包人提供承包人本国或相应来源国的有关当局发布的官方费用指数。有的招标文件还规定，在投标人不能提供这类指数时，则采用工程所在国的相应指数。利用这一规定，就可以在本国的指数和工程所在国的指数间选择。国际工程施工机械常可能来源于多个国家，在主要来源国不明确的条件下，投标者可在充分调查研究的基础上，选用费用上涨可能较大的国家的指数。这样，计算出的调价系数值较大。

4. 附加优惠条件

附加优惠条件，如延期付款、缩短工期，或留赠施工设备等，可以吸引业主，提高中标的可能性。

5. 其他手法

国际上还有一些报价手法，我们也可了解以资借鉴，现择要介绍如下。

(1)扩大标价法

这种方法比较常用，即除了按正常的已知条件编制价格外，对工程中变化较大或没有把握的工程工作，采用扩大单价，增加"不可预见费"的方法来减少风险。但是这种作标方法，往往因总价过高而不易中标。

(2)活口升级报价法

这种方法是报价时把工程中的一些难题，如特殊基础等造价最多的部分抛开作为活口，将标价降至无法与之竞争的数额(在报价中应加以说明)。利用这种"最低标价"来吸引业主，从而取得与业主商谈的机会，利用活口进行升级加价，以达到最后赢利的目的。但是，在现在招投标市场比较成熟的情况下，这种方法很难达到目的。

(3)多方案报价法

这是利用工程说明书或合同条款不够明确之处，以争取达到修改工程说明书和合同为目的的一种报价方法。当工程说明书和合同条款中有某些不够明确之处时，往往承包人要承担很大的风险。为了减少风险就须扩大工程单价，增加"不可预见费"，但这样做又会因报价过高而增加被淘汰的可能性。多方案报价法就是为应对这种两难局面而出现的，其具体做法是在标书上报两个单价：一是按原工程说明书和合同条款一个价；二是加以注释，"如工程说明书或合同条款可作某些改变时"，则可降低多少费用，使报价成为最低，以吸引业主修改说明书和合同条款。还有一种方法是对工程中一部分没把握的工作注明按成本加若干酬金结算的办法。但有些国家规定政府工程合同文字是不准改动的，经过改动的报价单即为无效时，这个方法就不能用。

(4)突然袭击法

这是一种迷惑对手的竞争手段。在整个报价过程中，仍然按一般情况进行，甚至故意宣扬自己对该工程兴趣不大(或甚大)，等快到投标截止时，来一个突然降低(或加价)，使竞争对手措手不及。采用这种方法是因为竞争对手之间总是相互探听对方报价情况，绝对保密是很难做到的。如果不搞突然袭击，则自己的报价很可能被竞争对手所了解，对手会将其报价压到稍低的价格，从而提高了对手中标机会。

(5)拼命法

拼命法即先亏后盈法。采用这种方法必须要有十分雄厚的实力，或有国家或大财团作后盾，即为了想占领某一市场时或想在某一地区打开局面，而采取的一种不惜代价、只求中标的手段。这种方法虽然是标价低到其他承包人无法与之竞争的地步，但还要看他的工程质量和信誉如何。如果以往的工程质量和信誉不好，则业主也不一定选他中标，而第二、三标反而有中标机会。此外，这种方法即使一时奏效，但这次中标承包的结果必然是亏本，而今后能否盈利赚回来还难说，因此，这种方法实际上是一种冒险方法。

(6)联合保标法

联合保标法，即在竞争对手众多的情况下，由几家实力雄厚的承包人联合起来控制标价，大家保一家先中标，随后在第二次、第三次招标中，再用同样办法保第二家、第三家，也可由中标者将部分工程转让给参加联合的其他承包人施工。不过这种做法往往在招标文件中明文规定禁止，如被发现将取消投标资格。

三、投标报价的概率分析法

承包人不仅需要在投标竞争中获胜，而且希望得到最大的经济效益，以实现承包人的经营目标。如果把这里的经济效益看成标价与实际成本的差额，即利润，则承包人希望从承办工程中得到的利润高低，取决于他的标价的高低。如果投标价高了，会失去承包机会；若只顾投标取胜而投以低标，那就只能得到微利，甚至要冒亏本的风险。因此，投标竞争中科学地处理好得标和得利的矛盾，是实现承包人既定目标的关键。这正是概率投标模型要解决的问题。概率投标模型可以定出一个把中标概率与中标后的最大利润结合起来的最优投标报价。

通常在推导投标报价与获胜概率之间的关系时，必须收集特定竞争对手过去提出的与我方竞争的承包工程的报价数据等历史资料，计算竞争对手的所有报价与我方工程报价之比，从中分析、整理出击败对手的概率与投标报价的关系，即是所谓的投标模型。因此，这种方法奏效的基础，取决于投标人在以往竞争中对其竞争对手们的情报掌握如何，即竞争对手有多少及这些对手是否确定，能否掌握对手的情报。对手不同，其投标策略的数学模型也不同。以下分别介绍这些不同情况下的分析方法。在进行这些介绍之前，还有必要介绍直接利润和预期利润的概念。

为了便于理解，我们假设承包人对于工程的估价是准确的，并认为和实际造价相等。因此，对该项工程进行投标时，承包人可能取得他所希望的利润(假设投标获胜)，也可能其利润等于零(投标失败)。由于利润可能出现两种情况(即取决于投标获胜或是失败)，在实际分析中，有必要区别两种类型的利润，即直接实际利润和预期利润。

投标者的直接利润，可理解为工程的投标价格与实际成本之间的差额。

$$I = B - A \tag{3-8}$$

式中：I——投标者在该项工程中的直接利润；

B——投标者的投标价格；

A——工程的实际成本。

投标者的预期利润，是在各种投标方案得标概率的基础上估算预得的利润。

$$E(I) = P(B - A) = PI \tag{3-9}$$

式中：$E(I)$——投标者的预期利润；

P——得标的概率。

【例 3-5】 投标者决定参加某一项工程的投标，拟订了三个不同标价进行选择。设工程的实际成本为 800 000 元，各方案的标价、得标概率、直接利润和由此计算的预期利润列于表 3-7。

三个不同标价方案的得标概率　　表 3-7

方案序号	拟报价(元) B	工程估价(元) A	直接利润(元) $I=B-A$	得标概率 P	预测利润(元) $E(I)=PI$
1	1 000 000	800 000	200 000	0.1	20 000
2	9 000 000	800 000	100 000	0.6	60 000
3	850 000	800 000	50 000	0.8	40 000

表3-6中各方案的得标概率，是投标者自己估计的认为是最低标的可能性。方案1有较高的直接利润，但获胜的概率较小，因此，该方案的预期利润反而最少。方案2不具有最高的直接利润，却具有最高的预期利润。预期利润是承包人对很多类似工程以相同金额报价时各个工程所得的平均利润，而不是每项工程的实际利润。预期利润是长期经营利润，而这正是承包人的主要目标。所以，虽然预期利润不能反映承包人从某工程上获得的实际利润（如采用方案2，得到的实际利润或是零，或者是100 000元，而预期利润为60 000元），但由于它考虑了投标是否获胜的因素，因而更具有现实意义。所以在制定投标策略时均以预期利润为依据。因此，在上例中，以采用方案2为宜。

显然，根据预期利润确定投标策略的关键，在于估计获胜的可能性，即中标概率 P。该概率可由以下几种方法确定。

1. *获胜报价法*

获胜报价法是利用承包人过去获胜报价的历史资料判断获胜概率的方法，它以下面两个基本假定为前提。

(1)在竞争的工程估价与投标者的工程估价之间，有一个固定不变的关系，即二者之比为某一常数；

(2)竞争者今天的做法会与他们过去的做法一样。

根据以上假定，所有的报价就不用绝对数来表示，而是用投标报价占投标人的工程估价的比值表示，或者用百分数表示。例如，如果工程估价 $A=20$ 万美元，而投标报价 $B=24$ 万美元，则可写成 $B=1.2A$。

利用获胜报价法判断中标概率，必须有过去获胜投标的历史资料。根据历史资料，首先计算出每一个获胜报价占企业那次报价中的工程估价的比值 B，例如依次为…$1.10A$，$1.15A$，$1.20A$…然后，找出竞争者过去获胜报价超过 B 的次数，例如，依次为…75，50，30…最后求出竞争者的获胜报价超过 B 的比例，例如…75/100=0.75，50/100=0.5，30/100=0.3…

根据以上数据，就可以绘制出获胜概率曲线，如图3-5所示。由图中可查出，当获胜报价为 $1.05A$ 时，将有0.9的中标概率。这样，承包人就可以据此确定投标报价。

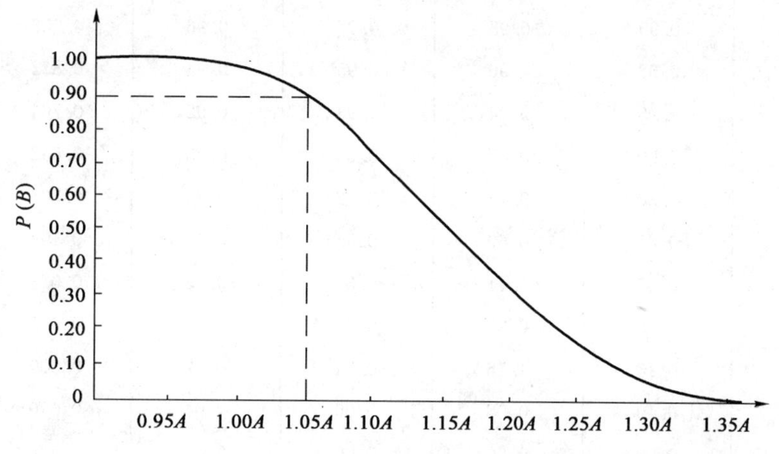

图3-5　概率曲线

2. 具体对手法

具体对手法是承包人已知参加某些工程投标的竞争者的数目及竞争对象，而且了解他们以前投标的历史和投标策略概况时，用以报价并判断中标概率的方法。具体对手法按计算概率的方法不同和竞争对手是谁和数量的不同而有不同模式和不同计算方法，现分别介绍如下。

(1)具体对手法的模式

为了赢得投标胜利，投标人的报价必须低于所有其他竞争者的报价。因此，必须确定报价低于每个竞争者的概率。按确定该概率的方法不同，具体对手法有以下两种模式。

弗里特曼模式：

$$P_F = P_1 \times P_2 \times P_3 \times \cdots \times P_i \quad (i = 1,2,\cdots,n) \tag{3-10}$$

盖茨模式：

$$P_k = \frac{1}{\sum_{i=1}^{n}[(1-P_i)/P_i]+1} \quad (i = 1,2,\cdots,n) \tag{3-11}$$

其中，P_1、P_2、…、P_i 为投标人分别击败各个具体对手的概率。以下示例说明这两种模式在应用上的特点。

【例 3-6】 某承包人在某项工程的投标中，与 A、B、C、D 四个竞争者相遇，根据承包人掌握的历史资料，分析出他对四个对手分别获胜的概率依次为 $P_1(A)$、$P_2(B)$、$P_3(C)$、$P_4(D)$；按照上述两种模式，承包人算出了报价低于所有竞争者的获胜总概率，如表 3-8 所列。根据表 3-8 的获胜总概率 P，计算出与四个竞争对手投标的预期利润，如表 3-9，其特性曲线如图 3-6 所示。

对四个竞争者投标获胜的概率 表 3-8

投 标 报 价	分项获胜的概率				获胜总概率 P	
	$P_1(A)$	$P_2(B)$	$P_3(C)$	$P_4(D)$	P_F	P_K
0.85A	1.00	1.00	1.00	1.00	1.00	1.00
0.90A	0.99	0.98	0.97	0.96	0.903	0.907
0.95A	0.97	0.96	0.95	0.94	0.832	0.841
1.00A	0.95	0.94	0.93	0.92	0.764	0.782
1.05A	0.90	0.87	0.85	0.83	0.552	0.609
1.10A	0.80	0.76	0.72	0.70	0.306	0.420
1.15A	0.65	0.60	0.55	0.50	0.107	0.249
1.20A	0.45	0.41	0.37	0.33	0.023	0.13
1.25A	0.25	0.23	0.21	0.19	0.002	0.065
1.30A	0.18	0.16	0.14	0.12	0.000	0.041
1.35A	0.10	0.08	0.06	0.04	0.000	0.016
1.40A	0.00	0.00	0.00	0.00	0.00	0.00

注：表中 P_F、P_K 分别为福利特曼和盖茨模式计算值。

对四个竞争者投标的预期利润表　　表 3-9

投标报价 B	直接利润 $I=B-A$	获胜的概率 P		预期利润 I	
		P_F	P_K	$P_F \times I$	$P_K \times I$
0.85A	−0.15A	1.00	1.00	−0.150A	−0.150A
0.90A	−0.10A	0.903	0.907	−0.090A	−0.091A
0.95A	−0.05A	0.832	0.841	−0.042A	−0.042A
1.00A	0.00	0.746	0.782	0.000	0.000
1.05A	+0.05A	0.552	0.609	+0.028A	+0.030A
1.10A	+0.10A	0.306	0.420	+0.031A	+0.042A
1.15A	+0.15A	0.107	0.249	+0.016A	+0.037A
1.20A	+0.20A	0.023	0.135	+0.005A	+0.027A
1.25A	+0.25A	0.002	0.065	+0.001A	+0.016A
1.30A	+0.30A	0.000	0.041	+0.000A	+0.012A
1.35A	+0.35A	0.000	0.016	+0.000A	+0.006A
1.40A	+0.40A	0.000	0.000	+0.000A	+0.000A

通过对图表的分析，还可以得出以下结论：两种模式计算结果都表明，当 $B=1.10A$ 时，投标者可以获得最大预期利润，即 $E(I)=0.031A$（或 $0.042A$）；获胜概率由一个竞争对手（A）的概率 0.80 变为四个竞争对手总概率 0.306（或 0.420）。这说明随着竞争对手的增加，中标概率降低了。因此，投标者应随竞争对手的增多而压低投标价格，当然预期利润也随之降低。

由上述比较可知，弗里特曼模式和盖茨模式在投标中都可以使用。但由于用盖茨模式估计的获胜概率和预期利润偏高，故一般使用中多采用弗里特曼模式，以下介绍也仅应用该模式。

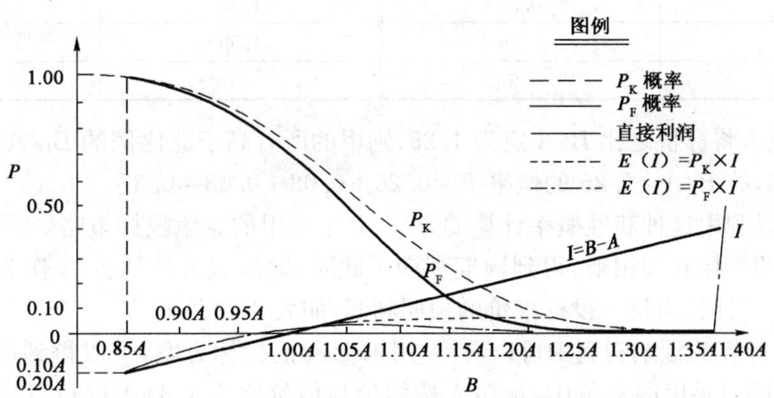

图 3-6　投标获胜概率的特性曲线

(2)只有一个对手的情况

如果已知有一个确定的对手甲，并在过去投标时曾和他打过多次交道，而且掌握了他的投标记录，对他的投标估价都有记载。为了在投标中得胜，承包人的报价必须低于甲的报价。为此，就要利用过去的投标记录判断自己的报价低于甲的报价概率。

首先，可以将掌握的历次投标中甲的标价 B_1 和自己的估价 A 相对照，找出各种标价比例 B_1/A 发生的频数 f 和概率 P_1，如表 3-10 所示。

不同 B_1/A 值出现的概率 表 3-10

B_1/A	频数 f(出现次数)	概率 $P_1=f/\sum f$
0.8	1	0.01
0.9	2	0.03
1.0	8	0.10
1.1	14	0.19
1.2	22	0.30
1.3	19	0.26
1.4	6	0.08
1.5	2	0.03
合计	74	1.00

在算出各种标价比例的概率之后，承包人就可以求得他所出的各种标价 B 比竞争对手甲的标价 B_1 低的概率。例如，甲采用 1.20A 时，承包人可采用较低的 1.15A，以此类推。为了竞争取胜，竞争对手采用的每一个比例数 B_1/A，承包人都可有一个较低的比例数 B_1/A 与之对应，并通过对每个对应比例数得标概率的计算，推测出战胜对手的可能性。

求一个比例能成为最低标(即获胜标)的概率，只需将甲的所有高于此比例的概率相加即得，见表 3-11。

最低标概率的求证法 表 3-11

承包人的报价/承包人的估价(B/A)	承包人的报价低于甲的报价的概率 P	承包人的报价/承包人的估价(B/A)	承包人的报价低于甲的报价的概率 P
0.75	1.00	1.25	0.37
0.85	0.99	1.35	0.11
0.95	0.96	1.45	0.03
1.05	0.86	1.55	0.00
1.15	0.67		

例如，承包人将标价之比 B/A 定为 1.25，则甲的所有高于此比例的 B_1/A 值由表 3-10 知 1.3、1.4 和 1.5，故 $B/A=1.25$ 的概率 $P=0.26+0.08+0.03=0.37$。

承包人可以利用这种获胜概率计算的方法，确定对甲的竞争投标策略，并可用投标获胜的概率和投标中的直接利润相乘，得到预期利润。此时，取承包人的估价 A 作为工程的实际造价，根据公式可以计算出每一投标报价的预期利润，如表 3-12 所示。

从表 3-12 计算的预期利润中可以看出，用 1.15A 的投标方案，可以得到最大的预期利润 0.10A，说明在同对手甲的竞争中，承包人按标价与估价比为 1.15A 进行投标，是最有利的。如工程估价为 400 000 元，则应报价 460 000 元。考虑到有失败的可能，即中标概率为 0.67，承包人的预期利润为 0.10A=40 000 元。

投标报价预期利润(A 为工程估价) 表 3-12

投标报价	直接利润 I	概率 P	预期利润 $E(I)=PI$
0.75A	−0.25A	1.00	−0.25A
0.85A	−0.15A	0.99	−0.15A

续上表

投标报价	直接利润 I	概率 P	预期利润 $E(I)=PI$
0.95A	−0.05A	0.96	−0.05A
1.05A	+0.05A	0.86	+0.04A
1.15A	+0.15A	0.67	+0.10A
1.25A	+0.25A	0.37	+0.09A
1.35A	+0.35A	0.11	+0.04A
1.45A	+0.45A	0.03	+0.01A
1.55A	+0.55A	0.00	0.00A

(3)有多个对手竞争的情况

当承包人投标时要与几个已知对手竞争，并掌握了这些对手过去的投标信息，那么他可能用上述方法分别求出自己的报价低于每个对手报价的概率 $P_1, P_2, \cdots, P_n$。由于每个对手的投标报价是互不相关的独立事件，根据概率论可知，它们同时发生的概率，即承包人的标价低于几个对手报价的概率 P 等于它们的各自概率的乘积，即：

$$P = P_1 \cdot P_2 \cdots P_n = \prod_{i=1}^{n} P_{\mathrm{i}} \tag{3-12}$$

已知 P，则可按只有一个对手的情况，根据预期利润确定报价决策，以下举例加以说明。

【例 3-7】 某承包人在某项工程的投标中要与甲、乙和丙三个对手竞争($n=3$)。根据他掌握的资料，分析得出他对此三个对手投标取胜的概率 P_1、P_2 和 P_3 后，则可计算预期利润，见表 3-13、表 3-14。

对甲、乙、丙三个对手投标取胜的概率　　表 3-13

承包人所报价与其估价的比值 B/A	承包人对其对手投标取胜的概率		
	P_1(甲)	P_2(乙)	P_3(丙)
0.75	1.00	1.00	1.00
0.85	0.99	0.99	1.00
0.95	0.96	0.96	0.98
1.05	0.86	0.86	0.80
1.15	0.67	0.69	0.70
1.25	0.37	0.36	0.60
1.35	0.11	0.16	0.27
1.45	0.03	0.03	0.09
1.55	0.00	0.00	0.00

分析结果表明，承包人的最优报价策略仍为 1.15A，但预期利润为 0.05A，低于只有一个竞争对手甲时的预期利润 0.10A，同时 P 由 0.67 减少为 0.32。这说明对手愈多，得标的可能性愈小。注意，表中报价 1.15A 和 1.05A 对应的预期利润差值为 0.02A，而只有一个对手甲时此项差值为 0.6A。这说明随着投标竞争对手人数的增多，报价也不得不压低。

与三个对手竞争投标的预期利润 表 3-14

投标报价	直接利润	概率 $P=P_1 \cdot P_2 \cdot P_3$	预期利润 $E(I)=P \cdot I$
0.75	$-0.25A$	1.00	$-0.25A$
0.85	$-0.15A$	0.98	$-0.15A$
0.95	$-0.05A$	0.90	$-0.05A$
1.05	$+0.05A$	0.53	$+0.03A$
1.15	$+0.15A$	0.32	$+0.05A$
1.25	$+0.25A$	0.08	$+0.002A$
1.35	$+0.35A$	0.01	$0.002A$
1.45	$+0.45A$	0.00	$0.00A$
1.55	$+0.55A$	0.00	$0.00A$

(4)对竞争者临时变卦的判断

在一般情况下,竞争者都会按规定日期向业主提出投标申请,并如期投标。但也有的竞争者会临时变卦,放弃投标机会,此时其他投标者的中标概率就发生变化。因此,投标人应按下式调整获胜投标概率。

$$P = P_{s1} \times P_{s2} \times P_{s3} \times \cdots \times P_{si} \quad (i = 1,2,\cdots,n) \tag{3-13}$$

式中:P_{si}——投标报价 B 低于竞争者的报价的概率,$P_{si}=f_i \times P_i+(1-f_i)$;

f_i——过去在类似情况下竞争者 i 提出投标的系数。

【例 3-8】 以表 3-8 中的四个竞争者为例,假定他们过去在类似情况下参加投标的系数分别为 $f_1=0.8, f_2=0.7, f_3=0.6, f_4=0.5$;那么,当投标者的投标报价为 $B=1.15A$ 时,其对应的概率为 $P_1=0.65, P_2=0.60, P_3=0.55, P_4=0.50$。求投标者的获胜概率。

该投标者的获胜概率可按以下步骤求出:

$$P_{s1} = 0.8 \times 0.65 + (1-0.8) = 0.72$$
$$P_{s2} = 0.7 \times 0.60 + (1-0.7) = 0.72$$
$$P_{s3} = 0.6 \times 0.55 + (1-0.6) = 0.73$$
$$P_{s4} = 0.5 \times 0.50 + (1-0.5) = 0.75$$
$$P = 0.72 \times 0.72 \times 0.73 \times 0.75 = 0.284$$

由此看出,这个获胜概率 0.284 显然比前面所列出的获胜总概率 0.107 大。由于竞争人数的减少,增加了投标者的获胜概率。

3. 平均对手法

平均对手法就是把参加某项工程投标的竞争者考虑在内,而不考虑竞争者具体是谁的判断中标概率的方法,也称一般对手法。

由于没有具体的竞争者可进行概率分析,投标人可以假定这些竞争者中有一代表,称其为"平均对手"或"典型对手"。这样,就收集某一有代表性的公司的有关资料,并据以计算中标概率。其获胜概率计算同样有弗里特曼和盖茨两种模式。在此,只介绍用弗里特曼模式的计算方法。

平均对手法又可能有以下两种情况。

(1)当只知道竞争对手的数目时

在这种情况下，由于没准确的资料，故不能直接按上述具体对手法计算。然而，投标人可以以“平均对手”为对象，按具体对手法求出能够取胜平均对手的投标概率 P_0。知道了能取胜“平均对手”的概率 P_0，如果又知道有 n 个竞争对手，则报价低于 n 个对手的概率 P 就等于 n 个平均对手的概率 P_0 的乘积，即：

$$P = P_0^n \tag{3-14}$$

【例 3-9】 已知承包人在一项工程的投标中有 5 个不确定的竞争对手。通过调查研究，确定的报价低于平均对手的概率 P_0 及报价低于 n 个对手($n=2,3,4,5$)的概率 P_0^n，如表 3-15 所示。

报价低于平均对手的概率及 P_0 及 P_0^n　　表 3-15

投标报价	P_0^n				
	$n=1$	$n=2$	$n=3$	$n=4$	$n=5$
0.75A	1.00	1.00	1.00	1.00	1.00
0.85A	0.98	0.960	0.941	0.922	0.904
0.95A	0.95	0.903	0.857	0.815	0.774
1.05A	0.85	0.723	0.614	0.522	0.443
1.15A	0.60	0.360	0.216	0.130	0.078
1.25A	0.40	0.016	0.064	0.026	0.010
1.35A	0.20	0.040	0.008	0.002	0.000
1.45A	0.05	0.003	0.000	0.000	0.000
1.55A	0.00	0.00	0.00	0.00	0.00

已知 P_0^5 可求出 $n=5$ 时各种投标方案的预期利润，从而确定出最佳投标报价。表 3-16 列出了当 $n=1$ 至 $n=5$ 时的报价与预期利润，其结果重新整理以易于看出的形式示于表 3-17 中。由表 3-16 可知，最佳投标报价之值及预期利润随竞争对手数量的增加而下降。

投标预期利润　　表 3-16

投标报价	直接利润	投标预期利润 $E(I)=P_0\times I$				
		$n=1$	$n=2$	$n=3$	$n=4$	$n=5$
0.75A	−0.25A	−0.25A	−0.25A	−0.25A	−0.25A	−0.25A
0.85A	−0.15A	−0.147A	−0.144A	−0.141A	−0.138A	−0.135A
0.95A	−0.05A	−0.048A	−0.045A	−0.043A	−0.041A	−0.039A
1.05A	+0.05A	+0.43A	+0.036A	+0.031A	+0.026A	+0.022A
1.15A	+0.15A	+0.090A	+0.054A	+0.032A	+0.019A	+0.012A
1.25A	+0.25A	+0.100A	+0.040A	+0.016A	+0.006A	+0.003A
1.35A	+0.35A	+0.070A	+0.014A	+0.003A	+0.001A	0
1.45A	+0.45A	+0.023A	+0.001A	0	0	0
1.55A	+0.55A	0	0	0	0	0

最佳投标报价与预期利润 表 3-17

竞争对手数目	最佳投标报价	预期利润
1	1.25*A*	+0.100*A*
2	1.15*A*	+0.054*A*
3	1.15*A*	+0.032*A*
4	1.05*A*	+0.026*A*
5	1.05*A*	+0.022*A*

(2)当竞争对手及数目都不确定时

对竞争对手是谁和数目都不确定的情况，可以采取这样的办法，即首先估计最多可能有多少个竞争对手，并估计出不同数目的竞争对手参加的可能性，再根据一个可取胜平均对手的投标概率 P_0，计算出投标获胜概率。例如，若投标者根据经验及所收集的资料，估计出如下数据：

f_0：没有竞争者的概率；f_1：有一个竞争者的概率；f_n：有 n 个竞争者的概率。

则投标获胜概率为：

$$P = f_0 + f_1 P_0 + f_2 P_0^2 + \cdots + f_n P_0^n \tag{3-15}$$

其中，P_0 为投标者取胜平均对手的投标概率，且 $\sum_{i=1}^{n} f_i = 1$，即 f 的总和应等于 1。

假定前例中参加投标的竞争者最多为 5 家，即 $n=5$，并估计 $f_0=0, f_1=0.1, f_2=0.2, f_3=0.3, f_4=0.3, f_5=0.1$，则可求得最优报价为 $B=1.15A$，其最大利润为 $0.036A$，如表 3-18 所示。

竞争者数目不确定的预期利润 表 3-18

投标报价 B	P_0	P	直接利润 $I=B-A$	预期利润 $E(I)=P\times I$
0.75*A*	1.00	1.000	−0.25*A*	−0.25*A*
0.85*A*	0.98	0.940	−0.15*A*	−0.141*A*
0.95*A*	0.95	0.854	−0.05*A*	−0.043*A*
1.05*A*	0.85	0.615	−0.05*A*	0.031*A*
1.15*A*	0.60	0.243	0.15*A*	0.036*A*
1.25*A*	0.40	0.100	0.25*A*	0.025*A*
1.35*A*	0.20	0.031	0.35*A*	0.011*A*
1.45*A*	0.05	0.006	0.45*A*	0.003*A*
1.55*A*	0.00	0	0.55*A*	0

例如，当 $P_0=0.95$ 时，则：

$$\begin{aligned} P &= 0 + 0.1 \times 0.95 + 0.2 \times 0.952 + 0.3 \times 0.953 + 0.3 \times 0.954 + 0.1 \times 0.955 \\ &= 0 + 0.095 + 0.181 + 0.257 + 0.244 + 0.077 \\ &= 0.854 \end{aligned}$$

与上例 $n=5$ 时的最优标价为 $1.05A$ 和预期利润 $0.022A$ 相比，二者都有所提高。这是因为上例中 $n=5$ 时最佳投标报价预期利润实际都是 $f_5=0.1$ 时的计算结果，本例中仅估计 $f_5=0.1$，就是说有 5 家参加投标的可能性很小，故投标者在竞争中可提出较高的标价并得到较高的预期利润。

4. 平均对手法和具体对手法结合判断中标概率

承包人在工程投标中，遇到的情况往往不可能只用一种判断方法确定获胜概率，此时可将平均对手法与具体对手法结合起来判断中标概率。

对于充分了解的具体对手，其概率可以用具体对手法的模式确定；对于未知的对手，可以采用平均对手法的模式确定其概率；然后，用式(3-16)确定获胜总概率。

$$P = P_{YZ} \cdot P_{WZ} \tag{3-16}$$

式中：P_{YZ}——报价低于已知具体对手的概率；

P_{WZ}——报价低于未知平均对手的概率。

总之，投标人必须根据实际情况和竞争对手的状况，灵活运用上述各种判断中标概率的模式，确定出获胜概率大、预期利润高的最佳投标报价。

定量方法为选择投标项目和报价提供了一种工具。但投标报价是一个很复杂的问题，它既取决于企业的经营状况、经营水平和生产能力，又取决于整个承包时的经济形势和竞争状况，因而是不能单纯靠数学方法解决的，而且有的方法的应用具有一定条件。如概率分析方法是建立在竞争者今后采取的投标策略与他们过去采用的一样的假定上的，且要求有全面的、完整的投标历史资料，这些在实践中是难以保证的。因此，在实践中，不能单纯靠定量分析方法解决问题，而应将定量分析方法与定性分析方法结合运用，且在实际运用中，还必须结合实际情况对方法加以调整。

思　考　题

1. 公路工程施工投标工作业务流程是怎样的？
2. 工程招标信息获取的渠道主要有哪些？
3. 选择投标项目应考虑的原则是什么？
4. 选择投标项目有哪几种方法？如何应用？
5. 对招标文件的研究主要包括哪些内容？
6. 为什么说投标前参加现场考察工作十分重要？
7. 扼要叙述现场考察的主要内容是什么。
8. 确定是否参加投标的前提要考虑哪些方面？
9. 施工组织规划设计应包括哪些内容？
10. 投标人递送的标书应包括哪些内容？
11. 投标人在投标前需要掌握的信息主要有哪些内容？
12. 清单复核的内容和方法分别是什么？
13. 总价合同和单价合同清单复核结果的处理方法分别是什么？
14. 扼要叙述报价编制的程序与步骤。
15. 投标报价是由哪些费用组成的？
16. 什么叫单价分析？如何进行单价分析？
17. 什么叫标价分析？如何进行标价分析？
18. 常用的投标报价的策略和技巧有哪些？

第四章　计量与支付

第一节　计量与支付概述

一、计量与支付的概念

1. 计量的概念

计量是按照技术规范所规定的方法对承包人符合要求的已完工程的实际数量所进行的测量、计算、核查和确认的过程。计量是监理工程师的基本职责和基本权力，也是费用监理的基本环节。没有准确和合理的计量，就会破坏工程承包合同中的经济关系，影响承包合同的正常履行。

计量的任务是确定实际工程数量的多少。工程量有预估工程量和实际工程量之分，工程量清单的工程量仅是估算工程量，不能作为承包人应予完成的工程之实际和确切的工程量。这是因为工程量清单中的数量是在制定招标文件时，在图纸和规范的基础上估算出来的，与实际工程量相比存在或多或少的误差甚至计算错误。其只能作为投标报价的基础，而不能作为结算的依据。实际工程量的多少只有通过计量才能揭示和确定。按实际完成的工程量付款可以减少工程量的估计误差给双方带来的风险，增强造价结算结果的公平性，这正是单价合同的优点之一。

无论通常当地的习惯如何（除非合同中另有规定），计量必须以净值为准。

计量必须准确、真实、合法和及时。准确指计量结果是正确地按照规定的计量方法和工程量计算原则而得出的，方法正确、结果准确无误，使已完工程的实际数量得到了正确的确定，没有漏计和错计。真实指被计量的工程内容真实可靠，没有虚假的部分，即被计量的工程中没有质量不符合要求的，也没有重复计量，隐蔽工程的数量没有弄虚作假，工程量中没有虚报成分。合法指计量是按规定的程序合法地进行的。因为计量结果是支付的直接基础和依据，直接关系到业主和承包人双方的经济利益。监理组织机构会制定严格的计量管理程序并指定专人按分级管理的原则进行分工负责，明确谁负责现场计量、谁复核、谁审查、谁审定等各项工作。只有通过了程序严格审查产生的计量结果才是合法的。及时指计量必须按合同规定的时间进行，不得无故推延。

2. 支付的概念

支付是指按合同规定对承包人的应付款项进行确认并办理付款手续的过程。支付是业主与承包人之间的一种货币收支活动，既是施工合同中经济关系全面实现的一个主要环节，也是监理工程师控制工程的根本手段和制约合同双方（业主与承包人）的有力杠杆。合理的支付是工程顺利进行的前提和条件。

在施工活动中，同时存在着资金运动和物质运动，只有当两种运动取得平衡时，施工活动才能顺利进行。随着工程的进展，资金通过支付而逐步由业主向承包人转移，即承包人先将所需的材料采购到工地，再组织劳动力和施工机械对这些分散的材料按设计图纸和技术规范进行加工，最后形成业主所需要的特定的结构物。支付就是保证两种运动达到平衡的基本环节。如果支付发生问题，就会直接导致施工发生困难，直至施工合同无法履行。因此，只有通过合理而及时的支付，才能公平地实现业主与承包人之间的交易，确保双方的经济利益。

支付签认权是监理工程师三大权力（质量否决权、计量确认权和支付签认权）之一，是监理工程师控制工程的最后一个环节，是对承包人施工行为的最终评价，是监理工作的关键和核心。支付必须以合同为依据，计量为基础，质量为前提。只有符合合同规定的费用才能签认。对合同中规定不明确的，要依据合同精神，实事求是地去确认，如索赔金额、变更的估价等。支付金额的多少，必须以准确的计量为基础。对质量不合格的工程量一律不能支付，并且还要承包人自费返工使其达到合格要求。

支付也同计量一样，必须做到准确、真实、合法和及时。

二、计量与支付的原则

计量与支付不仅直接涉及业主与承包人的经济利益，而且是监理工程师的重要权力和监理手段。在计量支付中遵守有关基本原则，是搞好监理工作的有效保障。

1. 合同原则

无论是计量，还是支付，在合同文件中都有明确规定，监理工程师在进行计量和支付时，必须全面理解合同条件、技术规范、设计图纸和工程量清单等合同文件的各组成部分。如技术规范的每一章每一节都有计量支付的规定，详细说明了各工程细目的内容及要求，对哪些内容不单独计量和支付，其价值如何分摊，都作了具体规定。工程量清单中的单价是承包人按招标文件的要求和合同条件的规定填报的，是支付的单价依据。因此监理工程师必须严格遵守合同中的有关规定来进行计量与支付，使每一项工程的计量和支付都符合合同要求。监理工程师要始终牢记，其无权违反合同。

2. 公正性原则

监理工程师在计量与支付两个环节中拥有广泛的权力，承包人与业主的货币收支是否合理，取决于监理工程师签认的工程量和工程费用是否准确和真实。只有监理工程师保持公正的立场和恪守公正的原则，才能在计量与支付工作中正确地使用权力，准确地计量，实事求是地处理好业主与承包人之间的有关纠纷，合理地确定工程费用。如果监理工程师不公正，他就无法正确地作出判断。特别是当施工过程中发生工程变更、工程索赔和各种特殊风险时，就更要求监理工程师公正而独立地作出判断和估价。因此，监理工程师在计量与支付中，必须认真负责，以实事求是的精神和客观公正的态度做好每一项工作，确保业主与承包人之间的交易公平。唯有公正，才能分清业主和承包人各自的权利和责任，才能准确地协调好双方之间的利益关系，才能保证计量与支付准确、真实和合法。

3. 时效性原则

计量与支付都具有严格的时间要求，时效性极强。计量不及时，会影响承包人的施工进度；支付不及时，直接产生合同纠纷。因此，监理工程师一定要按时进行计量和支付。

4. 程序性原则

为了保证计量与支付准确、真实和合法，合同条款和各项目的监理组织都规定了严格的程序。这些程序规定了各项工程细目和各项工程费用进行计量与支付的条件、办法以及计算、复核、审批的环节，是从合同上、组织上和技术上对计量与支付加以严格管理，以确保准确和公正。如计量必须以质量合格为前提，支付必须以计量为基础等。因此，计量与支付必须遵守程序，通过按程序办事来提高数据的准确性、真实性和合法性，以保证计量与支付准确、合理。

三、计量与支付的作用

计量与支付一方面是施工合同中的关键内容，是经济利益关系的集中体现，在施工活动中有着极为重要的作用；另一方面也是监理工作的关键和核心，为确保监理工程师的核心地位提供手段。

1. 调节合同中的经济利益关系，促使合同的全面履行

计量与支付是施工合同的重要内容，是合同中各类经济关系的全面反映，同时，还揭示了施工活动的经济本质。通过计量与支付这两个经济杠杆，调节合同双方利益，制约承包人严格遵守合同，准确地按设计图纸和技术规范进行施工；促使业主履行其义务，及时向承包人支付，确保施工活动中资金运动与物质运动平衡地进行，使施工合同得到全面的履行。

2. 确保监理工程师的核心地位

独立的第三方监理工程师，由他对工程的质量、进度和费用进行全面控制。通过计量与支付来确保监理工程师的核心地位，对工程施工进行全面而有效的控制，对业主和承包人的合同行为进行有效的调控。计量与支付为监理工程师开展监理工作提供最基本的手段。

监理工程师掌握了计量支付权，就抓住了主要矛盾，掌握了控制施工活动和调控承包人施工行为最有效的基本手段，抓住了指挥棒。如果承包人的施工工艺不符合规范要求，监理工程师可要求其自费改正；如果所用材料不合格，监理可以对材料拒收；如果工程质量不合要求，监理将不予计量和支付，并要求承包人返工使其达到要求；如果承包人不执行有关指令，则将受到罚款或驱逐。计量支付权使监理工程师可以有效地从经济上制约承包人，严格按合同要求办，确保工程的质量目标。同样，如果承包人进度过慢，监理工程师将让他支付拖期违约损失赔偿金和延误罚款；如果进度严重落后，监理工程师还可以提议驱逐承包人，这就有效地保证了监理工程师对工期的控制。

总之，计量与支付工作是控制工程造价的核心环节，是进行质量控制的主要手段，是进度控制的基础，是保证业主和承包人合法权益的重要途径。

四、计量与支付的基本程序

1. 计量程序

工程计量由承包人向监理工程师提出并附有必要的中间交工验收资料或质量合格证明。监理工程师对工程的任何部分进行计量时，应按照通用条款 56 条规定，事先通知承包人或承包人的代表。承包人或承包人的代表应立即委派合格人员前往协助监理工程师进行计量工作，还应提供必要的人员、设备和交通工具。计量工作可以由监理工程师和承包人双方委派合格人员在现场进行，也可以采用记录和图纸在室内按计量规则进行计算，其结果都必须经监理工程师和承包人双方同意，签字认可。

如果承包人在收到监理工程师的计量通知后，不参加或未派人参加计量工作，根据通用合

同条款第 17.1 款第 4 项第 3 目规定，由监理工程师派出人员单方面进行的工程计量，经监理工程师批准的应认为是正确的工程计量，可以用作支付的依据，承包人不可以对此种计量提出异议。

2.计量、支付的分工

在一个驻地监理机构中，一般配有项目工程师（如道路工程师、材料工程师、结构工程师、测量工程师、合同工程师、计量支付工程师等）。

计量工程师专门负责计量与支付，为了控制本合同段的工程费用，其不仅应认真尽职地搞好计量支付，承担起本合同段的计量与支付职责；而且应将不同细目的计量支付控制目标明确，在工程费用预算和本段工程费用分析的基础上，找出计量支付的重点，并责任到人，将本段支付额较好地控制在合同价款的范围内。计量工程师应该同驻地的所有监理人员一道，互相协作，共同搞好工作。

3.计量、支付的管理

除了职责分工明确，目标具体落实外，监理工程师还应加强对计量、支付的管理工作。计量、支付工作需要大量资料和表格，工作很繁琐，因此，监理工程师必须建立起行之有效的管理办法，建立计量与支付档案，不断改进管理工作。

对于整个项目来说，计量、支付职责必须落实到人，专人分管，并加强对整个项目的计量与支付管理。总监理工程师、总监代表处、高级驻地监理等都应以计量、支付控制为指导思想，对计量、支付进行严格的管理。应建立计量支付的管理制度和各级人员的岗位责任制，并对计量支付工作进行定期检查和考核，对违反支付管理制度的人员给予处理。对工程费用的动态进行全面分析，及时发现问题，对各类工程费用进行专项分析，并在分析的基础上制定专门的管理办法，以保证支付工作的顺利进行。一个大型项目的计量支付工作极其复杂和繁琐，没有严格的管理程序，势必造成混乱。计量支付工作的混乱，将导致监理工程师无法进行有效的监理，因此，总监理工程师及其高级代表必须足够重视此项工作。

计量支付是一项综合性极强的工作，必须在质量管理的基础上进行综合管理，涉及内容多，处理复杂，并且承包人在申请时要申报大量的报表和资料。另外，支付工作的计算和资料管理工作都很繁重。应推行表格和报表的标准化管理，尽力争取用计算机来处理报表，以提高计量支付工作的准确性和工作效率，使监理工程师从资料整理工作中解脱出来，更好地搞好计量支付工作。

4.支付的基本步骤

支付工程费用一般采用 3 个步骤。

(1)承包人提出要求

支付工程费用一般由承包人先通过监理工程师向业主提出付款申请，承包人在付款申请时要出具一系列的有效报表，以说明申请金额的准确性。其主要工作就是填好月报或月结账单。

承包人的月报表应说明他在这个月应收取的金额。其一般包括：已完成的永久性工程的价值；承包人的设备、临时工程、计日工等款额；材料和待安装工程装置的发票价值的分期付款，价格调整的款项（含物价与法规变更），按合同规定他有权获得的其他任何金额（如索赔和延期付款利息）。月报表应按照监理工程师指定的格式填写。

以上各种款项，还应有一系列的附表以说明其价值。

(2)监理工程师审核与签认

其审查应满足公平性、及时性、准确性的要求。就其公平性而言,一方面应通过审查剔除承包人付款申请中不符合合同规定的付款要求,并扣除承包人的违约金或其他损害赔偿,保护业主的合法权益不受损害;另一方面,对承包人付款申请中符合合同规定的付款要求应及时予以确认并办理付款签证以保护承包人的合法权益。就准确性而言,在审查过程中,应注意承包人的付款申请中原始凭据是否齐全,是否有合同依据。如承包人申请的工程款中其完成的工程量是否有相应的计量证书;申请的计日工付款申请是否有监理工程师的计日工指示及确认资料;材料预付款申请是否符合合同规定,是否有监理工程师对到场材料的数量确认及相应的发票;变更工程的付款申请中是否有监理工程师的变更令及相应的完成工程量计量证书;其单价是否与工程量清单的单价相符等。另外,在审查过程中,还应复核计算过程的准确性。为保证支付结果的准确性,应坚持分级审批的监理制度,防止监理工程师滥用权力损害公平原则的现象发生。监理工程师在完成审查工作后及时签发付款证书。

监理工程师对承包人的月报表进行全面审核和计算,在逐项审核和计算的基础上签认应支付的工程费用。一般以支付证书的方式确认工程费用的数额。

(3)业主付款

业主收到监理签认的支付证书后,按合同规定的时间支付费用给承包人。

第二节　计　　量

一、计量组织的三种类型

工程计量一般有三种组织类型,即监理单独计量、承包人单独计量和监理与承包人联合计量。这三种计量各有特点,但无论如何,计量必须符合合同的要求,其结果必须由监理工程师确认。

1.监理独立计量

监理独立计量时,可以由监理工程师完全控制被计量的部位,质量不合格的工程肯定不会被计量,也很少出现多计的情况,能够确保记录结果的准确性。但监理的工作量较大,且容易引起承包人的异议而延误计量工作时间。

2.承包人独立计量

这种方式可以减轻监理的工作,让监理工程师有时间进行计量分析和计量管理。但由于承包人是自行计量,往往会出现多计和冒计的问题,有时计量细节和计量方法甚至算术计算也有差错,并且一些质量不合格的工程也可能被计量。因此,在这种情况下,监理工程师一定要认真细致地审查计量结果,并定期派人对承包人的测量工作进行检查,最好派有经验的计量人员经常检验及控制承包人的计量工作,即当由承包人独立计量时,监理工程师一定要对计量结果的准确性和测量方法及计算规则进行严格审查。

3.联合计量

这种方式不仅有利于消除双方的疑虑,当场解决分歧,减少争议,而且能较好地保证计量结果的公正性和准确性,简化程序,节约时间。因此公路工程合同中,较多地采用联合计量,即承包人和监理工程师共同进行计量工作。

二、计量管理

1.落实计量职责

为使计量的责任分明，监理机构中一般设有专门负责计量的工作班子，并在每个驻地办事机构中设一名专门的计量工程师。驻地计量工程师主要负责的是各细目的工程计量。在组织计量工作时，采用按专业分工，分别进行计量的办法，做到计量职责分明。具体工程内容的计量应落实到人，以免重复计量和漏计。如果职责不明，势必造成计量混乱，从而给承包人以可乘之机。因此，一定要注意计量工作由谁负责，并且为了保证计量的准确性，还必须有负责检查、复核的人员以及最终签认的人员，使计量工作按规定的程序进行。

例如，济青线的计量工作由市(地)监理处负责，省监理处审定。具体做法是由驻地的各项目工程师对其分管项目进行计量，并签署"托付证书"，由计量工程师审查"托付证书"，核查其工程量是否准确。如有疑问，有权要求项目工程师提供资料和有关情况，经计量工程师审查后再交驻地监理工程师，而中外驻地监理工程师则共同对本合同段的计量工作负全面责任。用这样一些办法的目的就是明确计量职责，清除计量工作的混乱，保证计量工作的准确性。

通过对计量工作的分工，使工程计量责任到人；并通过对计量的复核、审定等程序及制定计量人员的岗位责任制，对计量工作进行有效管理。

2.做好记量记录

记量记录与档案是计量管理中的一个重要内容。对于公路工程这样大型的复杂项目，要进行多次计量，将形成一系列的计量资料，只有在完善计量记录的基础上加强对计量的档案管理，才能使项目的计量工作顺利完成。

为了便于合同管理，正确评价工程和查询交流计量工作，必须加强工程计量(中间计量)档案管理。

计量应根据合同的要求做好记录。符合要求的记录应能说明哪些已经计量，哪些尚未计量，哪些已经签发支付证书，哪些尚未签发证书。计量时监理工程师还应完成以下工作：

(1)应有一套图纸(最好挂在墙上)，用彩笔将所进行的工程的位置在图纸上标示出来，并在适当的位置作详细补充说明，如工程的开始、结束及几何尺寸等数据，这将有助于做好计量记录。

(2)应有一套档案，包括计量证书的号码及所计量的数量。所有计量证书必须是承包人和监理工程师共同签署的，只有这样才能作为支付的凭证。

(3)记录工程量清单中所列出的分类细目的数量与计量后数量的差异及双方同意的任何进度支付证书应付的款额。

(4)对计日工应记录在有号码的计量证书上，并由承包人代表及监理工程师代表共同签名。计日工应详细记录如下内容：

①记录已指令进行的这项计日工的估计数量和付款额已获同意，记录计日工已完成的数量及付款金额；

②如果计日工的时间超过一个月，应在暂时计量单上记账，并在计量证书上另立系列号码，这些记录应与累计账册一同归档；记录已同意的计日工单价、付款的金额、付款报表号码。

(5)工程变更应记录已下达的变更指令依据，已同意的单价和价格调整，增加费用的计量证书应另编系列号码分开存档。

(6)对于现场存放的材料应每月计量记录一次,其计量表中应记录已发到现场的材料的种类和数量及这些材料的发票面值;已计量的数量应记录每一次报表中的预付金额及回收金额,材料计量证应另编系列号码,并应与发票及所有材料的累计账册一同归档。

3. 计量分析

为了搞好计量的管理工作,除落实职责和加强记录与档案的管理外,还应加强计量分析,一方面及时发现计量工作中的问题,另一方面及时掌握工程进度,为进度监理和费用支付提供基础。

为了便于计量的分析与管理,对计量的表格应统一,使其标准化和规范化。监理工程师应设计好表格让承包人和具体从事计量的人员按此填写,这便于采用计算机辅助计量和进行计量分析。

计量分析时一方面应对照原工程量清单和设计图纸进行分析,将实际工程量与原设计的工程量进行对比,发现偏差并分析偏差的原因;另一方面以计量的工程量为依据,计算出实际进度,将实际进度与批准的进度比较,发现进度偏差,并找出原因从而采取措施改进。计量分析也应对计量的方法是否恰当,计量的结果是否准确以及是否有质量不合格的工程等进行分析,通过分析找出是否有多计、错计的部分。

除以上所述三项内容外,计量管理还包括计量争端的协调与处理。计量是费用支付的直接基础,也是承包人工作的一种基本评价,因此,在计量工作中难免发生争端与分歧,监理工程师必须协调各方,尽快解决争端。

三、计量依据

计量的依据一般有质量合格证书、工程量清单前言、合同条件中的“计量支付”条款、技术规范中有关计量支付的内容(或独立的计量支付说明)和设计图纸及各种测量数据。

1. 质量合格证书

计量的基本条件和前提是质量合格,质量不合格部分不予计量。因此,计量工程师进行计量时,一定要同质量工程师配合,只有通过了质量监理,被质量监理工程师签发了质量合格证书的工程内容,才能进行计量。

2. 清单前言和技术规范

因为清单前言和技术规范中的“计量支付”规定了清单中每一项工程的计量方法,同时还规定了按规定的计量方法确定的单价即包括的工作内容和范围。例如,关于路面面层的计量,计量条款中规定:路面面层的计量单位为 m^2,该项目应按图纸上所示的该层顶面的平面面积计量并包括图 4-1 所示该层断面内所有的材料及工作。

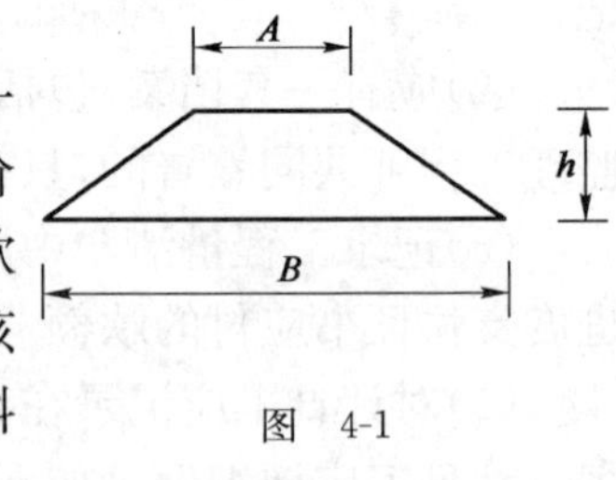

图 4-1

图中,A 为面层顶面宽度,B 为底面宽度。根据上述的规定,计量面层的数量时,只能以顶面宽 A 进行计算,以底面宽或以 $A+B$ 的平均值计量都是不允许的。因为投标时,承包人根据规定,应当把该层断面内所有的材料及工作发生的费用,都包括在以顶面面积所确定的单价内。

3. 设计图纸

工程量清单的数量是该工程的估算工程量,但是被计量的工程数量,并不一定是承包人实际施工的数量,因为计量的几何尺寸应当以设计图纸为准。图4-2为就地灌注桩施工实测图。根据计量规定,对就地灌注桩的支付计量,应根据图纸所示由监理工程师确定的从设计基础表面到下方桩端间的长度考虑。因此,图中实际施工的灌注桩的长度虽然为L_1+L_2,但是被计量支付的长度为L_1。

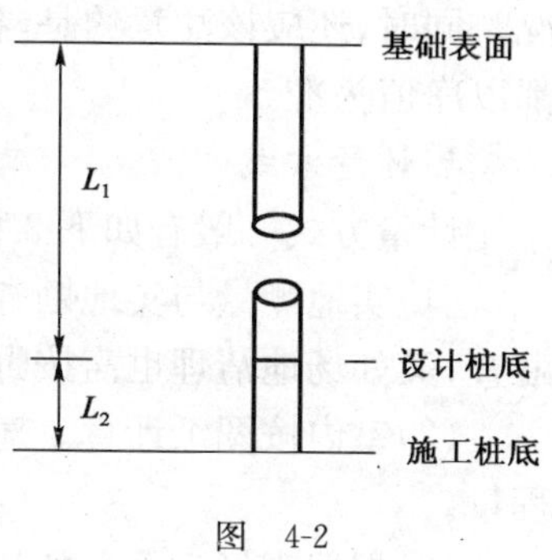

图　4-2

4.测量数据

与计算有关的测量数据有原始地面线高程的测量数据、土石分界线的测量数据、基础高程的测量数据、竣工测量数据等。测量数据的准确性严重影响计量结果的准确性。

四、计量的内容、时间、方式与方法

1.计量内容

理论上,所有工程事项均应加以计量,以便获得完整的记录;实际上,只是对所有需要支付的细目加以计量,这是计量工作范围的最低要求。这些细目由技术规范中每一节"计量与支付"条款及工程量清单的"前言"明确规定了计量方法与付款内容。除了对已完成的工程细目进行计量和记录外,监理工程师最好对那些涉及付款的工程细目在施工中发生的一切问题进行详尽的记录,以便发生索赔时做到有据可查。

因此,计量工作的范围有最高与最低要求,具体达到什么样的要求,由具体工程项目的内容及施工情况而定。

公路工程计量的范围一般是技术规范和工程量清单所包含的内容,一般有:为监理工程师提供必要的办公、生活服务和交通运输设施,土方工程,排水及小型构筑物工程,路基工程,路面工程,桥梁工程,通信监控系统,收费系统,路用房建工程和附属工程等。

2.计量时间

根据合同规定监理工程师应及时对已经完成且质量合格的工程细目进行计量,并且对一切进行中的工程,均须每月粗略计量一次,到该部分工程完工后,再根据规范的条款进行精细的计量。每月进行计量是以便掌握工程进度情况及核定月进度款(即期中支付证书),为此,监理工程师一般须填制"中间计量单"。

对于隐蔽工程,则须在工程覆盖之前进行计量;否则,在覆盖后再进行计量将使工作更复杂和更困难。

3.计量单位与计量精度

所有计量均采用我国法定计量单位。

计量单位分两类:一类是物理计量单位;另一类是自然计量单位。物理计量单位以公制计量,自然单位通常采用十进位自然数计算。

对于物理计量单位长度常用米、延米、千米(公里),面积单位常用平方米、千平方米、公顷;体积单位常用立方米、千立方米;质量单位常用克、千克、吨;自然计量单位常用个、片、座、株;时间单位常用日、星期、月、年等。

对于精度,为方便起见,浮点数须四舍五入至小数点后恰当的位数,并应对不同的细目分别作出统一规定。

虽然这是一简单问题,但实际工作中,常常出现计量名称、符号及取位错误和不规范的情况。同时，还应该注意的是，各细目的计量单位必须与工程量清单中所用单位一致，所有计量都以净值为准。

4.计量方式

计量方式一般有如下3种。

(1)实地测量与实地勘查。如土方工程，一般对横断面宽度、挖方的边长等需实地测量和勘查；又如场地清理也需按野外实地测得的数据，根据计算规则进行计算。

(2)室内按图纸计算。对于钢筋混凝土结构物以及多数永久工程，一般可按图纸计算工程量。

(3)根据现场记录。如计日工必须按现场记录来计算，又如灌注桩抽芯应按取芯时的钻探记录，又如打桩工程的施工记录等，还有100章的大部分内容为现场检查和记录。

一般对工程量的计算由承包人负责，工程量审核由监理工程师负责。通常，一个工程项目的计量往往是三种方式综合运用。不论采用何种方式，其结果都须经监理工程师和承包人双方同意，共同签字，有争议时协商解决，协商解决不了仍由监理工程师决定。

5.计量规则和计量方法

计量规则和计量方法主要在技术规范的有关内容和工程量清单的前言中明确给予规定。在进行计量时必须遵守其要求，并且在不同的合同中，这些计量规则和计量方法会有差别(即使对同一工程内容)。因此，计量时必须严格按本合同计量细则的规定进行计量，不能按习惯计量方法，也不能按别的计量细则。

例如，在《公路工程标准施工招标文件》的计量细则中规定，填筑路堤的土石方数量，应以承包人的施工测量和补充测量经监理工程师校核批准的横断面地面线为基础，以监理工程师批准的横断面图为依据，由承包人按不同来源(包括利用土方、利用石方和借方等)分别计算，经监理工程师校核认可的工程数量作为计量的工程数量。

这些要求在技术规范每一节的计量与支付和工程量清单的前言中已经给出，计量时必须认真地遵照执行。

应该注意的是，监理工程师除了对工程量清单的各个细目进行计量外，还应对所有有关支付的其他事务进行计量。如计日工使用的具体数量，各种工程意外事件以及工程变更后的工程量等，均应加以计量，以便进行支付。这些内容主要采取记录计量方式。

第三节　公路工程计量方法

一、要求

1.一般要求

(1)所有工程项目，除个别注明者外，均采用我国法定的计量单位，即国际单位及国际单位制导出的辅助单位进行计量。

(2)项目的计量与支付，应与合同条款、工程量清单以及图纸同时阅读，工程量清单中的支付项目号和本规范的章节编号是一致的。

(3)任何工程项目的计量，均应按本规范规定或监理工程师书面指示进行。

(4)按合同提供的材料数量和完成的工程数量所采用的测量与计算方法，应符合规范的规定。所有这些方法，应经监理工程师批准或指令。承包人应提供一切计量设备和条件，并保证其设备精度符合要求。

(5)除非监理工程师另有准许，一切计量工作都应在监理工程师在场的情况下，由承包人测量、记录。有承包人签名的计量记录原本，应提交给监理工程师审查和保存。

(6)工程量应由承包人计算，由监理工程师审核。工程量计算的副本应提交给监理工程师，并由监理工程师保存。

(7)全部必需的模板、脚手架、装备、机具、螺栓、垫圈和钢制件等其他材料，应包括在工程量清单中所列的有关支付项目中，均不单独计量。

(8)除监理工程师另有批准外，凡超过图纸所示的面积或体积，都不予计量与支付。

(9)承包人应严格标准计量基础工作和材料采购检验工作。沥青混凝土、沥青碎石、水泥混凝土、高强度等级水泥砂浆的施工现场必须使用电子计量设备称重。因不符合计量规定引发的质量问题，所发生的费用由承包人承担。

(10)如规范规定的任何分项工程或其子目未在工程量清单中出现，则应被认为是其他相关工程的附属工作，不再另行计量。

2.重量

(1)凡以重量计量或以重量作为配合比设计的材料，都应在精确与批准的磅秤上，由称职合格的人员在监理工程师指定或批准的地点进行称重。

(2)称重计量时应满足以下条件：监理工程师在场；称重记录；载有包装材料、支撑装置、垫块、捆束物等重量的说明书在称重前提交给监理工程师作为依据。

(3)钢筋、钢板或型钢计量时，应按图纸或其他资料标示的尺寸和净长计算。搭接、接头套筒、焊接材料、下脚料和固定、定位架立钢筋等，则不予计量。钢筋、钢板或型钢应以千克计量，四舍五入，不计小数。钢筋、钢板或型钢由于理论单位重量与实际单位重量的差异而引起材料重量与数量不相匹配的情况，计量时不予考虑。

(4)金属材料的重量不得包括施工需要加放或使用的灰浆、楔块、填缝料、垫衬物、油料、接缝料、焊条、涂敷料等的重量。

(5)承运按重量计量的材料的货车，应每天在监理工程师指定的时间和地点称出空车重量，每辆货车还应标示清晰易辨的标记。

(6)对有规定标准的项目，例如钢筋、金属线、钢板、型钢、管材等，均有规定的规格、重量、截面尺寸等指标，这类指标应视为通常的重量或尺寸。除非引用规范中的允许偏差值加以控制，否则可用制造商所示的允许偏差。

3.面积

除非另有规定，计算面积时，其长、宽应按图纸所示尺寸线或按监理工程师指示计量。对于面积在 $1m^2$ 以下的固定物（如检查井等）不予扣除。

4.结构物

(1)结构物应按图纸所示净尺寸线，或根据监理工程师指示修改的尺寸线计量。

(2)水泥混凝土的计量应按监理工程师认可的并已完工工程的净尺寸计算，钢筋的体积不扣除，倒角不超过 0.15m×0.15m 时不扣除，体积不超过 $0.03m^3$ 的开孔及开口不扣除，面积不超过 0.15m×0.15m 的填角部分也不增加。

(3)所有以延米计量的结构物（如管涵等），除非图纸另有标示，应按平行于该结构物位置的基面或基础的中心方向计量。

5.土方

(1)土方体积可采用平均断面积法计算，但与似棱体公式(Prismoidal formula)计算结果比较，如果误差超过±5%时，监理工程师可指示采用似棱体公式。

(2)各种不同类别的挖方与填方计量，应以图纸所示界线为限，而且应在批准的横断面图上标明。

(3)用于填方的土方量，应按压实后的纵断面高程和路床面为准来计量。承包人报价时，应考虑在挖方或运输过程中引起的体积差。

(4)在现场钉桩后56d内，承包人应将设计和进场复测的土方横断图连同土方的面积与体积计算表一并提交监理工程师批准。所有横断面图都应标有图题框，其大小由监理工程师指定。一旦横断面图得到最后批准，承包人应交给监理工程师原版图及三份复制图。

6.运输车辆体积

(1)用体积计量的材料，应以经监理工程师批准的车辆装运，并在运到地点进行计量。

(2)用于体积运输的车辆，其车厢的形状和尺寸应使其容量能够容易而准确地测定并应保证精确度。每辆车都应有明显标记。每车所运材料的体积应于事前由监理工程师与承包人相互达成书面协议。

(3)所有车辆都应装载成水平容积高度，车辆到达送货点时，监理工程师可以要求将其装载物重新整平，对超过定量运送的材料将不予支付。运量达不到定量的车辆，应被拒绝或按监理工程师确定减少的体积接收。根据监理工程师的指示，承包人应在货物交付点，随机将一车材料刮平，在刮平后如发现货车运送的材料少于定量时，从前一车起所有运到的材料的计量都按同样比率减为目前的车载量。

7.重量与体积换算

(1)如承包人提出要求并得到监理工程师的书面批准，已规定要用立方米计量的材料可以称重，并将此重量换算为立方米计量。

(2)将重量计量换算为体积计量的换算系数应由监理工程师确定，并应在此种计量方法使用之前征得承包人的同意。

8.沥青和水泥

(1)沥青和水泥应以千克(kg)计量。

(2)如用货车或其他运输工具装运沥青材料，可以按经过检定的重量或体积计算沥青材料的数量，但要对漏失或泡沫进行校正。

(3)水泥可以以袋作为计量的依据，但一袋的标准应为50kg。散装水泥应称重计量。

9.成套的结构单元

如规定的计量单位是一成套的结构物或结构单元(实际上就是按“总额”或称“一次支付”计的工程子目)，该单元应包括所有必需的设备、配件和附属物及相关作业。

10.标准制品项目

(1)如规定采用标准制品(如护栏、钢丝、钢板、轧制型材、管子等)，而这类项目又是以标准规格(单位重、截面尺寸等)标示的，则这种标示可以作为计量的标准。

(2)除非采用标准制品的允许误差比规范要求的允许误差要求更严格，否则，生产厂确定的制造允许误差将不予认可。

11. 工程量清单

公路工程的工程量清单各章是按《公路工程标准施工招标文件》(交通运输部交公路发[2009]第221号公布)第七章“技术规范”的相应章次编号的，因此，工程量清单中各章的工程子目的范围与计量等应与“技术规范”相应章节的范围、计量与支付条款结合起来理解或解释。本节中以下提到的“第100章”至“第700章”均为“技术规范”的章节。

二、开办项目的计量方法

第100章包括的主要工程内容有保险；竣工文件；施工环保费；安全生产费；工程管理软件(暂估价)；临地道路修建、养护与拆除(包括原道路的养护费)；临时占地；临时供电设施；设施架设；设施维修拆除；电信设施的提供、维修与拆除；供水与排污设施；承包人驻地建设等。对于这些工程的具体工作内容已经在技术规范中作了详细规定和说明，在清单中按项报价，均属于包干支付项目。因此，在计量规则中很简单，计量方法都是现场检查和统计。但是，具体工程中，对这种按自然单位计量的项目，一定要在现场进行认真地检查和核实，并注意按照技术规范规定的工作内容在现场逐项查实。

三、路基工程计量方法

第200章包括的工程内容主要有场地清理；挖方；填方；特殊地区路基处理；路基整型；坡面排水；护坡、护面墙；挡土墙；锚杆挡土墙；加筋土挡土墙；喷射混凝土和喷浆边坡防护；预应力锚索边坡加固；抗滑桩；河道防护等。在计量细则中规定，压实与路基整型的工作内容不单独计量，其费用包括在挖方与填方单价中。

1. 清理场地

(1)施工场地清理的计量应按监理工程师书面指定的范围(路基范围以外临时工程用地清场等除外)，进行验收后，现场实地测量的平面投影面积以平方米计量。现场清理包括路基范围内的所有垃圾、灌木、竹林及胸径小于100mm的树木、石头、废料、表土(腐殖土)、草皮的铲除与开挖，借土场的场地清理与拆除(包括临时工程)均应列入土方单价之内，不另行计量。

(2)砍伐树木仅计胸径(即离地面1.3m高处的直径)大于100mm的树木，以棵计量。计价中还包括砍伐后的截锯、移运(移运至监理工程师指定的地点)、堆放等一切有关的作业；挖除树根以棵计量，包括挖除、移运、堆放等一切有关的作业。

(3)挖除旧路面(包括路面基层)应按不同结构类型的路面分别以平方米计量；拆除原有公路结构物应分别按结构物的类型，以监理工程师现场指示的范围和量测方法量测，以立方米计量。

(4)所有场地清理、拆除与挖掘工作的一切挖方、回填、压实，以及适用材料的移运、堆放和废料的移运处理等作业费用均含入相关子目单价之中，不另行计量。

2. 挖方

(1)路基土石方开挖数量包括边沟、排水沟、截水沟，应以经监理工程师校核批准的横断面地面线和土石分界的补充测量为基础，按路线中线长度乘以经监理工程师核准的横断面面积进行计算，以立方米计量。

(2)挖除路基范围内非适用材料及淤泥(不包括借土场)的数量，应以承包人测量，并经监理工程师审核批准的断面或实际范围为依据的计算数量，以立方米计量。

(3)除非监理工程师另有指示，凡超过图纸或监理工程师规定尺寸的开挖，均不予计量。

(4)石方爆破安全措施、弃方的运输和堆放、质量检验、临时道路和临时排水等均含入相关子目单价或费率之中,不另行计量。

(5)在挖方路基的路床顶面以下,土方断面应挖松深 300mm 再压实;石方断面应辅以人工凿平或填平压实。作为承包人应做的附属工作,均不予计量。

改河、改渠、改路的开挖工程按合同图纸施工,计量方法可按上述(1)款进行。改路挖方线外工程的工作量计入 203-2 项内。

3. 填方

(1)填筑路堤的土石方数量,应以承包人的施工测量和补充测量经监理工程师校核批准的横断面地面线为基础,以监理工程师批准的横断面图为依据,由承包人按不同来源(包括利用土方、利用石方和借方等)分别计算,经监理工程师校核认可的工程数量作为计量的工程数量。

(2)零填挖路段的翻松、压实含入报价之中,不另计量。

(3)零填挖路段的换填土、按压实的体积,以立方米计量。计价中包括表面不良土的翻挖、运弃(不计运距),换填好土的挖运、摊平、压实等一切与此有关作业的费用。

(4)利用土、石填方及土石混合填料的填方,按压实的体积,以立方米计量。计价中包括挖台阶、摊平、压实、整型等一切与有关作业的费用。利用土、石方的开挖作业在第 203 节路基挖方中计量。承包人不得因为土石混填的工艺、压实标准及检测方法的变化而要求增加额外的费用。

(5)借土填方,按压实的体积,以立方米计量。计价中包括借土场(取土坑)中非适用材料的挖除、弃运及借土场的资源使用费、场地清理、地貌恢复、施工便道、便桥的修建与养护、临时排水与防护等和填方材料的开挖、运输、挖台阶、摊平、压实、整型等一切与此有关作业的费用。

(6)粉煤灰路堤按压实体积,以立方米计量。计价中包括材料储运(含储灰场建设)、摊铺、晾晒、土质护坡、压实、整型以及试验路施工等一切与此有关的作业费用。土质包边土在支付子目号 204-1-e 中计量。

(7)结构物台背回填按压实体积,以立方米计量,计价中包括挖运、摊平、压实、整型等一切与此有关的作业费用。

(8)锥坡及台前溜坡填土,按图纸要求施工,经监理工程师验收的压实体积,以立方米计量。

(9)临时排水以及超出图纸要求以外的超填,均不计量。

(10)改造其他公路的路基土方填筑的计量方法同本条第(1)款。

4. 特殊地区路基处理

(1)挖除换填

挖除原路基一定深度及范围内淤泥以立方米计量,列入规范第 203 节相应的支付子目中。

换填的填方,包括由于施工过程中地面下沉而增加的填方量,以立方米计量;列入规范第 204 节相应的支付子目中。

(2)抛石挤淤

按图纸或验收的尺寸计算抛石体积的片石数量,以立方米计量,包括有关的一切作业。

(3)砂垫层、砂砾垫层及灰土垫层

按垫层类型分别以立方米计量,包括材料、机械及有关的一切作业。

(4)预压和超载预压

按图纸或监理工程师要求的预压宽度和高度以立方米计量,包括材料、机械及有关的一切作业。

(5)真空预压,真空堆载联合预压

应以图纸或监理工程师所要求预压范围(宽度,高度,长度)经监理工程师验收合格,预压后体积以立方米为单位计量;计量中包括预压所用垫层材料、密封膜、滤管及密封沟与围堰等一切相关的材料、机械、人工费用。

(6)袋装砂井

按不同直径及深(长)度分别以米计量。砂及砂袋不单独计量。

(7)塑料排水板

按规格及深(长)度分别以米计量,不计伸入垫层内长度,包括材料、机械及有关的一切作业。

(8)砂桩、碎石桩、加固土桩、CFG桩

按不同桩径及桩深(长)度以图纸为依据经验验收合格按米为单位计量,包括材料、机械及有关的一切作业。

(9)土工织物

铺设土工织物以图纸为依据,经监理工程师验收合格以设计图为依据计算单层净面积数量(不计搭接及反包边增加量),包括材料、机械及与此有关的一切作业。

(10)滑坡处理

按实际发生的挖除及回填体积,经监理工程师验收合格以后以立方米计量。计价中包括施工中所采取的安全保护措施,采取措施截断流向滑坡的地表水、地下水及临时用水,以及采取措施封闭滑体上的裂隙等全部作业。

滑坡处理采用抗滑支挡工程施工时所发生工程量按不同工程项目,分别在相关支付子目下计量。

(11)岩溶洞按实际填筑体积,经监理工程师验收合格后以立方米计量。经批准采取其他处理措施时,经验收合格后,参照类似项目的规定进行计量。

(12)膨胀土路基按图纸及监理工程师指示进行铺筑,经监理工程师验收合格,按不同厚度以平方米计量。其内容仅指石灰土改良费用,包括石灰的购置、运输、消解、拌和及有关辅助作业等一切有关费用;土方的挖运,填筑及压实等作业含入第203节、第204节相关子目之中。

(13)黄土陷穴按实际开挖和回填体积,经监理工程师验收合格后以立方米计量。

(14)采用强夯处理,以图纸为依据经监理工程师验收合格后以平方米为单位计量,包括施工前的地表处理,拦截地表和地表水,强夯及强夯后的标准贯入,静力触探测试等相关作业。

(15)盐渍土路基处理换填,经监理工程师验收合格后按不同厚度以平方米计量。其内容包括铲除过盐渍土,材料运输,分层填筑,分层压实等相关作业。

(16)风积沙填筑路基以图纸为依据,经验收合格以立方米为单位计量,包括材料,运输,摊平,碾压等相关作业。

(17)季节性冻土地区路基施工以图纸为依据,经验收合格按不同填料规格,以立方米计量。其内容包括清除软层,材料运输,分层填筑,分层压实等相关作业。

(18)工地沉降观测作为承包人应做的工作,不予计量与支付。

(19)临时排水与防护设施认为已包括在相关工程中,不另行计量。

5.路基整形

本节工作内容均不作计量与支付，其所涉及的费用应包括在其相关的工程子目的单价或费率之中。

6.坡面排水

(1)边沟、排水沟、截水沟的加固铺砌，按图纸施工经监理工程师验收合格的实际长度，分不同结构类型以米计量。由于边沟、排水沟、截水沟加固铺砌而需扩挖部分的开挖，均作为承包人应做的附属工作，不另计量与支付。

(2)改沟、改渠护坡铺砌按图纸施工，经监理工程师验收合格的不同圬工体积，以立方米计量。

(3)急流槽按图纸施工，经验收合格的断面尺寸计算体积(包括消力池、消力槛、抗滑台等附属设施)，以立方米计量。

(4)路基盲沟按图纸施工，经验收合格的断面尺寸及所用材料，按长度以米计量。

(5)所用砂砾垫层或基础材料、填缝材料、钢筋以及地基平整夯实及回填等土方工程均含入相关子目单价之中，不另行计量与支付。

(6)土工合成材料的计量、支付按第205节规定执行。

(7)渗井、检查井、雨水井的计量、支付按第314节规定执行。

7.护坡、护面墙

(1)干砌片石、浆砌片石护坡、护面墙等工程的计量，应以图纸所示和监理工程师的指示为依据，按实际完成并经验收的数量按不同的工程子目的不同的砂浆砌体分别以立方米计量。

(2)预制空心砖和拱形及方格骨架护坡，按其铺筑的实际体积以立方米计量。所有垫层、嵌缝材料、砂浆勾缝、泄水孔、滤水层、回填种植土以及基础的开挖和回填等有关作业，均作为承包人应做的附属工作，不另行计量与支付。

(3)种草、铺草皮、三维植被网、客土喷播等应以图纸要求和所示面积为依据实施，经监理工程师验收的实际面积以平方米计量。整修坡面、铺设表土、三维土工网、锚钉、客土、草种(灌木籽)、草皮、苗木、混合料、水、肥料、土壤稳定剂等(含运输)及其作业均作为承包人应做的附属工作，不另行计量。

(4)封面、捶面施工以图纸为依据，经监理工程师验收合格，以平方米为单位计量，该项支付包括了上述工作相关的工料机全部费用。

8.挡土墙

(1)砌体挡土墙、干砌挡土墙和混凝土挡土墙工程应以图纸所示或监理工程师的指示为依据，按实际完成并经验收的数量，按砂浆强度等级及混凝土强度等级分别以立方米计量。砂砾或碎石垫层按完成数量以立方米计量。

(2)混凝土挡土墙的钢筋，按图纸所示经监理工程师验收后，以千克(kg)计量。

(3)嵌缝材料、砂浆勾缝、泄水孔及其滤水层，混凝土工程的脚手架、模板、浇筑和养生、表面修整，基础开挖、运输与回填等有关作业，均作为承包人应做的附属工作，不另行计量与支付。

9.锚杆、锚定板挡土墙

(1)锚杆挡土墙、锚定板挡土墙工程计量应以图纸所示和监理工程师的指示为依据，按实际完成并经验收的数量。混凝土挡板和立柱以立方米为单位计量，钢筋及锚杆以千克(kg)为单位计量。

(2)锚孔的钻孔、锚杆的制作和安装、锚孔灌浆、钢筋混凝土立柱和挡土板的制作安装、墙背回填、防排水设置及锚杆的抗拔力试验等，以及一切未提及的相关工作均为完成锚杆挡土墙及锚定板挡土墙所必须的工作，均含入相关支付子目单价之中，不单独计量。

10.加筋土挡土墙

(1)加筋土挡墙的墙面板、钢筋混凝土带、混凝土基础以及混凝土帽石，经监理工程师验收合格，以立方米计量。浆砌片石基础以立方米计量。

(2)铺设聚丙烯土工带，按图纸及验收数量以千克(kg)计量。

(3)基坑开挖与回填、墙顶抹平层、沉降缝的填塞、泄水管的设置及钢筋混凝土带的钢筋等，均作为承包人的附属工作，不另计量。

(4)加筋土挡墙的路堤填料按图纸的规定和要求，在规范第204节计量。

11.喷射混凝土和喷浆边坡防护

(1)锚杆按图纸或监理工程师指示为依据，经验收合格的实际数量，以米为单位计量。

(2)喷射混凝土和喷射水泥砂浆边坡防护的计量，应以图纸所示和监理工程师的指示为依据，按实际完成并经验收的数量，以平方米计量；钢筋网、铁丝网以千克(kg)计量；土工格栅以平方米计量。

(3)喷射前的岩面清理，锚孔钻孔，锚杆制作以及钢筋网和铁丝网编织及挂网土工格栅的安装铺设等工作，均为承包人为完成锚杆喷射混凝土和喷射砂浆边坡防护工程应做的附属工作，不另行计量与支付。

(4)土钉支护施工以图纸为依据，经监理工程师验收合格，分不同类型组合的工程项目按下列内容分别计量：

①土钉钻孔桩、击入桩分别按米为单位计量；

②含钢筋网或土工格栅网的喷射混凝土面层区分不同厚度按平方米为单位计量；

③钢筋、钢筋网以千克(kg)为单位计量；

④土工格栅以净面积为单位计量；

⑤网格梁、立柱、挡土板以立方米(m^3)为单位计量。

⑥永久排水系统依结构形式参照第207节规定计量。

⑦土钉支护施工中的土方工程、临时排水工程以及未提及的其他工程均作为土钉支付施工的附属工作，不予单独计量，其费用含入相关工程子目单价之中。

12.预应力锚索边坡加固

(1)预应力锚索长度按图纸要求，经监理工程师验收合格以米为单位计量。

(2)混凝土锚固板按图纸要求，经监理工程师验收合格以立方米为单位计量。

(3)钻孔、清孔、锚索安装、注浆、张拉、锚头、锚索护套、场地清理以及抗拔力试验等均为锚索的附属工作，不另行计量。

(4)混凝土的立模、浇筑、养生等为锚固板的附属工作，不另行计量。

13.抗滑桩

(1)抗滑桩按图纸规定尺寸及深度为依据，现场实际完成并验收合格的实际桩长以米计量，设置支撑和护壁、挖孔、清孔、通风、钎探、排水及浇筑混凝土以及无破损检验，均作为抗滑桩的附属工程，不另行计量。

(2)抗滑桩用钢筋按图纸规定及经监理工程师验收的实际数量，以千克计量。

(3)桩板式抗滑挡墙应按图纸要求进行施工,经监理工程师验收合格,挡土板以立方米为单位计量。桩板式抗滑挡墙施工中的挖孔桩按第 214.05-1(1)款规定计量。钻孔灌注桩、锚杆、锚索等项工作按实际发生参照第 405 节、第 212 节、第 213 节相关规定进行计量。

(4)土方工程、临时排水等相关工作均作为辅助工作不予计量,费用含入相关工程报价中。

14.河道防护

(1)河床铺砌、顺坝、丁坝、调水坝及锥坡砌筑等工程及抛石防护,应分别按图纸尺寸和监理工程师的指示,按实际完成并经验收的数量,以立方米计量。砂砾(碎石)垫层以立方米计量。

(2)砌体的基础开挖、回填、夯实、砌体勾缝等工作,均作为承包人应做的附属工作,不另行计量与支付。

四、路面工程计量方法

第 300 章包括的工程内容主要有垫层;石灰稳定土基层;水泥稳定土底基层、基层;石灰粉煤灰稳定土底基层、基层;级配碎(砾)石底基层、基层;透层、黏层和封层;热拌沥青混合料面层;沥青表面处治;改性沥青及改性沥青混合料;水泥混凝土面板;培土路肩、中央分隔带回填土、土路肩加固及路缘石;路面及中央分隔带排水等。

1.垫层

(1)碎石、砂砾垫层应按图纸和监理工程师指示铺筑、经监理工程师验收合格的面积,按不同厚度以平方米计量。

(2)水泥稳定土、石灰稳定土垫层应按图纸和监理工程师指示铺筑、经监理工程师验收合格的面积,按不同厚度以平方米计量。

(3)对个别特殊形状的面积,应采用适当计算方法计量,并经监理工程师批准以平方米计量。除监理工程师另有指示外,超过图纸所规定的面积,均不予计量。

2.石灰稳定土底基层

(1)石灰稳定土底基层应按图纸所示和监理工程师指示铺筑的平均面积,经监理工程师验收合格,按不同厚度以平方米计量。

(2)对个别特殊形状的面积,应采用监理工程师认可的计算方法计算。除监理工程师另有指示外,超过图纸所规定的计算面积或体积均不予计量。

(3)桥梁和明涵处的搭板、埋板下变截面石灰稳定土底基层按图纸所示和监理工程师的指示铺筑,经监理人验收合格后,以立方米计量。

3.水泥稳定土底基层、基层

(1)水泥稳定土底基层、基层按图纸所示和监理工程师指示铺筑,经监理工程师验收合格的平均面积,按不同厚度以平方米计量。

(2)对个别特殊形状的面积,应采用监理工程师认可的计算方法计量。除监理工程师另有指示外,超过图纸所规定的计算面积或体积均不予计量。

(3)桥梁及明涵的搭板、埋板下变截面水泥稳定土底基层按图纸所示和监理工程师指示铺筑,经监理工程师验收合格后,以立方米计量。

4.石灰粉煤灰稳定土底基层、基层

(1)石灰粉煤灰稳定土基层和底基层按图纸或监理工程师指示铺筑,并经验收的平均面积按不同厚度以平方米计量。任何地段的长度应沿路幅中线水平量测。对个别不规则形状，应采用经监理工程师批准的计算方法计量。

(2)桥梁及明涵的搭板、埋板下变截面石灰粉煤灰稳定土底基层按图纸所示和监理工程师指示铺筑，经监理工程师验收合格后，以立方米计量。

5. 级配碎(砾)石底基层、基层

(1)级配碎(砾)石底基层和基层应按图纸和监理工程师指示铺筑的平均面积，经监理工程师验收合格后，按不同厚度以平方米计量。除监理工程师另有指示外，超过图纸所规定的面积，均不予计量。

(2)桥梁及明涵的搭板、埋板下变截面级配碎(砾)石底基层按图纸所示和监理工程师指示铺筑，经监理工程师验收合格后，以立方米计量。

6. 沥青稳定碎石基层(ATB)

沥青稳定碎石混合料，按图纸所示或监理工程师指示的平均铺筑面积，经监理工程师验收合格，按不同厚度分别以平方米计量。除监理工程师另有指示外，超过图纸所规定的面积均不予计量。

7. 透层和黏层

(1)透层和黏层按图纸规定的或监理工程师指示的喷洒面积，经监理工程师验收合格，以平方米计量。

(2)对个别特殊形状的面积，应采用适当的计算方法计量。除监理工程师另有指示外，超过图纸规定的计算面积均不予计量。

8. 热拌沥青混合料面层

热铺沥青混凝土，应按图纸所示或监理工程师指示的平均铺筑面积，经监理工程师验收合格，按粗、中、细粒式沥青混凝土和不同厚度分别以平方米计量。除监理工程师另有指示外，超过图纸所规定的面积均不予计量。

9. 沥青表面处治与封层

(1)沥青表面处治按图纸所示或监理工程师指示铺筑，经监理工程师验收合格，按不同厚度分别以平方米计量。

(2)封层按图纸规定的或监理工程师指示的喷洒面积，经监理工程师验收合格，以平方米计量。

(3)表面处治除监理工程师另有指示外，超过图纸规定的面积不予计量。

10. 改性沥青及改性沥青混合料

改性沥青混合料按图纸要求及监理工程师的指示，按不同厚度及实际摊铺的面积以平方米计量。

11. 水泥混凝土面板

(1)水泥混凝土面板按图纸和监理工程师指示铺筑的面积，经监理工程师验收合格后，按不同厚度以平方米计量。除监理工程师另有指示外，任何超过图纸所规定的尺寸的计算面积均不予计量。

(2)水泥混凝土路面的补强钢筋及拉杆、传力杆等钢筋按图纸要求设置，经监理工程师现场验收后以千克计量。因搭接而增加的钢筋不予计入。

(3)接缝材料等未列入支付子目中的其他材料均含入水泥混凝土路面单价之中，不单独计量与支付。

12. 培土路肩、中央分隔带回填土、土路肩加固及路缘石

(1)培土路肩及中央分隔带回填土按压实后并经验收的工程数量分别以立方米为单位计量。现浇混凝土加固路肩、混凝土预制块加固土路肩经验收的工程数量分别以延米为单位计量。

(2)水泥混凝土加固土路肩经验收合格后，沿路肩表面量测其长度以延米为单位计量，加固土路肩的混凝土立模、摊铺、振捣、养生、拆模、预制块预制铺砌、接缝材料等及其他有关加固土路肩的杂项工作均属承包人的附属工作，均不另行计量。

(3)路缘石按图纸所示的长度进行现场量测，经验收合格以延米为单位计量。埋设缘石的基槽开挖与回填、夯实以及混凝土垫层或水泥砂浆垫层等有关杂项工作均属承包人的附属工作，均不另行计量。

13. 路面及中央分隔带排水

(1)中央分隔带处设置的排水设施，按图纸施工，经监理工程师验收合格的实际工程数量分别按下列项目计量：

①排水管按不同材料、不同直径分别以米计量。

②纵向雨水沟(管)按长度以米计量。

③集水井按不同尺寸以座计量。

④渗沟按截面尺寸以延长米计量。

⑤防水沥青油毡以平方米计量。

(2)路肩排水沟，经监理工程师验收合格的实际工程数量，分别按下列项目计量：

①混凝土路肩排水沟按长度以米计量。

②路肩排水沟砂砾垫层(路基填筑中已计量者除外)按立方米计量。

③土工布以平方米计量。

(3)排水管基础开挖和基础浇筑、胶泥隔水层及出水口预制混凝土垫块及混凝土包封等不另计量，包含在排水管单价中。

(4)渗沟上的土工布不另计量，包含在渗沟单价中。

(5)拦水带按长度以米计量。

五、桥梁工程计量方法

第 400 章包括的工程内容主要有模板、拱架和支架；钢筋；基础挖方及回填；钻孔灌注桩；沉桩；挖孔灌注桩；桩的垂直静荷载试验；沉井；结构混凝土工程；预应力混凝土工程；预制构件的安装；砌石工程；小型钢构件；桥面铺装；桥梁支座；桥梁接缝和伸缩装置；防水处理；圆管涵及倒虹吸管；盖板涵、箱涵；拱涵。

1. 模板、拱架和支架

本节工作为有关工程的附属工作，不作计量与支付。

2. 钢筋

(1)根据图纸所示及钢筋表(不包括固定、定位架立钢筋)所列，按实际安设并经监理工程师验收的钢筋以千克(kg)计量。

(2)除图纸所示或监理工程师另有认可外，因搭接而增加的钢筋不予计入。

(3)钢筋及钢筋骨架用的铁丝、钢板、套筒(连接套)、焊接、钢筋垫块或其他固定钢筋的材料,以及钢筋的防锈、截取、套丝、弯曲、场内运输、安装等,作为钢筋工程的附属工作,不另行计量。

3.基础挖方及回填

(1)基础挖方应按下述规定,取用底、顶面间平均高度的棱柱体体积,分别按干处、水下及土、石,以立方米计量。干处挖方与水下挖方是以经监理工程师认可的施工期间实测的地下水位为界线。在地下水位以上开挖的为干处挖方;在地下水位以下开挖的为水下挖方。

基础底面、顶面及侧面的确定应符合下列规定:

①基础挖方底面:按图纸所示或监理工程师批准的基础(包括地基处理部分)的基底高程线计算。

②基础挖方顶面:按监理工程师批准的横断面上所标示的原地面线计算。

③基础挖方侧面:按顶面到底面,以超出基底周边0.5m的竖直面为界。

(2)当承包人遇到特殊或非常规情况时应及时通知监理工程师,由监理工程师定出特殊的基础挖方界线。凡未取得监理工程师批准,承包人以特殊情况为理由而完成的任何挖方将不予计量,其基坑超深开挖,应由承包人用砂砾或监理工程师批准的回填材料予以回填并压实。

(3)为完成基础挖方所做的地面排水及围堰、基坑支撑及抽水、基坑回填与压实、错台开挖及斜坡开挖等,作为挖基工程的附属工作,不另行计量。

(4)台后路基填筑及锥坡填土在第204节内计量与支付。

(5)基坑土的运输作为挖基工程的附属工作,不另行计量与支付。

4.钻孔灌注桩

(1)钻孔灌注桩以实际完成并以监理工程师验收后的数量,按不同桩径的桩长以米计量。计量应自图纸所示或监理工程师批准的桩底高程至承台底或系梁底;对于与桩连为一体的柱式墩台,如无承台或系梁时,则以桩位处地面线为分界线,地面线以下部分为灌注桩桩长,若图纸有标识的,按图纸标识为准确度。未经监理工程师批准,由于超钻而深于所需的桩长部分,将不予计量。

(2)开挖、钻孔、清孔、钻孔泥浆、护筒、混凝土、破桩头,以及必要时在水中填土筑岛、搭设工作台架及浮箱平台、栈桥等其他为完成工程的子目,作为钻孔灌注桩的附属工作,不另行计量。混凝土桩无破损检测及所预埋的钢管等材料,均作为混凝土桩的附属工作,不另行计量。

(3)钢筋在第403节内计量,列入403-1子目内。

(4)监理工程师要求钻取的芯样,经检验,如混凝土质量合格,钻取的芯样应予计量,否则不予计量。混凝土取芯按取回的混凝土芯样的长度以米计量。

5.沉桩

(1)钢筋混凝土或预应力混凝土沉桩以实际完成并经监理工程师验收后的数量,按不同桩径的桩身长度以米计量。桩身长度的度量应自图纸所示或监理工程师批准的桩尖高程至承台底或盖梁底。未经监理工程师批准,沉入深度超过图纸规定的桩长部分,将不予计量与支付。

(2)为完成沉桩工程而进行的钢筋混凝土桩浇筑预制、养生、移运、沉入、桩头处理等一切有关作业,均为沉桩工程所包括的工作内容,不另行计量与支付。

(3)试桩如系工程用桩,则该试桩按不同桩径分别列入支付子目中的钢筋混凝土沉桩子目内;如果试桩不作为工程用桩,则应按不同桩径以米为单位计量,列入支付子目中的试桩子目内。

(4)沉桩的无破损检验作为沉桩工程的附属工作,不另行计量与支付。

(5)钢筋混凝土或预应力混凝土沉桩(包括试桩)所用钢筋在第 403 节内计量,列入 403-1 子目内,其余钢板及材料加工等均含在钢筋混凝土沉桩工程子目中,不另行计量与支付。

(6)制造预应力混凝土沉桩所用预应力钢材在第 411 节内计量。

制造预应力沉桩用法兰盘及其他钢材,除按上款规定计入第 403 节、第 411 节计量外的所有钢材均计入预应力混凝土沉桩工程子目中,不另行计量与支付。

(7)试桩的试验机具其提供、运输、安装、拆卸以及试验数据的分析和提供试验报告等均系该试桩的附属工作,不另行计量与支付。

6. 挖孔灌注桩

(1)挖孔灌注桩以实际完成并经监理工程师验收后的数量,按不同桩径的桩长以米计量。计量应自图纸所示或监理工程师批准的从桩底高程至承台底或系梁底;如无承台或系梁时,则从桩底至图纸所示的桩顶;当图纸未标示出桩顶位置,或标示有桩顶位置但桩位处预先有夯填土时,由监理工程师根据情况确定。监理工程师认为由于超挖而深于所需的桩长部分,将不予计量。

(2)设置支撑和护壁、挖孔、清孔、通风、钎探、排水、混凝土、每桩的无破损检验以及其他为完成此项工程的项目,均为挖灌注桩的附属工作,不另行计量。

(3)钢筋第 403 节内计量,列入 403-1 子目内。

(4)监理工程师要求钻取的混凝土芯样检验,经钻取检验后,如混凝土质量合格,钻取的芯样应予计量;否则不予计量。钻取芯样长度按取回的芯样以米计量。

7. 桩的垂直静荷载试验

(1)试桩不论是检验荷载或破坏荷载,均以经监理工程师验收或认可的单根试桩计量。计量包括压载、沉降观测、卸载、回弹观测、数据分析,以及完成此项试验的其他工作子目。

(2)检验荷载试验桩如试验后作为工程结构的一部分,其工程量在第 405 节及第 407 节有关支付子目内计量与支付。破坏荷载试验用的试桩,将来不作为工程结构的一部分,其工程量在第 405 节的支付子目 405-4 及第 407 节的支付子目 407-3 内计量与支付。

8. 沉井

(1)沉井制作完成,符合图纸规定要求,经监理工程师验收后,混凝土及钢筋按以下规定计量。

①沉井的混凝土,按就位后沉井顶面以下各不同部位(井壁、顶板、封底、填芯)和不同混凝土级别的体积以立方米为单位计量。

②沉井所用钢筋,列入第 403 节基础钢筋支付子目的内计量。

(2)沉井制作及下沉,其中包括场地准备,围堰筑岛,模板、支撑的制作安装与拆除,沉井浇筑、接高、沉井下沉,空气幕助沉,井内挖土,基底处理等工作,均应视为完成沉井工程所必须的工作,不另行计算。

(3)沉井刃脚所用钢材,视作沉井的附属工程材料,不另行计量。

9. 结构混凝土工程

(1)以图纸所示或监理工程师指示为依据,按现场已完工并经验收的混凝土,分别以不同结构类型及混凝土等级,以立方米计量。

(2)直径小于 200mm 的管子、钢筋、锚固杆、管道、泄水孔或桩所占混凝土体积不予扣除。

作为砌体砂浆的小石子混凝土，不另行计量。

(3)桥面铺装混凝土在第415节内计量与支付；结构钢筋在第403节内计量。

(4)为完成结构物所用的施工缝连接钢筋、预制构件的预埋钢板、防护角钢或钢板、脚手架或支架及模板、排水设施、防水处理、基础底碎石垫层、混凝土养生、混凝土表面修整及为完成结构物的其他杂项子目，以及预制构件的安装架设设备拼装、移运、拆除和为安装所需的临时性或永久性的固定扣件、钢板、焊接、螺栓等，均作为各项相应混凝土工程的附属工作，不另行计量。

10. 预应力混凝土工程

(1)预应力混凝土结构物(包括现浇和预制应力混凝土)按图纸尺寸或监理工程师指示为依据，按已完工并经验收合格的结构体积，以立方米计量。计量中包括悬臂浇筑、支架浇筑及预制安装预应力混凝土梁、板的一切作业。

(2)完工并经验收的预应力混凝土结构的预应力钢材，按图纸所示和本条款规定相应长度计算，预应力钢材数量以千克(kg)计量。后张法预应力钢材的长度以外的锚固长度及工作长度的预应力钢材含入相应预应力钢材报价之中，不另行计量。

(3)预应力混凝土结构的非预应力钢筋，在第403节计量与支付。

(4)预应力钢筋的加工、锚具、管道、锚板及连接钢板、焊接、张拉、压浆、封锚等，作为预应力钢筋的附属工作，不另行计量。预应力锚具包括锚圈、夹片、连接器、螺栓、垫板、喇叭管、螺旋钢筋等整套部件。

(5)后张法预应力混凝土梁封锚及端部加厚混凝土，计入相应梁段混凝土之中，不单独计量。

(6)预制板、梁的整体化现浇混凝土及其钢筋，分别在第410节及第403节计量。

(7)桥面铺装混凝土在第415节计量。

11. 预制构件的安装

经验收的不同形式预制构件的安装，包括构件安装所需的临时性或永久性扣件、钢板、焊接、螺栓等，其工作量包含在第410节及第411节相应预制混凝土构件或预应力混凝土构件的工程子目中，不另行计量与支付。

12. 砌石工程

(1)以图纸所示或监理工程师指示为依据，按工地完成的并经验收的各种石砌体或预制混凝土块砌体，以立方米计量。

(2)计算体积时，所用尺寸应由图纸所标明或监理工程师书面规定的计价线或计价体积定之。相邻不同石砌体计量中，应各包括不同石砌体间灰缝体积的一半。镶面石突出部分超过外廓线者不予计量。泄水孔、排水管或其他面积小于0.02m^2的孔眼不予扣除，削角或其他装饰的切削，其数量为所在石料5%或少于5%者，不予扣除。

(3)砂浆或作为砂浆的小石子混凝土，作为砌体工程的附属工作，不另计量。

(4)砌体的垫铺材料的提供和设置，拱架、支架及砌体的勾缝，作为砌体工程的附属工作，不另计量。

13. 小型钢构件

桥梁及其他公路构造物的钢构件，作为有关子目内的附属工作，不另计量与支付。

14. 桥面铺装

(1)桥面铺装应按图纸所示的尺寸,或按实际完成并经监理工程师验收的数量,分不同材料及级别,按平方米计量。由于施工原因而超铺的桥面铺装,不予计量。

(2)桥面防水层按图纸要求施工,并经监理工程师验收的实际数量,以平方米计量。

(3)桥面泄水管及混凝土桥面铺装接缝等作为桥面铺装的附属工作,不另行计量。

(4)桥面铺装钢筋在第403节有关工程子目中计量,本节不另行计量。

15. 桥梁支座

支座按图纸所示不同的类型,包括支座的提供的和安装,以个计量。支座清洗、运输、起吊及安装支座所需的扣件、钢板、焊接、螺栓、黏结等,作为支座安装的附属工作,不另行计量。

16. 桥梁接缝和伸缩装置

桥面伸缩装置按图纸要求安装并经监理工程师验收的数量,分不同结构形式以米计量。其内容包括伸缩装置的提供和安装等作业。

除伸缩装置外的其他接缝,如橡胶止水片、沥青类等接缝填料,作为有关工程的附属工作,不另行计量。

安装时切割和清除伸缩装置范围内沥青混凝土铺装和安装伸缩装置所需的临时或永久性的扣件、钢板、钢筋、焊接、螺栓、黏结等,作为伸缩装置安装的附属工作,不另行计量。

17. 防水处理

沥青或油毛毡防水层,作为其他有关项目内的附属工作,不另行计量与支付。

18. 圆管涵及倒虹吸管涵

(1)钢筋混凝土圆管涵或倒虹吸管涵,以图纸规定的洞身长度或监理工程师同意的现场沿涵洞中心线量测的进出洞口之间的洞身长度,分别不同孔径及孔数,经监理工程师检查验收后以米计量。管节所用钢筋,不另计量。

(2)图纸中标明的基底垫层和基座,圆管的接缝材料、沉降缝的填缝与防水材料等,洞口建筑,包括八字墙、一字墙、帽石、锥坡、铺砌、跌水井以及基础挖方和运输、地基处理与回填等,均作为承包人应做的附属工作,不另计量与支付。

(3)洞口(包括倒虹吸管涵)建筑以外涵洞上下游沟渠的改沟、铺砌、加固以及急流槽消力坎的建筑等均列入规范第207节的相应子目内计量。

(4)建在软土、沼泽地区的圆管涵(含倒虹吸管涵),按图纸要求特殊处理的基础工程量(如塑料排水板、袋装砂井、各种桩基、喷粉桩等)在规范第205节相关子目中计量与支付,本节不另行计量。

19. 盖板涵、箱涵

(1)钢筋混凝土盖板涵(含梯坎涵、通道)、钢筋混凝土箱涵(含通道)应以图纸规定的洞身长度或经监理工程师同意的现场沿涵洞中心线测量的进出口之间的洞身长度,经验收合格后按不同孔径以米计量。盖板涵、箱涵所用钢筋不另计量。

(2)所有垫层和基座,沉降缝的填缝与防水材料,洞口建筑,包括八字墙、一字墙、帽石、锥坡(含土方)、跌水井、洞口及洞身铺砌以及基础挖方、地基处理与回填土、沉降缝的填缝与防水材料等作为承包人应做的附属工作,均不单独计量。

(3)洞口建筑以外涵洞上下游沟渠的改沟、铺砌、加固以及急流槽等,可列入规范第207节的有关子目计量。

(4)通道涵按下列原则进行计量与支付：

①通道涵洞身及洞口计量应符合上述第(1)款及第(2)款的规定；

②通道范围(进出口之间距离)以内的土石方及边沟、排水沟等均含入洞身报价之中不另行计量；

③通道范围以外的改路土石方及边沟、排水沟等在规范第200章相关章节中计量与支付；

④通道路面(含通道范围内)分不同结构类型在规范第300章相关章节中计量与支付。

(5)建在软土、沼泽地区的盖板涵、箱涵(含通道)，按图纸要求特殊处理的基础工程量(如塑材排水板、袋装砂井、各种桩基、喷粉桩等)在规范每205节相关子目中计量与支付，本节不另行计量。

20.拱涵

(1)石砌和混凝土拱涵(含梯坎涵、通道)应以图纸规定的洞身长度或经监理工程师同意的现场沿涵洞中心线测量的进出口之间的洞身长度，经验收合格后按不同孔径以米计量，钢筋不另计量。

(2)所有垫层和基础，沉降缝的填缝与防水材料，洞口建筑，包括八字墙、一字墙、帽石、锥坡(含土方)、跌水井、洞口及洞身铺砌以及基础挖方、地基处理与回填土等作为承包人应做的附属工作，均不单独计量。

(3)洞口建筑以外涵洞上下游沟渠的改沟、铺砌、加固以及急流槽等可列入规范第207节的有关子目中计量。

(4)通道涵按下列原则进行计量与支付：

①通道涵身及洞口计量应符合上述第(1)款及第(2)款的规定；

②通道范围(进出口之间距离)以内的土石方及边沟、排水沟等均含入洞身报价之中，不另行计量；

③通道范围以外的改路土石方及边沟、排入沟等，在规范第200章相关章节计量与支付；

④通道路面(含通道范围内)分不同结构类型在规范第300章相关章节计量与支付。

(5)建在软土、沼泽地区的拱涵，按图纸要求特殊处理的基础工程量(如塑料排水板、袋装砂井、各种桩基、喷粉桩等)在规范第205节相关子目计量与支付，本节不另行计量。

六、隧道工程计量方法

第500章包括的工程内容主要有：洞口与明洞工程；洞身开挖；洞身衬砌；防水与排水；洞内防火涂料和装饰工程；风水电作业及通风防尘；监控量测；特殊地质地段的施工与地质预报。

1.洞口与明洞工程

(1)各项工程应以图纸所示和监理工程师指示为依据，按照实际完成并经验收的工程数量，进行计量。

(2)洞口路堑等开挖与明洞洞顶回填的土石方，不分土、石的种类，只区分为土方和石方，以立方米计量。

(3)弃方运距在图纸规定的弃土场内为免费运距，弃土超出规定弃土场的距离时(比如图纸规定的弃土场地不足要另外增加弃土场，或经监理工程师同意变更的弃土场)，其超出部分另计超运距运费，按立方米公里计量。若未经监理工程师同意，承包人自选弃土场时，则弃土运距不论远近，均为免费运距。

(4)隧道洞门的端墙、翼墙、明洞衬砌及遮光栅(板)的混凝土(钢筋混凝土)或石砌圬工,以立方米计量,钢筋(锚杆)以千克(kg)计量。

(5)截水沟(包括洞顶及端墙后截水沟)圬工以立方米计量。

(6)防水材料(无纺布)铺设完毕经验收以平方米计量,与相邻防水材料搭接部分不另计量。

(7)洞口坡面防护工程,按不同圬工类型分别汇总以立方米计量。种植草皮以平方米计量。

(8)截水沟的土方开挖和砂砾垫层、隧道名牌以及模板、支架的制作安装和拆卸等均包括在相应工程中,不单独计量。

(9)泄水孔、砂浆勾缝、抹平等的处理,以及图纸示出而支付子目表中未列出的零星工程和材料,均包括在相应工程子目单价内,不另行计量。

2.洞身开挖

(1)洞内开挖土石方符合图纸所示(包括紧急停车带、车行横洞、人行横洞以及监控、消防设施的洞室)或监理工程师指示,按隧道内轮廓线加允许超挖值[设计给出的允许超挖值或《公路隧道施工技术规范》(JTG F60—2009)按不同围岩级别给出的允许超挖值]后计算土石方。另外,当采用复合衬砌时,除给出的允许超挖值外,还应考虑加上预留变形量。按上述要求计得的土石方工程量,不分围岩级别,以立方计量。开挖土石方的弃渣,其弃渣距离在图纸规定的弃渣场内为免费运距;弃渣超出规定弃渣场的距离时(如图纸规定的弃渣场地不足要另外增加弃土场,或经监理工程师同意变更的弃渣场),其超出部分另计超运距运费,按立方米公里计量。若未经监理工程师同意,承包人自选弃渣场时,则弃渣运距不论远近,均为免费运距。

(2)不论承包人出于何种原因而造成的超过允许范围的超挖,和由于超挖所引起增加的工程量,均不予计量。

(3)支护的喷射混凝土按验收的受喷面积乘以厚度,以立方米计量,钢筋以千克(kg)计量。喷射混凝土其回弹率、钢纤维以及喷射前基面的清理工作均包含在工程子目单价之内,不另行计量。

(4)洞身超前支护所需的材料,按图纸所示或监理工程师指示并经验收的各种规格的超前锚杆或小钢管、管棚、注浆小导管、锚杆以米计量;各种型钢以千克(kg)计量;连接钢板、螺栓、螺帽、拉杆、垫圈等作为钢支护的附属构件,不另行计量;木材以立方米计量。

(5)隧道开挖钻孔爆破、弃渣的装渣作业均为土石方开挖工程的附属工作,不另行计量。

(6)隧道开挖过程,洞内外采取的施工防排水措施,其工作量应含在开挖土石方工程的报价之中。

3.洞身衬砌

(1)洞身衬砌的拱部(含边墙),按实际完成并经验收的工程量,分别不同级别水泥混凝土和圬工,以立方米计量。洞内衬砌用钢筋,按图纸所示以千克(kg)计量。

(2)在任何情况下,衬砌厚度超出图纸规定轮廓线的部分,均不予计量。

(3)按规范第503.03-1(6)款规定,允许个别欠挖的侵入衬砌厚度的岩石体积,计算衬砌数量时不予扣除。

(4)仰拱、铺底混凝土,应按图纸施工,以立方米计量。

(5)预制或就地浇筑混凝土边沟及电缆沟,按实际完成并经验收后的工程量,以立方米计量。

(6)洞内混凝土路面工程经验收合格以平方米计量。

(7)各类洞门按图纸要求经验收合格以个计量。其中材料采备、加工制作、安装等均不另行计量。

(8)施工缝及沉降缝按图纸规定施工,其工作量含在相关工程子目之中,不另行计量。

4.防水与排水

(1)洞内排水用的排水管按不同类型、规格以米计量。

(2)压浆堵水按所用原材料(如水泥浆液、水泥—水玻璃浆液)以立方米计量。压浆钻孔以米计。

(3)防水层按所用材料(防水板、无纱布等)以平方米计量;止水带、止水条以米计量。

(4)为完成上述项目工程加工安装所有工料、机具等均不另行计量。

(5)隧道洞身开挖时,洞内外的临时防排水工程应作为洞身开挖的附属工作,不另行支付。为此,第503节支付子目的土方及石方工程报价时,应考虑除本节支付子目外的其他施工时采取的防排水措施的工作量。

5.洞内防火涂料和装饰工程

本节完成的各项工程,应根据图纸要求,按实际完成并经监理工程师验收的数量,分别按以下的工程子目进行计量。

(1)喷涂防火涂料

喷涂的面积,以平方米为单位计量。其工作内容包括材料的采备、供应、运输、支架、脚手架的制作安装和拆除,基层表面处理,防火涂料喷涂后的养生,施工的照明、通风等一切与此有关的作业。

(2)镶贴瓷砖

镶贴瓷砖的面积,以平方米为单位计量。其工作内容包括材料的采备、供应、运输,混凝土边墙表面的处理,砂浆找平,施工的照明、通风等一切与此有关的作业。找平用的砂浆不另行计量。

(3)喷涂混凝土专用漆

喷涂混凝土专用漆的面积,以平方米为单位计量。其工作内容包括材料的采备、供应、运输,基层处理,施工的照明、通风等一切与此有关的作业。

6.风水电作业及通风防尘

风水电作业及通风防尘为隧道施工的不可缺少的附属工作,其工作量均含在各节有关工程子目的报价中,不再另行计量。

7.监控量测

监控量测是隧道安全施工必须采取的措施,监控量测除必测项目外,应根据具体情况确定选测项目,分别以总额报价及支付。

8.特殊地质地段的施工与地质预报

隧道施工中遇到特殊地质地段时,承包人应采取的有关施工措施,不另予计量与支付。地质预报采用的方法手段应根据具体情况选用,不同的方法手段,分别以总额报价及支付。

9.洞内机电设施预埋件和消防设施

(1)机电设施预埋件按图纸要求施工完毕,经监理工程师分别按其所属设施验收合格以千克(kg)为单位计量。

(2)供水钢管、铸铁管按图纸要求敷设完毕,经监理工程师验收合格以米为单位计量。其工作内容包括焊装、法兰焊接、防腐处理、开挖(回填)沟槽所需的人工和材料等,不另行计量。

(3)消防洞室防火门制作安装经验收合格以套为单位计量。

(4)集水池、蓄水池、泵房等按图纸要求施工完毕,经监理工程师验收合格可分别以座为单位计量;消防设施的其他混凝土、砖石圬工工程以立方米为单位计量。

(5)消防系统中未列入清单中的附属设施其工作量含在相关子目中,不另计量。

七、安全设施及预埋管线

第600章包括的工程内容主要有:护栏;隔离栅;道路交通标志;道路交通标线;防眩设施;通信和电力管道与预埋(预留)基础;收费设施及地下通道。

1.护栏

(1)设置在中央分隔带的混凝土护栏,应按图纸和监理工程师指示,经验收后其长度以米计量;混凝土基础以立方米计量。

(2)地基填筑、垫层材料、砌筑砂浆、嵌缝材料以及油漆涂料等均不另行计量。

(3)波形梁钢护栏(含立柱)为安装就位(包括明涵、通道、小桥部分)并经验收合格,其长度沿栏杆面(不包括起终端段)量取,按米计量。钢护栏起、终端头以个计量。

(4)缆索护栏安装就位(包括明涵、通道、小桥、挡墙部分)并经验收合格,其长度按沿栏杆面取的实际长度,以米为单位计量。

(5)中央分隔带开口处活动式钢护栏应拼装就位准确,经验收合格以个计量。

(6)明涵、通道、小桥、挡墙部分缆护栏的立柱插座、预埋构件作为上述构造物的附属工作,不另计量。

2.隔离栅和防落网

(1)隔离栅应安装就位并经验收,分别按铁丝编织网隔离栅、刺铁丝隔离栅、钢板网隔离栅、电焊网隔离栅等,从端柱外侧沿隔离栅中部丈量,以米计量。金属立柱及紧固件等均并入隔离栅计价中,不另行计量。

(2)桥上防护网以米计量,安设网片的支架、预埋件及紧固件等不另行计量。

(3)钢立柱及钢筋混凝土立柱安装就位并经验收,以根计量;钢筋及立柱斜撑不另计量。

(4)所需的清场、挖根、土地整平和设置地线等工程均为安装隔离栅的附属工作,不另计量。

3.道路交通标志

(1)标志应按图纸规定提供、装好、埋设就位和经验收的不同种类、规格分别计量:

①所有各式交通标志(包括立柱、门架)均以个为单位计量。

②所有支承结构、底座、硬件和为完成组装而需要的附件,均附属于各有关标志工程子目内,不另行计量。

(2)里程标和公路界碑等均应按埋设就位和验收的数量以个为单位计量。

4.道路交通标线

(1)路面标线应按图纸所示,经检查验收后,以热熔型涂料、溶剂常温涂料和溶剂加热涂料的涂敷实际面积,以平方米为单位计量。反光型的路面标线玻璃珠应包含在涂敷面积内,不另计量。

(2)突起路标安装就位,经检查验收后以个计量。

(3)轮廓标安装就位,经检查验收后以个计量。

(4)立面标记设置经检查验收后以处计量。

(5)锥形交通路标安装就位经检查验收后以个数计量。

5.防眩设施

(1)防眩板设置安装完成并经验收后以块计量。

(2)防眩网设置安装完成并经验收后以延米计量。

(3)为安装防眩板、防眩网设置的预埋件,连接件、立柱、基础混凝土以及钢构件的焊接等均作为防眩板、防眩网工程的附属工作,不另行计量。

6.通信和电力管道与预埋(预留)基础

(1)人(手)孔应根据图纸所示的形式及不同尺寸按个计量。

(2)紧急电话平台应按底座就位和验收的个数计量。

(3)预埋管道工程应按铺筑就位并验收的以米计量,计量是沿着单管和多管结构的管中线进行。过桥管箱的制作、安装以米计量。所有封缝料和牵引线及拉棒检验等,作为承包的附属工作,不另行计量。

(4)挖基及回填,压实及接地系统作为相关工程的附属工作,不另计量。

(5)附属于桥梁、通道或跨线桥的预留管道及其他的电信设备应作为这些结构的一部分,在主体工程内计量,本节不单独计量。

(6)通信管道安装在桥上的托架作为制造、安装过桥管箱的附属工作,不另行计量。

7.收费设施及地下通道

(1)收费亭按图纸所示的形式组装或修建,经监理人验收,分别按单人收费亭和双人收费亭以个为单位计量。

(2)收费天棚按图纸所示组装架设,经监理工程师验收以平方米为单位计量。

(3)收费岛浇筑按图纸所示形式及大小经监理工程师验收,分别按单向收费岛和双向收费岛以个为单位计量。

(4)地下通道按图纸要求经监理工程师验收,其长度沿通道中心量测洞口间距离,以米为单位计量,计量中包含了装饰贴面工程及防、排水处理等内容。

(5)预埋及架设管线按图纸规定铺设就位,经监理工程师验收以米为单位计量。

(6)收费设施的预埋件为各有关工程子目的附属工作,均不另予计量。

(7)所有挖基、挖槽以及回填、压实等均为各相关工程子目的附属工作,不另予计量。凡未列入计量子目的零星工程,均含在相关工程子目内,不另予计量。

八、绿化及环境保护

第700章包括的工程内容主要有:铺设表土;撒播草种和铺植草皮;种植乔木、灌木和攀缘植物;植物养护与管理;声屏障;环境保护。

1.铺设表土

(1)表土铺设应按完成的铺设面积并经验收以立方米为单位计量。

(2)铺设表土的准备工作(包括提供、运输等),为承包人应做的附属工作,不另予计量。

2. 撒播草种和铺植草皮

(1)撒播草种按经监理工程师验收的成活草种的面积以平方米为单位计量。

(2)草种、水、肥料等,作为承包人撒播草种的附属工作,均不另行计量。

(3)铺草皮按经监理工程师验收的数量以平方米为单位计量,密铺、间铺按不同支付子目计量、支付。

(4)需要铺设的表土,按表土的来源,在规范第702节相关支付子目内计量。

(5)绿地喷灌设施按图纸所示,铺设的喷灌管道以米为单位计量。喷灌设施的闸阀、水表、洒水栓等均不另行计量。

3. 种植乔木、灌木和攀缘植物

(1)人工种植由监理工程师按成活数验收,乔木、灌木及人工种植攀缘植物均以棵计量。

(2)需要铺设的表土,按表土的来源,在规范第702节相关支付子目内计量。

(3)种植用水、设置水池储水,均作为承包人种植植物的附属工作,不另予计量。

4. 植物养护于管理

植物的养护及管理是承包人完成绿化工程的附属工作,不另计量与支付。

5. 声屏障

吸、隔声板声屏障应按图纸施工完成并经监理工程师验收的现场量测的长度,以米为单位计量;吸声砖及墙声屏障以立方米为单位计量。声屏障的基础开挖、基底夯实、基坑回填、立柱、横板安装等工作为砌筑吸声砖声屏障及砌筑砖墙声屏障所必需的附属工作,均不另行计量。

第四节 支 付

一、支付种类

支付可以分为很多种,不同种类的支付有不同的规定和不同的程序及支付办法,作为监理工程师必须予以了解。

1. 按时间分类

按时间分类,支付可分为预先支付(即预付)、期中支付、交工结算、最终结清4种。

(1)预付。预付款有两种,即开工预付和材料预付款,是由业主提供给承包人的无息款项,按一定条件支付并扣回。

(2)期中支付。就是我们所熟悉的进度款,按月支付,即按本月完成的工程价值及其他有关款项进行综合支付,由监理工程师开出期中支付证书来实施。

(3)交工结算。即在项目完工或基本完工,监理工程师签发交工证书后办理的支付工作。

(4)最终结清。即在缺陷责任期结束后,监理工程师签发缺陷责任证书后,办理的最后一次支付工作。

2. 按支付的内容分类

按支付内容可分为工程量清单内的付款和工程量清单外的付款,即基本支付和附加支付。工程量清单内的支付就是按合同条件和技术规范,监理工程师通过计量,确认已完工程量,然后按已确认的工程数量与报价单中的单价,计算和支付工程量清单中各项工程费用,简称为清单支付。工程量清单之外的支付就是监理工程师按合同条件的规定，根据工程实际情况和现场证实资料，确认清单以外的各项工程费用，如索赔费用、工程变更费用、价格调整等，简称附加支付。

清单支付在支付款额中占比重最大，也是主要支付，并且合同中规定比较明确。而附加支付占的比重较小，但却是支付中最难办的事，因为合同中没法做出准确估计和详细规定，只是在合同条件中做了原则性规定。它们的发生要取决于各方面的情况，一方面是工程施工过程中本身遇到的客观意外和工程管理中遇到的问题；另一方面则涉及社会因素如法规变更、物价涨落和地方干扰等。因此，附加支付是否合理和准确，取决于监理工程师对合同条件的正确理解以及是否及时地掌握了现场实际情况。

3.按工程内容分类

有土方工程、路基工程、路面工程、桥涵工程等。

4.按合同执行情况分类

根据合同执行是否顺利，监理工程师要进行正常支付和合同终止的支付两类。正常支付，就是业主与承包人双方共同遵守合同，使合同规定内容顺利完成。合同终止的支付是指合同无法继续执行，可能是承包人违约，受到业主驱逐，还可能是由于特殊风险使合同终止。这几种情况的合同终止均应由监理工程师进行支付计算。

二、支付的一般规定

1.支付时间

按合同规定的时间支付，通用合同条款第17.1款第3项规定，监理工程师在收到承包人进度付款申请单以及相应的支持性证明文件后的14天内完成核查，发包人应在监理工程师收到进度付款申请单后的28天内，将进度应付款支付给承包人。

通用合同条款第17.6款第2项规定：

(1)监理工程师收到承包人提交的最终结清申请单后的14天内，提出发包人应支付给承包人的价款送发包人审核并抄送承包人。发包人应在收到后14天内审核完毕，由监理工程师向承包人出具经发包人签认的最终结清证书。监理工程师未在约定时间内核查，又未提出具体意见的，视为承包人提交的最终结清申请已经监理工程师核查同意；发包人未在约定时间内审核又未提出具体意见的，监理工程师提出应支付给承包人的价款视为已经发包人同意。

(2)发包人应在监理工程师出具最终结清证书后的14天内，将应支付款支付给承包人。发包人不按期支付的，按第17.3.3(2)目的约定，将逾期付款违约金支付给承包人。

(3)承包人对发包人签认的最终结清证书有异议的，按第24条的约定办理。

(4)最终结清付款涉及政府投资资金的，按第17.3.3(4)目的约定办理。

2.支付的最低限额

公路招标项目在合同专用条件中规定每月支付的最低限额。国际上一般按月平均支付额的0.3～0.5计算，我国可按0.2～0.3计，以利承包人资金周转。若没有达到，则暂缓支付，有利于监理工程师进行进度控制。

3.支付范围

所有到期并符合合同要求的工作内容均应计价支付。

4.支付方法

根据各种工程费用的特点和支付要求分项、分类计算,汇总后扣减承包人对业主的支付。清单中的内容,应按各工程细目的支付项目分项计算;各类附加支付则应分类计算,汇总各分项和各类金额。承包人对业主的支付主要是三种:开工预付款,材料预付款、保留金。它们均应按规定比例扣减。

5.支付货币

工程费用中人民币与外汇的比例应按补充资料表一所定的百分比确定。需要说明,补充资料表对工程费用支付有较大的参考价值,它不仅规定了外汇需求量,而且还有支付计划表、价格调整指数表等,这些资料直接关系到费用支付。因此,监理工程师进行费用支付时,应参照补充资料表中的有关内容。

6.支付依据

支付依据必须准确可靠,进行工程费用支付时,需要大量的凭证和依据,这些依据直接确定了支付费用的数额。监理工程师在支付时,必须取得和分析这些数据,并对其可靠性进行评价判断。所支付的工程费用必须能够被这些凭证确切地说明。这些依据或凭证一方面必须在数量上准确,另一方面必须在程序上完备。数量上准确是不言而喻的,计量证书中的工程量必须按计量的要求和程序确认,价格调整采用的价格指数必须准确等。程序上的完备包括监理工作的管理程序和财务制度及合同方面所规定的程序,即通过这些程序确保凭证的合法性。

三、清单中的支付项目

1.开办项目的支付

开办项目的计量支付规定在技术规范中有明确说明,在办理支付时,应先落实开办项目的完成情况,然后按技术规范中的规定办理支付。

2.合同永久工程的支付

其工程量应按技术规范中的计量方法进行计量,并有监理工程师签认的计量证书,其单价按工程量清单中的相应单价来确定支付金额。

四、预付款

预付款包括开工预付款和材料、设备预付款。

(1)开工预付款的金额在项目专用条款数据表中约定(开工预付款是一项由业主提供给承包人用于开办费用的无息贷款,国际上一般规定范围是0%～20%,国内开工预付款金额一般应为10%签约合同价)。在承包人签订了合同协议书并提交了开工预付款保函后,监理工程师应在当期进度付款证书中向承包人支付开工预付款的70%的价款;在承包人承诺的主要设备进场后,再支付预付款30%。

承包人不得将该预付款用于与本工程无关的支出。监理工程师有权监督承包人对该项费用的使用,如经查实承包人滥用开工预付款,发包人有权立即通过向银行发出通知收回开工预付款保函的方式,将该款收回。

(2)材料、设备预付款按项目专用合同条款数据表中所列主要材料、设备单据费用(进口的材料、设备为到岸价,国内采购的为出厂价或销售价,地方材料为堆场价)的百分比支付。其预付条件为:

①材料、设备符合规范要求并经监理工程师认可；

②承包人已出具材料、设备费用凭证或支付单据；

③材料、设备已在现场交货，且存储良好，监理工程师认为材料、设备的存储方法符合要求，则监理工程师应将此项金额作为材料、设备预付款计入下一次的进度付款证书中。在预计竣工前 3 个月，将不再支付材料、设备预付款。

预付款保函：

除项目专用合同条款另有约定外，承包人应在收到开工预付款前向发包人提交开工预付款保函。开工预付款保函的担保金额应与开工预付款金额相同。出具保函的银行须与第 7.3 款的要求相同，所需费用由承包人承担。银行保函的正本由发包人保存，该保函在发包人将开工预付款全部扣回之前一直有效，担保金额可根据开工预付款扣回的金额相应递减。

预付款的扣回与还清：

(1)开工预付款在进度付款证书的累计金额未达到签约合同价的 30％之前不予扣回。在达到签约合同价 30％之后，开始按工程进度以固定比例(即每完成签约合同价的 1％，扣回开工预付款的 2％)分期从各月的进度付款证书中扣回。全部金额在进度付款证书的累计金额达到签约合同价的 80％时扣完。

(2)当材料、设备已用于或安装在永久工程之中时，材料、设备预付款应从进度付款证书中扣回，扣回期不超过 3 个月。已经支付材料、设备预付款的材料、设备的所有权应属于发包人。

五、工程进度付款

如果该付款周期应结算的价款经扣留和扣回后的款额少于项目专用合同条款数据表中列明的进度付款证书的最低金额，则该付款周期监理工程师可不核证支付，上述款额将按付款周期结转，直至累计应支付的款额达到项目专用合同条款数据表中列明的进度付款证书的最低金额为止。

发包人不按期支付的，按项目专用条款数据表中约定的利率向承包人支付逾期付款违约金。违约金计算基数为发包人的全部未付款额，时间从应付而未付该款额之日算起(不计复利)。

六、质量保证金

监理工程师应从第一个付款周期开始，在发包人的进度付款中，按项目专用合同条款数据表规定的百分比扣留质量保证金，直至扣留的质量保证金总额达到项目专用合同条款数据表规定的限额为止。质量保证金的计算额度不包括预付款的支付以及扣回的金额。

七、交工结算

承包人向监理工程师提交交工付款申请单(包括相关证明材料)的份数在项目专用合同条款数据表中约定；期限：交工验收证书签发后 42 天内。

八、最终结清

承包人向监理工程师提交最终结清申请单(包括相关证明材料)的份数在项目专用合同条款数据表中约定；期限：缺陷责任期终止证书签发后 28 天内。

最终结清申请单中的总金额应认为是代表了根据合同规定应付给承包人的全部款项的最后结算。

九、其他支付

1. 索赔费用

其赔偿费用的支付额应按监理工程师签发的索赔审批书来确认或按监理工程师暂时确定的赔偿额来支付。

2. 计日工费用

计日工的数量应有监理工程师的指示及确认。计日工的单价按工程量清单中计日工的单价来办理。

3. 变更工程费用

变更工程应有监理工程师签发的书面变更令。变更工程的单价按第五章介绍的变更工程单价确定原则来处理。完成的变更工程数量应有监理工程师签认的变更工程计量证书。

4. 价格调整费用

价格调整费用的确定方法详见第五章有关内容。监理工程师应严格按合同规定的价格调整方法来确定价格调整款额。

5. 拖期违约损失赔偿金(违约罚金)

拖期违约损失赔偿金是因承包人原因,使得工程不能按期完工时,承包人应向业主支付的赔偿金。原则上其赔偿标准应与业主的损失相当。一般规定,每逾期 1 天,赔合同价的 0.01%～0.05%;同时也规定,赔偿总额不超过合同价的 10%。这些规定在投标书附件中都应明确。

如果承包人未能按规定的工期完成合同工程,则必须向业主支付按投标书附录中写明的金额,作为拖期损失赔偿金。时间自预定的交工日期起到合同工程交工证书中写明的交工日期或已批准的延长工期止,按天计算。拖期损失赔偿金,应不超过投标书附录中写明的限额。业主可以从应付或到期应付给承包人的任何款项中扣除此偿金,但不排除其他扣款方法。扣除拖期损失赔偿金,并不解除合同规定的承包人对完成本工程的义务和责任。

6. 提前竣工奖金

提前竣工奖金是与工期延误赔偿金相对应的一个支付项目,如何奖,应在专用条款明确。

发包人要求承包人提前竣工,或承包人提出提前竣工的建议能够给发包人带来效益的,应由监理工程师与承包人共同协商采取加快工程进度的措施和修订合同进度计划。发包人应承担承包人由此增加的费用,并向承包人支付专用合同条款约定的相应奖金。

7. 逾期付款违约金

逾期付款违约金是对业主的一种约束,业主有准时付款给承包人的责任和义务。业主必须在规定时间内支付承包人所完成工程的款额,否则应向承包人支付利息。世界银行推荐的日利率为 0.033%～0.04%。

(1)监理工程师在收到承包人进度付款申请单以及相应的支持性证明文件后的 14 天内完成核查,提出发包人到期应支付给承包人的金额以及相应的支持性材料,经发包人审查同意后,由监理工程师向承包人出具经发包人签认的进度付款证书。监理工程师有权扣发承包人未能按照合同要求履行任何工作或义务的相应金额。

(2)发包人应在监理工程师收到进度付款申请单后的28天内，将进度应付款支付给承包人。发包人不按期支付的，按专用合同条款的约定支付逾期付款违约金。

承包人向监理工程师提交交工付款申请单（包括相关证明材料）的份数在项目专用合同条款数据表中约定；期限：交工验收证书签发后42天内。

承包人向监理工程师提交最终结清申请单（包括相关证明材料）的份数在项目专用合同条款数据表中约定；期限：缺陷责任期终止证书签发后28天内。

最终结清申请单中的总金额应认为是代表了根据合同规定应付给承包人的全部款项的最后结算，否则将支付迟付款息。计算公式如下：

$$迟付款利息 = P(1+r)^n \tag{4-1}$$

式中：P——迟付的人民币或外汇数额；

r——日利率；

n——迟付款天数。

十、费用支付项目及计算程序

费用支付项目及计算程序详见表4-1。

费用支付项目及计算程序表　　表4-1

序　号	项　目	计算方法
1	清单各章项目	截至本月完成累计金额
2	工程变更	算逐月累计额
3	计日工作	算逐月累计额
4	工程索赔	算逐月累计额
5	截至本月已完成的工程总价值	(01)+(02)+(03)+(04)=(05)
6	开工预付款	加已拨付数额
7	回收开工预付款	①已扣还数额②剩余数额
8	材料预付款	算逐月累计额
9	回收材料预付款	①已扣还数额②剩余数额
10	本期支付总值	(05)+(07②)+(09②)=(10)
11	减：保留金	(05)×10%=(11)
12	减：违约罚金	算延误罚金数额=__%×H×D
13	截至本期总支付	(10)-(11)-(12)=(13)
14	上期支付证书第13项	
15	本期净支付总额	(13)-(14)=(15)
	其中：______%人民币　______%外汇。汇率：按合同汇率	
16	加：迟付款利息	算本期发生额
17	加：本期价格调整	人民币：______　外汇：______
18	本期实际支付额	人民币：______　外汇：______

注：表中H为合同价，D为逾期天数。

十一、支付证书

支付证书是业主向承包人付款的唯一凭据。支付证书分两种：一种是在工程实施过程中大量使用的期中支付证书，每月一次；另一种则是只使用一次的最终结清证书。虽然开工预付款也需监理工程师开支付证书，但它很简单，按其支付条件开出即可。

1. 期中支付证书

按合同规定在本月应该支付给承包人的全部款项，应由监理工程师开具期中支付证书，承包人才会获得业主的进度付款。同时，期中支付证书是一种对规定时间内承包人所完成工作的价值估算，如前一期支付证书中有错，下一期可对上一期的错误予以纠正。期中支付证书由支付月报和工程进度图表组成。

开具期中支付证书时，需要做大量的工作，要填报一系列的表格，并且有一定的时间限制。因此，监理工程师必须熟悉计量与支付业务，掌握前面所述的内容，按规定和要求对每一笔支付费用进行严格把关。期中支付证书的第一步是由承包人提交月结算账单(月报表)，月结账单的格式由监理工程师设计或指定，以便于统一管理。其次是监理工程师结合自己掌握的情况，根据合同规定对承包人的月结账单进行全面审查，最后开出期中支付证书。

(1)月结账单的内容与要求

承包人应在每个付款周期末，按监理工程师批准的格式和专用合同条款约定的份数，向监理工程师提交进度付款申请单，并附相应的支持性证明文件。除专用合同条款另有约定外，进度付款申请单应包括下列内容：

①截至本次付款周期末已实施工程的价款；

②根据第 15 条应增加和扣减的变更金额；

③根据第 23 条应增加和扣减的索赔金额；

④根据第 17.2 款约定应支付的预付款和扣减的返还预付款；

⑤根据第 17.4.1 项约定应扣减的质量保证金；

⑥根据合同应增加和扣减的其他金额。

(2)监理工程师审核并开出证书

监理工程师在收到承包人的月结账单的 14 天内，应对月结账单的项目、款额进行核查，在确认无误后向业主证明他认为是到期应支付给承包人的金额。在核查时，监理工程师首先应确认付款申请中各项付款要求是否有相应的凭证(如计量证书、变更令、监理指示、索赔审批证书等)，其次应核实计算结果是否准确无误。承包人在提交月结算账单时附有各种与支付有关的报表，监理工程师对有关内容也有自己相应的记录，结合各方面的情况和要求进行全面审核。在核定了承包人应得的金额后，再计算承包人应按规定支付给业主的到期款额如预付款(预付款的扣回按其规定进行)以及按合同要求应予以扣留的保留金。最后计算出此次期中支付证书应支付给承包人的净金额。在开期中支付证书时一定要按各项费用的支付要求进行审查，看其手续是否完善、所申报的工作内容是否确已经完成，应逐项审查和分析各项支付项目，对各支付项目的金额进行反复核算。对于一些暂定的支付内容应做详细记录，如对于有争议的索赔与变更费用，以及价格调整费用。为了不影响期中支付证书按时开出，往往可先由监理工程师确定一个合适的费用先进行暂付，等该项支付确定后再进行确切的计算和支付，因此，对这类费用要注意做详细记录。

2. 竣工付款申请单

(1)工程接收证书颁发后，承包人应按专用合同条款约定的份数和期限向监理工程师提交竣工付款申请单，并提供相关证明材料。除专用合同条款另有约定外，竣工付款申请单应包括下列内容:竣工结算合同总价、发包人已支付承包人的工程价款、应扣留的质量保证金、应支付的竣工付款金额。

(2)监理工程师对竣工付款申请单有异议的,有权要求承包人进行修正和提供补充资料。经监理工程师和承包人协商后,由承包人向监理工程师提交修正后的竣工付款申请单。

3.竣工付款证书及支付时间

(1)监理工程师在收到承包人提交的竣工付款申请单后的 14 天内完成核查,提出发包人到期应支付给承包人的价款送发包人审核并抄送承包人。发包人应在收到后 14 天内审核完毕,由监理工程师向承包人出具经发包人签认的竣工付款证书。监理工程师未在约定时间内核查,又未提出具体意见的,视为承包人提交的竣工付款申请单已经监理工程师核查同意;发包人未在约定时间内审核又未提出具体意见的,监理工程师提出发包人到期应支付给承包人的价款视为已经发包人同意。

(2)发包人应在监理工程师出具竣工付款证书后的 14 天内,将应支付款支付给承包人。发包人不按期支付的,按第 17.3.3(2)目的约定,将逾期付款违约金支付给承包人。

(3)承包人对发包人签认的竣工付款证书有异议的,发包人可出具竣工付款申请单中承包人已同意部分的临时付款证书。存在争议的部分,按第 24 条的约定办理。

(4)竣工付款涉及政府投资资金的,按第 17.3.3(4)目的约定办理。

4.最终结清

(1)最终结清申请单

①缺陷责任期终止证书签发后,承包人可按专用合同条款约定的份数和期限向监理工程师提交最终结清申请单,并提供相关证明材料。

②发包人对最终结清申请单内容有异议的,有权要求承包人进行修正和提供补充资料,由承包人向监理工程师提交修正后的最终结清申请单。

(2)最终结清证书和支付时间

①监理工程师收到承包人提交的最终结清申请单后的 14 天内,提出发包人应支付给承包人的价款送发包人审核并抄送承包人。发包人应在收到后 14 天内审核完毕,由监理工程师向承包人出具经发包人签认的最终结清证书。监理工程师未在约定时间内核查,又未提出具体意见的,视为承包人提交的最终结清申请已经监理工程师核查同意;发包人未在约定时间内审核又未提出具体意见的,监理工程师提出应支付给承包人的价款视为已经发包人同意。

②发包人应在监理工程师出具最终结清证书后的 14 天内,将应支付款支付给承包人。发包人不按期支付的,按第 17.3.3(2)目的约定,将逾期付款违约金支付给承包人。

③承包人对发包人签认的最终结清证书有异议的,按第 24 条的约定办理。

④最终结清付款涉及政府投资资金的,按第 17.3.3(4)目的约定办理。

第五节　计量、支付表格

一、表格及表格管理的重要作用

由于表格具有直观性,又具有能够简单明了地表明各种工作内容及有利于检查和复核等特点。因此,监理工程师在实际工作中要使用大量的表格,并且通过对表格的科学设计和精心管理，使监理工作进一步标准化和规范化，通过对各种表格的管理而把握整个监理工作。在实际运用上，几乎所有重要的监理工作都采用了相应的表格，并且以表格来体现各项工作的内容和特点。

对于计量支付工作来说更需大量使用表格，以使计量、支付工作标准化和规范化。因此，监理工作中要设计一系列与计量支付有关的表格，并通过这些表格的有效管理来完成计量支付工作。在每一个具体项目的管理中都要将计量支付工作的表格化及其管理，当作一件极为重要的工作来考虑。

二、计量支付工作常用表格的类别

计量支付工作中的表格有许多种，并且内容广泛，各项目、各合同均应结合自身的特点设计各种表格。

1. 承包人用表

承包人的计量与支付报表应由监理工程师指定，并且这些报表是计量与支付最基本的表格，在整个支付流程中称之为丙表，应按要求和规定填写，并及时申报监理工程师审核。同时，这些报表也是监理工程师编报支付证书的直接基础。承包人用表一般包括：

(1)计量支付申请表(01 表)；

(2)进度完成情况汇总表(02 表)；

(3)进度完成情况明细表(03 表)；

(4)中间计量单(04 表)；

(5)计日工支付申报表(05 表)；

(6)材料到达现场报表(06 表)；

(7)材料供应情况报表(07 表)；

(8)材料预付款申报表(08 表)；

(9)承包人的人员设备报表(09 表)；

(10)外汇价格调整表(10 表)；

(11)人民币价格调整表(11 表)；

(12)价格调汇总表(12 表)；

(13)索赔申请书(13 表)；

(14)工程变更一览表(14 表)。

这些报表都必须由承包人细致填写。监理工程师收到这些报表后应认真地审查，在审查的基础上开出计量支付证书。各表之间的关系如图 4-3 所示。

以上为承包人应填制的报表，计量支付证书则由监理工程师填制。

2. 监理工程师用表

监理工程师用表在整个流程中称为乙表，由监理工程师填制，是计量支付工作中的主要表格，它来源于承包人用表，即乙表来源于丙表，一般包括：

(1)计量支付证书(乙-01 表)；

(2)工程计划进度与实际完成情况表(乙-02 表)；

(3)工程投资支付月报(乙-03 表)；

(4)工程质量监理月报(乙-04、05 表)。

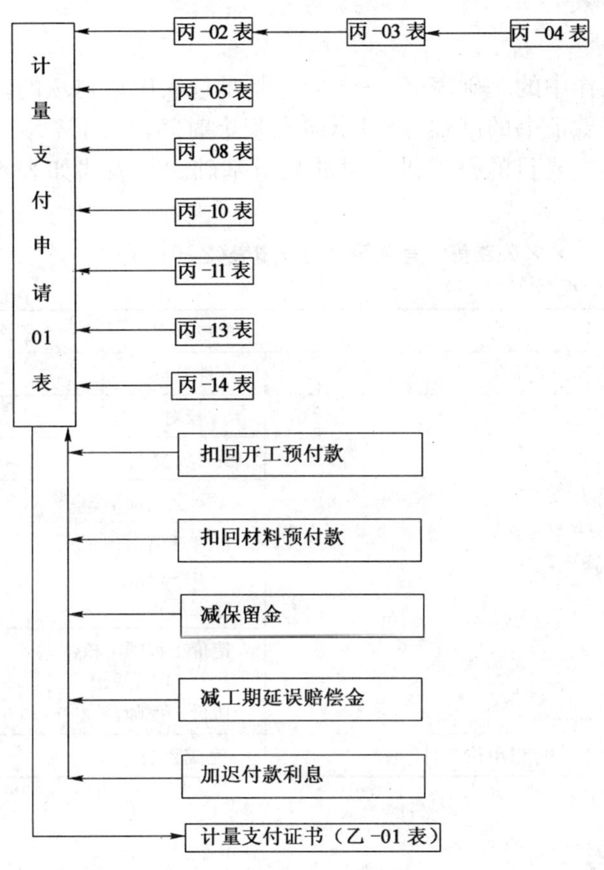

图4-3 各表之间的关系

这些报表既是业主计量支付报表的直接基础，又是业主进行计量支付的主要依据和凭证，更是监理工程师支付管理工作的集中表现；同时，这些表格的填制也是监理工程师计量支付工作的重要内容。因此，监理工程师应认真填制，并对自己签认的表格负责。

3. 业主用表

业主同样必须自己编制有关计量支付的表格，以全面了解和掌握计量支付情况，并通过对计量支付的了解和控制，达到了解和控制整个工程进展情况的目的。业主所编制的计量支付表格在整个计量支付流程中称为甲表。甲表直接来源于乙表。如果是世界银行贷款项目，则业主还应向世界银行提交支付报表。

因此，整个计量支付过程由三方面编制计量支付报表。它们组成一个完整的计量支付流程，并通过这一系列表格反映支付情况和对支付进行全面控制。这三类表格紧密相连，有着密切关系，甲表来源于乙表，而乙表来源于丙表。它们实质上是对同一工作内容从不同的角度反映其价值，同时也体现了各自由于所处地位不同而在计算上存在的差异。

三、常用表格的使用

按不同的计量支付内容，又可以将表格分成许多种，我们只简要地介绍几种重要的常用表格，而不进行全面阐述。

1. 中间计量表(乙-01 表)

(1)作用与表式

本表系计量与支付工作中的基础表格，一方面它是承包人申请付款的依据，另一方面它还是监理工程师填制期中付款证书的基础，是对承包人某个时间段(通常为一个月)内所完成工作的全面概括和体现。其主要目的是提供支付的数量基础。其表式如表 4-2 所示(承包人中间计量单也用此表格式)。

××公路第　号合同中间计量表(乙-01 表)

清单号：　　　　　　　　编号：　　　　　　　　　　　　　　　　　　表 4-2

<table>
<tr><td>项目编号</td><td></td><td>内容</td><td></td><td>承包方人员</td><td>签字</td><td>日期</td></tr>
<tr><td>所在地点</td><td></td><td>部位</td><td></td><td>计量员</td><td></td><td></td></tr>
<tr><td colspan="4" rowspan="5">计量、计算及简图等</td><td>校对</td><td></td><td></td></tr>
<tr><td>项目负责人</td><td></td><td></td></tr>
<tr><td colspan="2">中间交工证书编号</td><td></td></tr>
<tr><td colspan="3">监理评语：

监理员：</td></tr>
<tr><td colspan="3">造价工程师审核：

造价工程师：</td></tr>
<tr><td>清单项目编号</td><td></td><td>计量单位</td><td></td><td>完成数量</td><td colspan="2"></td></tr>
</table>

(2)表格填写

清单号：系本次计量表的编号。

编号：中间计量表顺序号。

项目编号：清单表中项目号。

内容：填写清单中“说明”部分的内容。

所在地点：道路工程填写桩号，桥涵工程填写桩号或名称。

部位：指本次计量工程量属于结构哪个部位。

计量、计算及简图等：写出计量过程及计算结果，并绘出计算简图。填写完成数量，要交代设计数量，上期计量数量(钱)、本期计量数量(钱)，累计支付数量(钱)。

监理评语：监理员对计量表核实意见。

表中“清单项目编号”、“计量单位”、“完成数量”为计算机所输入的内容，填写时更需准确和清晰。

该表一式四份，监理员签署意见后，经驻地监理工程师进行最后审核；驻地监理工程师审核后，一份交承包人，一份送监理公司，一份驻地监理工程师保存，一份由业主存档。

(3)中间计量表随时对现场已发生的并已达到质量标准的清单和工程变更中的工程进行计量，总则内清单项目，及暂列金额，计日工等亦需填写中间计量表，但需有相应的附表。如总则内购买物品，需有财产登记单，暂列金额需要人员名单、购买物品票据等，计日工也须按有关计日工要求提供资料。

2. 工程进度图表(乙-02 表)

(1)作用与表式

本图表主要反映工程项目计划与实际完成情况，是期中支付证书之一，若是世界银行贷款项目，则以中英文填写，也是报送世界银行的主要表格之一。表式如表 4-3 所示。同时，工程进度表也采用本表同样格式。

××公路施工进度图

表 4-3

起讫里程

中国公路项目贷款号： 国道境内合同段长： 承包人： 监理机构：	开工日期： 合同期限： 合同完工期： 工程延期： 修改后的完工日期：	开工预付款金额(元)： 合同总价(元)： 变更：增加(元)：　　减少(元)： 增加的金额(元)： 估计最终金额(元)：

清单号	主要项目	合同金额（元）	单项占合同（%）	单项完成（%）	完成合同（%）	批准的月进度计划和实际完成 ××年												
						1	2	3	4	5	6	7	8	9	10	11	12	累计
100	总则																	完成
200	路基																	100%
300	路面																	90
400	桥梁、涵洞																	80
500	隧道																	70
600	安全设施及预埋管线																	60
700	绿化及环境保护																	50
计日工																		40
暂列金额																		30
报告截止日期		实际（%）	月计															20
			月累计															10
		计划（%）	月计															0%
			月累计															累计完成

监理工程师：　　　　承包人：　　　　制表：

(2)填表说明：

①开工日期：指监理工程师按第 11.1 款发出的开工通知中写明的开工日期。

②合同期限：合同开工至竣工的日期(以年为单位)

③合同完成工期：合同规定的竣工日期。

④工期延期：承包人提出工程延期报告，经批准后的日期(以周计)。

⑤修改后完工日期：合同完成日期，时间延长后的竣工日期(年月日)。

⑥合同总价：指合同清单中总价，支付月报中合同价栏内的小计。

⑦变更：指支付月报中内的工程变更引起的增减值。

⑧增加的金额：支付月报中合同栏内价格调整额。

⑨估计最终价格：合同价＋增加的工程费用－减少的工程费用＋增加的成本。

⑩合同款额：即工程量清单中各章的合同款额。

⑪单项占合同价(%):单项工程投资与合同总价之比。

⑫单项完成(%):单项完成投资与本项合同之比。

⑬完成合同(%):单项工程完成投资与合同总价之比。

⑭完成合同(%):单项完成均为到本期累计完成额。

(3)工程形象图

本表对按月计划与实际完成的情况,以单项工程进度与项目总进度两种形图表示。

①单项工程进度形象图(也称条形图)。按施工组织设计绘出单项进度形象图,形象线上行数字表示单项工程按月计划完成百分数,形象线下行的数字表示实际完成百分数。项目总进度的形象图(又称S图),其中计划进度曲线形象图以时间为横坐标,根据施工组织设计,每月计划完成投资与合同之比为纵坐标,绘出计划进度曲线图,在表中以实线表示;而实际完成曲线形象图,同样以时间为横坐标,以每月实际完成投资与合同总价之比为纵坐标来绘出,以虚线表示。

②实际与计划栏。实际栏分上下两行,下行填写本月实际完成占合同总价百分数,上行填写累计实际完成占合同总价百分数。计算栏也分两行,上行填写本月计划完成投资占合同价百分数,下行填写累计计划完成投资占总合同价百分数。

③截止日期:本期报表的截止日期。

3. 支付月报(乙-03表)

(1)作用与表式

乙-03表是监理工程师向建设单位(业主)提供的工程进展情况,作为工程价款结算的依据,也是期中支付证书之一。表式如表4-4所示。另外,计量支付申请表采用本表一样的格式。

公路国际招标工程支付月报

贷款号:合同号:道路起讫点:合同全长:货币单位:人民币:截止日期:年　月　日　　　　表4-4

章次名称	总计		到本期末完成		到上期末完成		本期完成			备注
	总投资	外币支付部分	投资	外汇支付部分	投资	外汇支付部分	投资	外汇支付部分	本期配人民币	
总则										
路基										
路面										
桥梁、涵洞										
隧道										
安全设施及预埋管线										
绿化及环境保护										
计日工										
暂定额										
总计										
开工预付款										
材料预付款										

续上表

章次名称	总计		到本期末完成		到上期末完成		本期完成			备注
	总投资	外币支付部分	投资	外汇支付部分	投资	外汇支付部分	投资	外汇支付部分	本期配人民币	
迟付款利息										
扣保留金(%)										
回收开工预付款										
回收材料预付款										
价格调整										
工程意外(变更、索赔)										
实际支付										
人民币支付										
外币支付										

监理工程师： 外汇支付财务负责人： 业主名称： 外汇

(2)填写说明

①起讫点：填写合同号的道路里程起讫桩号，如某同合同道路起点桩号为K31＋285.40，终点桩号为K50＋495.40，则起讫点：K31＋285.40～K50＋495.40。

②全长：合同号的道路长度，如上例全长(公里)为19.510(km)，小数点后要求3位有效数字(如有短链应扣除其长度)。

③截止日期：指报表结算期。

合同价中各项分别抄自工程量清单汇总表，其中：

①款项金额：分项工程的金额数(人民币：元)。

②外汇：外汇款项金额×协议贷款百分比(以人民币计，单位：元)。

③本栏内以下各项：工程变更、价格调整、索赔金额、回扣开工预付款和违约的罚款，均填写至本期报表的累计数；保留金、开工预付款填写合同中规定的数字；材料预付款填写本期应预付金额。

(3)其他各栏填写

①到本期末完成：反映填报项目自开工以来，截至到本期止的累计完成数。

②到上期末完成：反映填报项目，自开工以来，截至到本期以前累计完成数，其数字抄自上期报表有关栏目。

③本期完成：即为填报本期内所完成的数量。

④工程变更、记日工、价格调整和索赔金额分别抄自相应的报表。

上述四项必须有驻地监理工程师指令，即得到驻地监理工程师同意方能填写，否则填写无效。

⑤保留金：作为承包人的履约保证金，业主每月从支付承包人款项中扣除10%，直到扣除的累计金额到标书总价的5%为止。

⑥材料预付款：材料预付款为到达现场统计表的款项总计75%。到本期末完成：指到本期末现场统计预付款值。到上期末完成：指到上期末现场材料统计预付款值。本期完成：本期完成＝本期末完成－上期末完成。

⑦开工预付款:业主按合同规定,预先支付给承包人的工程款,其数量由合同给出。回扣开工预付款:将开工预付款从业主付给承包人的款项中扣回开工预付款。

⑧违约罚金:由承包人一方在执行合同时(包括合同全部文件)违约,所有由此造成的或伴随产生的费用称之为违约罚金。违约罚金由支付给承包人款项中扣除。

⑨迟付款利息:对于中期或者终期付给承包人的款项,未能在合同规定期限内支付,则按合同规定付给承包人的利息。

⑩支付:即工程价款(结算的实际支付金额),支付款额=合计-保留金-回扣开工预付款+材料预付款-违约罚金+迟付款利息。

除了以上几种表格外,还有其他一些表格,如工程变更一览表、材料到现场表、计日工一览表、价格调整表等,但这一系列表格都是前两种表格的附表,而非主表。

思 考 题

1.“在计量过程中按合同办事”这句话有何具体要求?

2.不计量是不是就是不计价?

3.计量过程中为什么要使用净值计量法?

4.监理工程师在进行支付申请的审查时应审查哪些方面?

5.计量支付的基本原则是什么?

6.基坑的计量方法与概预算的基坑土方数量确定方法有何差别?企业固定资产修理有哪几种类型?对大修理费用,采用哪几种方法处理?

7.钢筋的计量方法与概预算的钢筋数量认定方法有何差别?

8.简述路堤填方数量的计量方法。

9.简述混凝土数量的计量方法。

10.简述钻孔灌注桩数量的计量方法。

11.办理预付款支付的条件有哪些?

12.简述办理期中支付的基本程序。

13.简述办理交工结算及最终结清的基本条件。

第五章　工程变更与索赔

第一节　工 程 变 更

一、工程变更的范畴

1.工程变更的概念与法律特征

工程变更是合同变更的一种特殊形式。它通常指合同文件中"设计图纸"或"技术规范"的改变。

工程变更是造价管理的重点和难点，工程变更与一般的合同变更相比，具有如下法律特征：

(1)工程变更具有强制性。按照合同法的规定，工程变更(合同变更)应建立在合同双方(业主与承包人)协商一致的基础上，没有业主或承包人的事先同意是不能进行工程变更的。但在我国公路工程标准施工招标文件的规定中，工程变更并不是以业主和承包人的协商一致为前提的。只要工程变更在客观上需要发生，监理工程师就可以(在业主批准后)提出，而承包人在接到监理工程师的变更指示后必须执行。只有遇到变更工程的造价问题，承包人才可以在执行变更工程的过程中向监理工程师提出，并在监理工程师的组织下按合同文件中规定的造价确定原则协商解决。

(2)工程变更令是工程变更有效成立的前提。合同法规定，合同双方达成的变更协议是执行合同变更的依据，没有变更协议的合同变更是一种无效变更或擅自变更合同的行为(应承担违约责任)。而在公路工程标准施工招标文件中规定的工程变更有所不同，其特点是：监理工程师下达的工程变更令是工程变更有效成立的依据，而没有监理工程师变更令的变更是一种无效变更或擅自变更的行为，监理工程师(或造价工程师)有权不予签证。

以上是工程变更的主要特征，值得注意的是，当工程变更超出合同条款中规定的变更形式，特别是超出设计图纸或技术规范的变更范畴时，一般不能按工程变更的规定由监理来处理，而应根据合同法有关合同变更的规定或合同条款的其他相应规定执行。

2.工程变更的基本类型

根据《公路工程标准施工招标文件》第十五条第一款规定，工程变更有如下几种类型。

除专用合同条款另有约定外，在履行合同中发生以下情形之一，应按照本条规定进行变更。

(1)取消合同中任何一项工作，但被取消的工作不能转由发包人或其他人实施；

(2)改变合同中任何一项工作的质量或其他特性；

(3)改变合同工程的基线、高程、位置或尺寸；

(4)改变合同中任何一项工作的施工时间或改变已批准的施工工艺或顺序；

(5)为完成工程需要追加的额外工作。

按引发的原因不同，工程变更又可分为如下几种类型：

(1)因设计不合理而引起的工程变更；

(2)业主想扩大工程规模、提高设计标准或加快施工进度而出现的工程变更；

(3)为满足地方政府的要求而不得不进行的工程变更；

(4)为优化设计方案而出现的工程变更；

(5)因雇主风险或监理工程师责任等原因而引起的工程变更；

(6)因承包人的施工质量事故而引起的工程变更。

其中，承包人的施工质量事故引起的工程变更属于承包人的责任范围，承包人应承担由此而增加的全部费用。

3. 工程变更产生的原因

在工程项目的实施过程中，经常会碰到来自业主对项目要求的修改，设计单位由于业主要求的变化或现场施工环境、施工技术的要求而产生设计变更等。由此引发了工程量变化、施工进度变化、业主与承包人在执行合同中产生争执等问题。这些问题的产生，一方面是由于主观原因，如勘察设计工作深度不足，以致在施工过程中发现许多招标文件中没有考虑或估算不准确的工程量，因而不得不改变施工项目或增减工程量；另一方面是由于客观原因，如发生不可预见的事故、由自然或社会原因引起的停工和工期拖延等，致使工程变更不可避免。

4. 注意事项

(1)工程变更的范畴不能随意扩大或改变。工程变更主要涉及设计图纸或技术规范文件的变更。因此，超出这一范围，就不应该视其为工程变更，而只能将其作为其他形式的合同变更去处理，即不能按合同条款15条的规定去处理。

(2)工程变更到底有哪些类型，应以合同文件中的规定为准，不能随意扩大或缩小。

(3)工程变更通常伴随工程数量的改变，但工程数量的改变并不意味着一定有工程变更的发生。例如，在施工过程中，经常出现实际工程量与工程量清单中的估算工程量不一致的现象。如果设计图纸未发生修改，则这种现象完全是由于估算误差造成的，这时的工程量增减并不属于工程变更的范畴。

(4)承包人在执行工程变更前，必须以监理工程师的书面变更令为依据，即使是在紧急情况下执行监理工程师口头指令的工程变更，也应在执行过程中要求监理工程师尽快予以书面确认，否则此变更行为是无效行为，即使对业主有利，也不一定能得到补偿。工程变更的提出人可能是监理工程师、承包人，但不管属于何种情况，最后须归口由监理工程师组织实施。

(5)尽管工程变更的类型很多，但变更工程一般应是原合同中已有的同类型工程。例如，当合同中本已存在桥梁工程时，则将高路堤改成高架桥的工程变更是可以考虑的；反之，是要受限制甚至是不被允许的。这是因为：

第一，这种变更会使质量控制难度加大，甚至会出现重大质量问题。因为当原合同中无桥梁工程项目时，意味着招标或资格预审时，并未对承包人的桥梁工程施工业绩和施工能力进行审查，承包人不一定能胜任桥梁工程的施工。

第二，这种变更会引发大量施工索赔。因为这种变更意味着承包人要重新更换已进场的人员和施工机械设备，甚至要为此添置新的施工机械设备。承包人的施工队伍调遣费、施工机械使用费为此而增加，资源使用效率降低，索赔不可避免。

第三，这种变更会增大工程结算和投资控制的难度。因为在这种情况下，工程量清单中不可能有相应的计价项目和计价依据，变更工程的单价被迫要重新协商，使得原有的招标成果无法有效地发挥作用。

5. 变更权

在履行合同过程中，经发包人同意，监理工程师可按合同条款约定的变更程序向承包人作出变更指示，承包人应遵照执行。没有监理工程师的变更指示，承包人不得擅自变更。

6. 变更指示

(1)变更指示只能由监理工程师发出。

(2)变更指示应说明变更的目的、范围、变更内容以及变更的工程量及其进度和技术要求，并附有关图纸和文件。承包人在收到变更指示后，应按变更指示进行变更工作。

二、变更程序

1. 变更的提出

(1)在合同履行过程中，可能发生合同约定变更情形的，监理工程师可向承包人发出变更意向书。变更意向书应说明变更的具体内容和发包人对变更的时间要求，并附必要的图纸和相关资料。变更意向书应要求承包人提交包括拟实施变更工作的计划、措施和竣工时间等内容的实施方案。发包人同意承包人根据变更意向书要求提交变更实施方案的，由监理工程师按合同约定发出变更指示。

(2)在合同履行过程中，发生合同约定变更情形的，监理工程师应按照合同约定向承包人发出变更指示。

(3)承包人收到监理工程师按合同约定发出的图纸和文件，经检查认为其中存在合同约定变更情形的，可向监理工程师提出书面变更建议。变更建议应阐明要求变更的依据，并附必要的图纸和说明。监理工程师在收到承包人书面建议后，应与发包人共同研究，确认存在变更的，应在收到承包人书面建议后的 14 天内作出变更指示。经研究后不同意作为变更的，应由监理工程师书面答复承包人。

(4)若承包人收到监理工程师的变更意向书后认为难以实施此项变更，应立即通知监理工程师，对其说明原因并附详细依据。监理工程师与承包人和发包人协商后确定撤销、改变或不改变原变更意向书。

2. 承包人的合理化建议

(1) 在履行合同过程中，承包人对发包人提供的图纸、技术要求以及其他方面提出的合理化建议，均应以书面形式提交监理工程师。合理化建议书的内容应包括建议工作的详细说明、进度计划和效益以及与其他工作的协调等，并附必要的设计文件。监理工程师应与发包人协商是否采纳建议。建议被采纳并构成变更的，应按合同约定向承包人发出变更指示。

(2)承包人提出的合理化建议降低了合同价格、缩短了工期或提高了工程经济效益的，发包人可按国家有关规定在专用合同条款中约定给予奖励。

3. 工程变更的审批

(1)工程变更审批的原则

①提高经济效益原则。工程变更无论处于何种类型、何种原因，其最终的目的是提高建设项目的投资效益，即国民经济效益和财务效益。如果不能满足上述要求，工程变更是没有任何意义的，也是不能成立的。所以，在评价工程变更的合理性时，要进行详细的可行性研究和经

济评估，全面地考虑工程变更所带来的影响，在此基础上作出工程变更的审批决策。工程变更后，可能会加快工程进度、节省工程成本、保证工程质量或更好地兼顾当地利益，但应考虑到它所带来的施工索赔或其他影响。因此，应从效益的高度对其进行综合分析与决策，避免发生顾此失彼的现象。

②保证工程质量原则。不管何种形式的工程变更，都是以保证工程质量为前提的，保证工程质量也是保证经济效益的重要基础。以牺牲工程质量为代价的工程变更，在实践中是不可取的。

③照顾当地利益原则。照顾当地经济利益，最大限度地发挥公路建设项目的社会效益，是公路建设项目的客观要求。公路建设项目是一种为全社会服务的公共设施，其社会公益性使得公路建设项目的效益首先表现为一种国家经济效益和社会效益。所以，优化设计方案，最大限度地发挥公路建设项目的社会服务功能，照顾当地经济利益，是处理工程变更的基本原则之一。

④控制工程造价原则。工程变更通常会带来工程造价的变化，且以工程造价的增长居多。这一方面会增加业主筹措资金的压力，另一方面还会影响社会资金的供求平衡。所以，在审批工程变更的过程中，应将工程造价的控制放在重要地位，力保工程造价不超过设计概算。当超过设计概算或投资估算的重大设计变更不可避免地需要发生时，业主应会同监理工程师、造价工程师一道进行详细的可行性研究和工程变更的评估工作，之后报国家计划主管机关批准后方能实施。所以，在处理工程变更的过程中，要力求通过工程变更降低工程造价，而对要增加工程造价的工程变更，须认真地进行可行性研究和技术经济论证与评估，以确保工程变更的经济效果。

(2)工程变更的审批程序

工程变更通常实行分级审批的管理制度。

①一般工程变更的审批程序。所谓一般工程变更，通常指一些小型的监理工程师有权直接批准的工程变更工作。其审批程序大致如下：

工程变更的提出人向驻地监理工程师提出工程变更的申请，包括变更的原因、工程变更对造价的影响等分析，必要时附上有关的变更设计资料。

驻地监理工程师对变更申请的可行性进行评估，并写出初步的审查意见。

总监理工程师对驻地监理工程师审查的变更申请进行进一步的审定，并签署审批意见。

总监理工程师签署工程变更令。

承包单位组织变更工程的施工(包括可能的设计工作)。

监理工程师和承包人协商确定变更工程的造价及办理有关的结算工作。

②重要工程变更的审批程序。重要工程变更通常指对工程造价影响较大、需要业主批准的工程变更工作。其审批程序是:监理工程师在下达工程变更令之前，一是要报业主批准，二是要同承包人协商确定变更工程的价格不超过业主批准的范围。如果超过业主批准的总额，监理工程师应在下达工程变更令之前请求业主作进一步的批准或授权。

③重大工程变更的审批程序。重大工程变更通常指一些对工程造价的影响很大、可能超出设计概算(甚至投资估算)的工程变更。对这些工程变更工作，业主在审批工程变更之前应事先取得国家计划主管部门的批准。

各省对工程变更的审批程序会有所不同。

三、变更工程的造价管理

工程变更的法律后果是合同造价的变化及由此而引发的索赔。加强变更工程的造价管理,对于规范工程变更行为、有效控制工程造价、提高建设项目的投资效益有着十分重要的意义。在进行变更工程的造价管理过程中,应本着合理定价和有效控制的基本原则来进行变更工程的造价管理。所谓合理定价,即应严格按合同条款的造价确定原则来确定变更工程造价。所谓有效控制,即应严格控制工程变更带来的造价变化范围,以使工程总造价不超过初步设计概算(特别是投资估算)为原则。

1.变更估价

(1)除专用合同条款对期限另有约定外,承包人应在收到变更指示或变更意向书后的14天内,向监理工程师提交变更报价书。报价内容应根据合同约定的估价原则,详细开列变更工作的价格组成及其依据,并附必要的施工方法说明和有关图纸。

(2)变更工作影响工期的,承包人应提出调整工期的具体细节。监理工程师认为有必要时,可要求承包人提交要求提前或延长工期的施工进度计划及相应施工措施等详细资料。

(3)除专用合同条款对期限另有约定外,监理工程师应在收到承包人变更报价书后的14天内,根据合同约定的估价原则,按照合同约定商定或确定变更价格。

2.变更工程的单价确定原则

根据公路工程标准施工招标文件的有关规定,变更工程应根据其完成的数量及相应的单价来办理结算。其中,变更工程的单价原则,其一是约定优先原则,其二是公平合理原则。

除专用合同条款另有约定外,因变更引起的价格调整按照如下约定处理:

(1)已标价工程量清单中有适用于变更工作的子目的,采用该子目的单价。

(2)已标价工程量清单中无适用于变更工作的子目、但有类似子目的,可在合理范围内参照类似子目的单价,由监理工程师按合同约定商定或确定变更工作的单价。

(3)已标价工程量清单中无适用或类似子目的,可按照成本加利润的原则,由监理工程师按合同约定商定或确定变更工作的单价。

(4)发包人认为有必要时,由监理工程师通知承包人以计日工的方式实施变更的零星工作。其价款按列入已标价工程量清单中的计日工计价子目及其单价进行计算。

采用计日工计价的任何一项变更工作,应从暂列金额中支付,承包人应在该项变更的实施过程中,每天提交以下报表和有关凭证报送监理工程师审批。

①工作名称、内容和数量;

②投入该工作所有人员的姓名、工种、级别和耗用工时;

③投入该工作的材料类别和数量;

④投入该工作的施工设备型号、台数和耗用台时;

⑤监理工程师要求提交的其他资料和凭证。

计日工由承包人汇总后,按合同的约定列入进度付款申请单,由监理工程师复核,并经发包人同意后列入进度付款。

3.新单价的确定方法

对于变更工程单价确定原则(3)中新单价的确定工作,在实践中有以下方法。

(1)以合同单价为基础定价

【例 5-1】 设某合同中沥青路面原设计为厚 4cm，其单价为 40 元/m^2。现进行设计变更为厚 5cm，则按上述原则可求出变更后路面的单价为：

$$5 \div 4 \times 40 = 50(元/m^2)$$

该方法的特点是简单且有合同依据。但如果原单价偏低，则得出的新单价也会偏低；反之，原单价偏高，则得出的新单价也会偏高。所以，其确定的单价只有在原单价合理的情况下，才会相对合理；当原单价不合理(有不平衡报价)时，该方法对增加的工程量部分的定价是不合理的。

(2)以概预算方法为基础定价

仍以本例进行说明。先确定沥青路面的施工方案和施工方法，进行资源价格的预算，之后按《公路工程预算定额》及相应的编制办法，确定其预算单价。该方法的优点是有法律依据，产生的价格相对合理，能真实地反映完成变更工程的成本和利润。其缺点是不同的施工方案、施工方法会有不同的单价。另外，该方法无法反映竞争的作用以及原有招标成果的作用，特别是当承包人有不平衡报价时，该方法会加剧总造价的不合理性。例如，假定本项变更发生后沥青路面(5cm)的预算单价为 55 元/m^2，即比前述方法确定的单价(50 元/m^2)高出 5 元/m^2，它表明原合同中沥青路面(4cm)的单价 40 元/m^2 偏低。偏低的原因可能是承包人的报价普遍较低(合同总价偏低)，也有可能是承包人在该单价上采用了不平衡报价法(合同总价不低，但某个子目单价偏低)。对于前一种情况，采用预算单价会使投标竞争所产生的积极成果不能有效地发挥作用，使合同的结算价回复到预算价。对于后一种情况，则不仅不能使投标竞争所产生的积极成果发挥作用，反而会提高合同的结算价格，使合同的总结算价超过预算总价。下面以示例说明。

【例 5-2】 设某项目有挖方、填方以及路面三项工程，其工程量和标底价格见表 5-1。当承包人采用平衡报价或不平衡报价时，其报价结果有所不同(承包人采用不平衡报价是基于路基工程开工早，适当报高有利于资金周转及提前受益)。现假定路面在施工中由 4cm 变更为 5cm，则采用不同的定价方法会有不同的结算结果。从表中可以看出，如果未采用不平衡报价，则采用第一种方法定价时其结算总价为 2 470 万元。该价格的不合理之处在于，对增加的路面(1cm)工程量，同样要求承包人向业主让利(10%)，而承包人在投标及签约时并未作此承诺。而采用第二种方法结算时，其结算总价为 2 600 万元。该价格的不合理之处在于，由于采用路面的预算单价作结算价，使得承包人在投标及签约时作出的让利 10%的承诺没有真实执行(承包人的路面报价是 50 元/m^2，预算单价为 55 元/m^2，故让利 10%)。

变更工程造价分析表

表 5-1

工程子目	单位	数量(万)	标底		平衡报价		不平衡报价		备注
			单价(元)	金额(万元)	单价(元)	金额(万元)	单价(元)	金额(万元)	
挖方	m^2	100	8.5	850	8.0	800	9.5	950	投标时价格
填方	m^2	100	5.5	550	5.0	500	6.0	600	
路面(4cm)	m^2	26	40.0	1 040	36.0	936	32.0	832	
合计				2 440		2 236		2 382	
变更路面(5cm)	m^2	26	50.0	1 300	45.0	1 170	40.0	1 040	以合同单价为基础定价
合计				2 700		2 470		2 590	

续上表

工程子目	单位	数量(万)	标底		平衡报价		不平衡报价		备注
			单价(元)	金额(万元)	单价(元)	金额(万元)	单价(元)	金额(万元)	
变更路面(5cm)	m^2	26	50.0	1 300	50.0	1 300	50.0	1 300	以概预算方法为基础定价
合计				2 700		2 600		2 850	
变更路面(5cm)	m^2	26	50.0	1 300	46.0	1 196	42.0	1 092	以加权定价法定价时
合计				2 700		2 496		2 642	

如果合同单价是一种不平衡报价，则采用第一种方法结算时其结算总价为 2 590 万元。其不合理之处在于，对增加的路面(1cm)工程量，同样要求承包人以低于标底 20%的水平结算，而承包人在投标时并未作此承诺。当采用第二种方法结算时，其结算总价为 2 850 万元，结算总价已大大高于预算(标底)总价(2 700 万元)。其不合理之处在于，原合同路面(4cm)的降价和不平衡报价因素使得路面单价偏低的现象被新确定的路面单价完全消除，而挖方和填方报价偏高的现象仍然存在。

(3)加权定价法

以上两种方法均存在不足。合理的定价方法是，在考虑路面(5cm)的单价时，在保持原有报价不受实质影响的前提下，对新增工程部分按概预算方法定价，以此加权确定路面的单价。就上例而言，其合理的单价应为：

$$32+50\div5=42(\text{元}/\text{m}^2)$$

上述三种方法中的第二种方法适用于新增工程量的定价，而第三种方法适用于原有合同工程作设计修改(尺寸修改)时的定价。在造价管理实践中遇到的问题会比上述示例要复杂得多，但不管问题如何复杂，价格公平是单价变更的基本原则。

4. 暂定金额

暂定金额只能按照监理工程师的指示使用，并对合同价格进行相应的调整。

5. 加强变更工程造价管理的途径

加强变更工程造价管理的主要途径如下：

(1)严格按合同中规定的变更工程造价确定原则来确定变更工程的造价。

(2)加强变更工程的计量工作，尤其是加强变更工程开、竣工测量工作，工程隐蔽部位的计量工作。

(3)对采用计日工形式计价的变更工程项目，监理工程师应及时对发生的计日工数量进行检查和清点，以保证计日工数量的准确性。另外，对大型变更工程，应避免使用计日工形式计价。因为该方式不利于促进施工效率的提高，甚至会增大工程造价，降低投资效益。

(4)若已标价工程量清单中无适用或类似子目的单价而需要造价工程师和承包人协商确定新的单价时，造价工程师应参照公路工程预算定额及编制办法，尽量依据承包人在投标时的报价分析资料和工程量清单中的单价来协商确定其价格。

(5)在变更工程的造价管理过程中，应严格按管理程序执行分级审批制度，加强内部监督，做到层层把关，杜绝利用工程变更钻业主和合同空子的行为。

(6)对有不平衡报价的合同，应加强单价分析，并加强对与此相关的工程子目和工程量的综合控制。以下是在造价管理中应加强控制的工程变更：

①工程规模扩大的工程变更；

②因工程性质改变的工程变更；

③单价偏高的工程子目其工程量会增大的工程变更；

④单价偏低的工程子目其工程量会减小的工程变更。

第二节　价 格 调 整

工程施工过程中，物价的变化具有很强的不确定性和不可预见性。施工成本会因物价的变化而变化，物价上涨时，施工成本会上升，反之会下降。为此，合同条款第 16 条规定对物价变化所引起的施工成本变化应单独处理，即进行价格调整。价格调整可以避免双方的风险损失，同时承包人在报价中不用考虑物价上涨因素，有利于降低投标报价及工程造价。

价格调整的一般方法有价格指数法和造价信息调整价格法。两种方法相比，如果能够得到合适的价格指数，应尽量采用前者，因为这样更有利于管理。

一、价格指数法

合同第 16 条第 1 款规定，除专用合同条款另有约定外，因物价波动引起的价格调整按照本款约定处理。合同条款中采用价格指数调整价格差额的相关规定如下。

(1)价格调整公式

因人工、材料和设备等价格波动影响合同价格时，根据投标函附录中的价格指数和权重表约定的数据，按以下公式计算差额并调整合同价格：

$$\Delta P=P_0\times(A+\sum B_nF_{tn}/F_{on}-1)$$

$$B_n=W_n/W_n\times(1-A)$$

$$F_{tn}/F_{on}=\text{现价价格}/\text{基价价格}$$

$$A+\sum B_n=1$$

式中：ΔP——需调整的价格差额；

W_n——第 n 种资源的总金额，如沥青材料、钢筋等；

$\sum W_n$——所有需进行价格调整的资源的总金额；

P_0——第 17.3.3 项、第 17.5.2 项和第 17.6.2 项约定的付款证书中承包人应得到的已完成工程量的金额，此项金额应不包括价格调整，不计质量保证金的扣留和支付、预付款的支付和扣回，第 15 条约定的变更及其他金额已按现行价格计价的，也不计在内；

A——定值权重(不调部分的权重)；

B_n——各可调因子的变值权重(可调部分的权重)，为各可调因子在投标函投标总报价中所占的比例；

F_{tn}——各可调因子的现行价格指数，指第 17.3.3 项、第 17.5.2 项和第 17.6.2 项约定的付款证书相关周期最后一天的前 42 天的各可调因子的价格指数；

F_{0n}——各可调因子的基本价格指数，指基准日期的各可调因子的价格指数。

以上价格调整公式中的各可调因子、定值和变值权重以及基本价格指数及其来源在投标函附录价格指数和权重表中约定。价格指数应首先采用有关部门提供的价格指数，缺乏上述价格指数时，可采用有关部门提供的价格代替。

(2)暂时确定调整差额

在计算调整差额时得不到现行价格指数的，可暂用上一次价格指数计算，并在以后的付款中再按实际价格指数进行调整。

(3)权重的调整

按第 15.1 款约定的变更导致原定合同中的权重不合理时，由监理工程师与承包人和发包人协商后进行调整。

(4)承包人工期延误后的价格调整

由于承包人原因未在约定的工期内竣工的，对原约定竣工日期后继续施工的工程，在使用价格调整公式时，应采用原约定竣工日期与实际竣工日期的两个价格指数中较低的一个作为现行价格指数。

二、价格调整的程序与计算步骤

根据国际惯例，在建设项目已完工程费用的结算中，一般采用价格指数法进行价格调整。事实上，绝大多数情况是甲乙双方在签订的合同中就规定了明确的调价公式。

价格调整的计算工作比较复杂。首先，确定计算物价指数的品种，为了平衡物价风险，必须选择对工程投资、工程成本影响较大且投入数量较多的主要材料作为代表。一般地说，品种不宜太多，参与调价的因素以 5～10 种为宜，如设备、水泥、钢材、木材和工资等，以便于计算。

其次，确定物价指数，即基价指数和现价指数。

再次，确定每个品种的权重系数和固定系数，各品种的权重系数要根据该品种价格占总造价的比例而定。各品种系数之和加上固定系数应该等于 1。

综上所述，监理工程师应按下述步骤进行价格调整：

(1)分析施工中必需的投入，并决定是选用一个公式，还是选用几个公式；

(2)估计各项投入占工程总成本的比重；

(3)选择能代表主要投入的物价指数；

(4)确定合同价中固定系数和不同投入因素的物价指数的变化范围；

(5)按公式规定的应用范围和用法计算调整金额。

三、造价信息调整价格法

合同条款规定采用造价信息调整价格差额。施工期内，因人工、材料、设备和机械台班价格波动影响合同价格时，人工、机械使用费按照国家或省、自治区、直辖市建设行政管理部门，行业建设管理部门或其授权的工程造价管理机构发布的人工成本信息、机械台班单价或机械使用费系数进行调整；需要进行价格调整的材料，其单价和采购数应由监理工程师复核，监理工程师确认需调整的材料单价及数量，作为调整工程合同价格差额的依据。

四、采用造价信息调整价格法时应注意的问题

在采用造价信息调整价格法时，应解决好如下几个问题：

(1)对哪些资源的价格进行调整；

(2)怎样确定资源消耗量；

(3)怎样确定基本价格；

(4)怎样确定现行价格。

对于第一个问题，为简化工作，通常只对占合同价格比例较大的几种资源(如人工费、几种主要材料费等)进行调整，以简化价格调整工作。为保持合同的可操作性，在专用条款中应详细列明拟调整价格的资源名称。

对于第二个问题(资源消耗量的确定)，可以根据实际需要的到场材料和其他资源的数量来确定，但监理工程师将为到场材料数量的确定、特别是合理使用量的确定等管理工作花费很大的精力，且在实践中也难于管理。所以，资源消耗量可以根据概预算中人工、主要材料、机械台班数量汇总表中的数据来确定。

对于第三个问题(基本价格的确定)，可根据各地定额站颁发的同期价格信息来确定。

对于第四个问题(现行价格的确定)，可根据各地定额站颁发的现行价格信息来确定。

总之，要解决好以上四个问题，具有一定的难度。基本价格法虽然看上去直观、简单，但操作起来却很困难，可操作性较差。

五、法律变化引起的价格调整

在基准日后，因法律变化导致承包人在合同履行中所需要的工程费用发生第 16.1 款约定以外的增减时，监理工程师应根据法律，国家或省、自治区、直辖市有关部门的规定，按第 3.5 款商定或确定需调整的合同价款。

第三节　工 程 索 赔

一、索赔的含义及特征

合同条款并不希望承包人在其投标报价中将不可预见的风险因素和大笔应急费用全部包括进去，而是主张如果确实发生了此类事件，则应由业主赔偿或支付这类费用，这就构成了索赔的理论基础。

所谓“索赔”，顾名思义有索取赔偿之意，是指当事人一方在合同实施过程中，根据合同及法律规定，对并非由于自己的过错而属于对方的风险责任或过错所造成的实际损失，凭有关证据在合同及法律规定期限内，向对方提出请求给予补偿的过程。广义的索赔包括承包人向业主的索赔及业主向承包人的索赔。

在合同执行过程中，如果当事人一方认为另一方没能履行或不完全履行合同既定的义务或妨碍了自己履行合同义务，或是发生了合同中规定由另一方承担的风险事件，结果造成了经济损失，则受损方通常可提出索赔要求。显然，索赔对另一方不具任何惩罚性质，它是一个问题的两个方面，是签订合同的双方各自应该享有的合法权利，实际上是业主与承包人之间在分

担工程风险方面的责任再分配。这是一种经济行为,也是一项管理业务。对业主和承包人而言,这种经济行为是双向的,只是索赔的出发点和对象各不相同罢了,并不是"主动"与"被动"的关系,只是主动提出索赔的一方往往是承包人,故国内同行经常使用"索赔"与"反索赔"的说法,以示区别。

从合同条款的规定中可以看出索赔具有以下几个本质特征:

(1)索赔是要求给予赔偿的权利主张;

(2)索赔的依据是合同文件及适用法律的规定;

(3)承包人自己没有过错;

(4)导致损失发生的责任应由业主(包括其代理人或监理工程师)承担;

(5)与合同标准相比较已经发生实际损失(包括工期和经济损失);

(6)必须有切实的证据;

(7)索赔请求应在规定期限内提出。

二、索赔的有关规定

1. 索赔通知

2009 版《公路工程标准施工招标文件》合同条款(下同)第 23.1 款规定:承包人应在知道或应当知道索赔事件发生后 28 天内,向监理工程师递交索赔意向通知书,并说明发生索赔事件的事由。承包人应在发出索赔意向通知书后 28 天内,向监理工程师正式递交索赔通知书。

2. 当时记录

合同条款第 23.1 款规定:索赔通知书应详细说明索赔理由以及要求追加的付款金额和(或)延长的工期,并附必要的记录和证明材料;索赔事件具有连续影响的,承包人应按合理时间间隔继续递交延续索赔通知,说明连续影响的实际情况和记录,列出累计的追加付款金额和(或)工期延长天数;在索赔事件影响结束后的 28 天内,承包人应向监理工程师递交最终索赔通知书,说明最终要求索赔的追加付款金额和延长的工期,并附必要的记录和证明材料。

这就要求所指事件发生时,承包人应保存当时的记录,以作为申请索赔的凭证。监理工程师在接到第 23.1 款所述的索赔意向书时,无须认可是否属于业主责任,先应审查这些当时记录,并可指示承包人进一步做好当时记录。承包人应允许监理工程师审查其保存的全部记录,当监理工程师要求时,应向监理工程师提交记录的复印件。

3. 索赔的处理程序

合同条款第 23.2 款规定:

(1)监理工程师收到承包人提交的索赔通知书后,应及时审查索赔通知书的内容,查验承包人的记录和证明材料,必要时监理工程师可要求承包人提交全部原始记录副本;

(2)监理工程师应按第合同条款第 3.5 款商定或确定追加的付款和(或)延长的工期,并在收到上述索赔通知书或有关索赔的进一步证明材料后的 42 天内,将索赔处理结果答复承包人;

(3)承包人接受索赔处理结果的,发包人应在作出索赔处理结果答复后 28 天内完成赔付,承包人不接受索赔处理结果的,按合同条款第 24 条的约定办理。

4. 承包人提出索赔的期限

合同条款第 23.3 款规定:

(1)承包人按第 17.5 款的约定接受了竣工付款证书后,应被认为已无权再提出在合同工程接收证书颁发前所发生的任何索赔;

(2)承包人按第 17.6 款的约定提交的最终结清申请单中,只限于提出工程接收证书颁发后发生的索赔,提出索赔的期限自接受最终结清证书时终止。

5.发包人的索赔

合同条款第 23.4 款规定:

(1)发生索赔事件后,监理工程师应及时书面通知承包人,详细说明发包人有权得到的索赔金额和(或)延长缺陷责任期的细节和依据。发包人提出索赔的期限和要求与第 23.3 款的约定相同,延长缺陷责任期的通知应在缺陷责任期届满前发出。

(2)监理工程师按第 3.5 款商定或确定发包人从承包人处得到赔付的金额和(或)缺陷责任期的延长期。承包人应付给发包人的金额可从拟支付给承包人的合同价款中扣除,或由承包人以其他方式支付给发包人。

三、索赔的类型

合同条款中承包人可用于索赔的条款很多,这些索赔按引发的原因不同大致可分为四类。

第一类是由于业主过错引起的索赔,具体可分为以下几种情况:

(1)由于业主原因造成的临时停工和施工中断,特别是根据业主的不合理指令造成施工效率的大幅度降低,从而导致费用支出增加,承包人可以提出索赔。

(2)由于业主不正当地终止工程,承包人有权要求补偿损失。

(3)业主违约。这里指的是业主未能在规定时间内支付工程款;或业主及其代理人未能按合同规定为承包人提供施工的必要条件,如未能按规定及时向承包人提供施工场地,未能及时接通电源等;或由业主提供的材料等延误或不符合合同标准,业主提供工程图纸不及时等。

(4)业主发布加速施工指令,要求承包人投入更多的人力、物力和财力来加速工程施工。这可能导致工程成本的增加,承包人可以进行索赔。

第二类是由于监理过错或责任引起的索赔,具体可分为以下几种情况:

(1)由于工程师原因造成的临时停工和施工中断,特别是根据工程师的不合理指令造成施工效率的大幅度降低,从而导致费用支出增加,承包人可以提出索赔。

(2)监理工程师的某些指令。监理工程师受业主的委托进行工程建设的监督管理,在实际工程进展过程中,会发布一些必要或口头的现场指令,这些指令通常需要承包人进行一些额外的工作,如额外的试验研究以服务于施工,对部分合格工程进行破坏性检查。若承包人按这些指令进行额外工作,则承包人有权向业主提出索赔请求。

第三类是由于合同变更和合同存在矛盾或缺陷引起的索赔,可分为以下两种情况:

(1)合同变更引起的索赔。这里的变更指的是超出合同规定的合理变动范围内的变更,此时承包人往往会增加施工设备或增加施工人数;反之,若工程项目被取消或工程量大减,势必会引起承包人原有人工和机械设备的窝工和闲置,造成资源浪费。出现上述情况,承包人有权向业主提出索赔权请求。

(2)合同存在矛盾、缺陷或条文模糊之处。合同矛盾和缺陷是指合同文件规定不严谨,合同中有遗漏或错误。这些矛盾常反映为设计与施工规定相矛盾、技术规范和设计图纸不符合或相矛盾以及一些商务和法律条款规定有缺陷等。在此种情况下,承包人应及时将这些矛盾和缺陷反映给监理工程师，由监理工程师作出解释。若承包人按照监理工程师的解释指令执行后，造成的施工工期延长或工程成本增加，则承包人可以提出索赔请求。

第四类是由于不可预见因素引起的索赔，一般可分为以下几种情况：

(1)不可抗力。一般来说，不可抗力发生所造成的损失是业主所要承担的风险，包括地震、海啸、异常的气候，非承包人责任造成的爆炸、火灾、毒气泄漏、核辐射以及战争、动乱、空中飞行物坠落等。

(2)地质条件变化引起的索赔。在工程施工过程中，如果承包人遇到了现场气候条件以外的外界障碍或条件，这些障碍和条件是一个有经验的承包人无法预见的，由此而导致费用损失加大或工期延误，则承包人可以提出索赔。

(3)工程中人为障碍引起的索赔。在施工过程中，如果承包人遇到了地下构筑物或文物，只要图纸上未作说明，并且与工程师共同确定的处理方案导致了工程费用的增加，承包人有权提出索赔。

当施工索赔超出合同规定的情况时，承包人可依据合同法的规定来索赔。如业主的其他过错或监理过错造成承包人的损失时，承包人可以依据合同法的违约责任规定来索赔；又如在施工过程中业主要求赶工(缩短工期)而造成费用增加时，承包人可依据合同变更的法律规定来索赔。

四、处理索赔的一般原则与要求

1.要有合同依据

监理工程师处理双方所提出的索赔必须以合同或法律为依据。但有时合同文件本身也会引起索赔，由于合同文件的内容相当广泛，包括合同协议书、图纸、合同条款、工程量清单以及许多来往函件和修改变更通知，这些内容可能互相矛盾或者作不同解释，从而导致合同纠纷。根据合同条款第1.4款规定，组成合同的各项文件应互相解释、互为说明，在出现含糊或互不一致的情况下，监理工程师应向承包人发出有关指令，以便对此作出解释和调整。除非合同另有规定，组成合同的几个文件的优先支配地位应遵循第1.4款的规定。

应该认为组成合同的各个文件是一个整体，它们彼此相互解释、相互补充。如出现相互矛盾的情况，以下述文件次序在先者为准。

除专用条款另有约定外，组成合同的多个文件的优先支配地位的次序如下：

(1)合同协议书；

(2)中标通知书；

(3)投标函及投标函附录；

(4)专用合同条款；

(5)通用合同条款；

(6)技术规范和要求；

(7)图纸；

(8)已标价工程量清单；

(9)其他合同文件。

2.要有损害事实

要有损害事实，即合同中规定业主承担的风险责任的确给承包人造成了实际损害，使承包人增加了额外费用或发生了不应有的损失。所以，承包人的索赔要以实际损害为前提，以损害事实为依据，如果没有损害事实，就不能获得补偿。

3. 应在规定期限内提出索赔

承包人应在规定的期限内提出索赔。承包人应在知道或应当知道索赔事件发生后 28 天内，向监理工程师递交索赔意向通知书，承包人未在前述 28 天内发出索赔意向通知书的，丧失要求追加付款和(或)延长工期的权利。承包人应在发出索赔意向通知书后 28 天内，向监理工程师正式递交索赔通知书。索赔事件具有连续影响的，承包人应按合理时间间隔继续递交延续索赔通知。在索赔事件影响结束后的 28 天内，承包人应向监理工程师递交最终索赔通知书。

承包人按第 17.5 款的约定接受了竣工付款证书后，应被认为已无权再提出在合同工程接收证书颁发前所发生的任何索赔。承包人按第 17.6 款的约定提交的最终结清申请单中，只限于提出工程接收证书颁发后发生的索赔。提出索赔的期限自接受最终结清证书时终止。

4. 索赔的审批应公平合理

索赔的审批应公平合理，即确认的索赔金额应真实地反映承包人的实际损害，符合法律和合同规定的公平原则。

在处理索赔事件中，监理工程师受雇于业主，是业主聘请的专业人才，必须既懂经济又懂技术，掌握工程建设的第一手资料，并在合同实施过程中实施监督管理。监理工程师好比业主和承包人之间的一座桥梁，占有重要地位。在处理索赔问题时，监理工程师还应注意下列事项，以保证客观、公正地处理索赔和避免不必要的索赔。

(1)监理工程师必须注意资料的积累

积累一切可能涉及索赔论证的资料，对同施工企业、建设单位研究的技术问题、进度问题和其他重大问题的会议做好文字记录，并争取会议参加者签字，以作为正式文档资料。同时，应建立严密的监理日志，包括承包人对监理工程师指令的执行情况、抽查试验记录、工序验收记录、计量记录、日进度记录及每天发生的可能影响到合同协议的事件的具体情况等，同时还应建立业务往来的文件编号档案等业务记录制度，做到处理索赔时有充分的事实依据。

(2)及时、合理地处理索赔

索赔发生后，监理工程师应及时对索赔进行处理。及时处理索赔，可以促进业主、承包人之间的信任与合作，促进合同的正常履行；能提高索赔处理结果的准确性，避免由于时间问题而无法确定赔偿带来的不利影响；还可以简化竣工结算，避免结算工作的复杂性。

(3)加强主动监理，减少工程索赔

在我国，监理与承包人为完成同一工程而进行不同的分工，必须提倡主动监理，要在工程的实施过程中，将预料到的可能发生的问题告诉承包人，避免由于工程返工所造成的工程成本上升。另外，应对可能引起的索赔进行预测，尽量采取一些措施进行补救，避免索赔的发生。

(4)监理工程师要正确使用权力和承担责任

监理工程师作为业主的代理人进行工程项目管理，在行使权力时必须要预见到该行为可能导致的后果。承担相应的后果，需要有良好的职业道德，并对业主负责。一旦监理工程师在工作中的问题、失误、不完备的地方给承包人造成了损失，这些往往成为承包人索赔的理由。监理工程师在处理索赔事件时，必须公正并按照法律(合同)行事，从实际出发，坚持实事求是；按与业主和承包人协商一致的原则行事，向双方施加影响，加深相互理解，使得双方相互妥协，合理地处理索赔事件。由于现行监理制度的缺陷，缺乏对监理工程师的约束机制，使得监理工程师经济责任小，所以监理工程师的工作在很大程度上取决于监理工程师的职业责任感，需要以诚实、信用和良好职业道德作为支撑。

五、索赔审批程序

图 5-1 为索赔审批的程序框图。在审批过程中，应贯彻分级审批的原则。通常由驻地监理查证索赔原因、核实索赔数量，高级驻地监理确定索赔价格和金额，总监进行索赔的审批和控制。监理工程师在审查和处理索赔时，通常需要遵循如下准则：一是依据合同条件中的条款和实事求是的原则对待索赔事件；二是各项记录、报表、文件、会议纪要等文档资料要准确齐全；三是要核算数据正确无误。

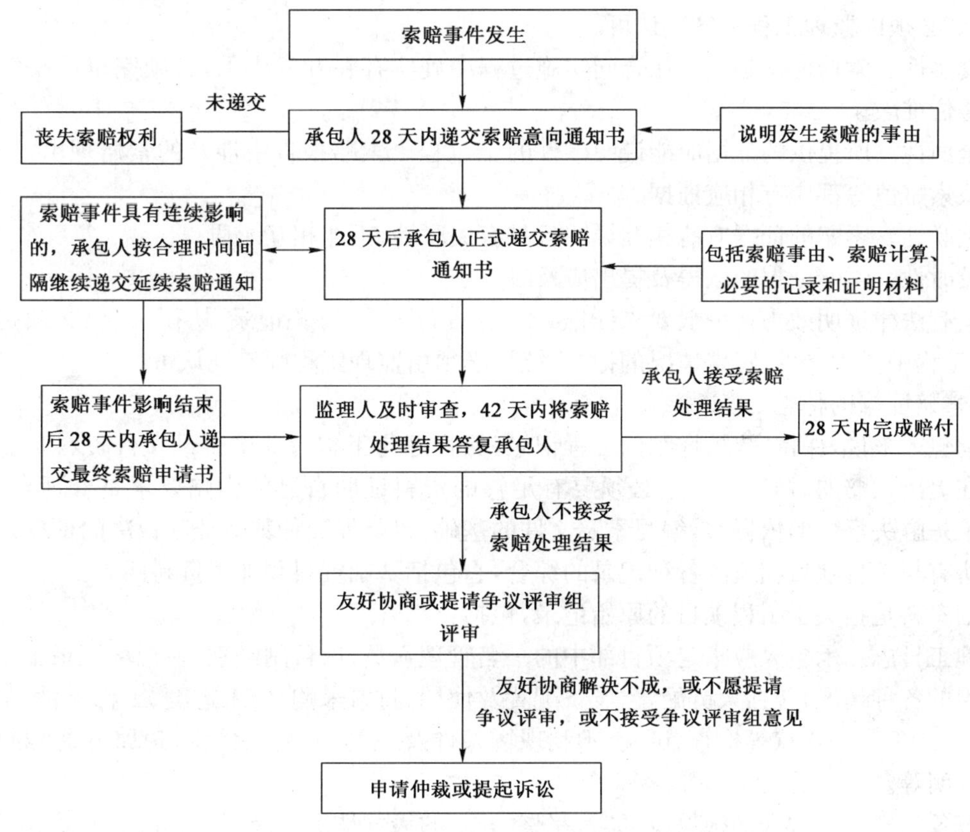

图 5-1 索赔审批流程图

监理工程师通过分析索赔理由、索赔事件过程、索赔值计算，以评价索赔要求的合理性及合法性。若分析得出索赔理由或证据不足时，可以要求承包人作出解释，或进一步补充证据，或要求承包人修改索赔要求。工程师作出索赔处理意见，并提交给业主。根据工程师的处理意见，业主审查、批准承包人的索赔报告。业主也可能反驳、否定或部分否定承包人的索赔要求。承包人常常需要作进一步的解释和证据补充，工程师也要就处理意见作出说明。三方就索赔事件的解决进行磋商，达成一致。若承包人和业主就索赔问题的处理无法达成一致，有一方或双方都不满意工程师的处理意见而产生争执时，则需要按照合同规定的程序解决争执。

六、索赔证据与索赔文件

1. 索赔证据

任何索赔事件的确立，其前提条件是必须有正当的索赔理由。对正当索赔理由的说明必须有证据，因为索赔的进行主要靠证据说话。没有证据或证据不足，索赔是难以成功的。

(1)索赔证据的要求

索赔证据的基本要求包括：真实性、全面性、关联性、及时性和法律证明效力。索赔的证据要完全反映工程实际情况，实事求是，基本资料和数据要经得住推敲，并且能够相互说明、相互关联，不能相互矛盾。证据的取得和提出要及时全面、准确无误，所提出的证据要能说明事件的全过程，有关的记录、协议、纪要必须是当事人双方签署的，工程中的重大事件、特殊情况的记录、测试必须由监理工程师签字认可。

①真实性。索赔证据必须是在合同实施过程中确实存在和发生的，必须完全反映实际情况且经得住推敲。

②全面性。所提供的证据应能说明事件的全过程。索赔报告中涉及的索赔理由、事件过程、影响、索赔值等都应有相应证据。

③关联性。索赔的证据应能相互说明且具有关联性，不能相互矛盾。

④及时性。索赔证据的取得及提出应及时。

⑤具有法律证明效力。一般要求证据必须是书面文件，有关记录、协议、纪要必须是双方签署的；工程中重大事件、特殊情况的记录、统计必须由监理工程师签证认可。

(2)索赔证据的种类

对承包人来说，保持完整、详细的工程记录，保存好与工程有关的全部文件资料是非常重要的。在提出索赔的时候，承包人必须要有足够的资料证明自己的索赔要求是合理合法的。工程记录是解决索赔的依据，是编写索赔文件的基础，也是提交仲裁听证和裁决的证据。工程记录是所有与工程项目相关的各种记录的综合，它包括基础资料和加工资料两类。

基础资料是指关于工程项目的原始记录，包括：

①施工日志。承包人应指定项目部中的一名管理人员(项目副经理)在现场记录施工过程中所发生的各种情况，包括人员配置、设备配置及使用、材料采购、施工进度、工程质量、工程关键工序施工、工程停止点等检查、试验、不利现场条件及工程中停电、停水、道路开通和封闭的记录与证明等。

②气象资料。承包人必须保持真实、完整、详细的天气情况记录，包括气温、阴晴、湿度、降雨量、风力、暴风雪、冰雹等。对于恶劣天气的记录要请工程师签证。

③工程图纸。所有工程图纸，包括施工图纸、竣工图纸以及相应的图纸修改等，都必须认真检查和保存。

④工程报告。如工程材料报验单、测量放线报验单、进场设备报验单、工程报验单、单位工程竣工报告等，都是工程情况的有力证明。

⑤工程核算资料。如人工、材料、机械设备使用台账、工程成本分析资料、会计账表、财务报告、现金流量、工资指数、物价指数、各种原始单据(工资单、材料设备采购单、向第三方付款单据)等，都是计算索赔金额的基础资料。

⑥工程照片及声像资料。工程照片具有清楚、直观的特点，是在特定时间、特定部位施工状况的强有力的图表证明。索赔中常用的有：表示工程进度的照片、隐蔽工程覆盖前的照片、业主责任造成返工或工程损坏的照片等。

⑦建筑材料和设备采购、订货运输使用记录等。

⑧市场行情记录。

⑨国家法律、法令、政策文件等。

⑩政治经济资料。包括重大新闻报道记录，如罢工、动乱、地震以及其他重大灾害等；重要经济政策文件，如税收决定、海关规定、外币汇率变化、工资调整等；政府官员和工程主管部门领导视察工地时的讲话记录。

加工资料是经过人为加工整理的资料，包括：

①来往信件、签证及更改通知等。如业主的变更令、各种认可信、通知、对承包人问题的答复信等。承包人对业主和工程师的口头指令和对工程问题的处理意见要及时索取书面证据，信封也要留存。因为信封可以证明收发信件的准确日期，所有信件都应按时间先后编号存档。

②各种会议纪要。会议纪要是关于参加会议各方对工程进展、质量、变更令发布、不利现场条件及采取某些措施等的意见的准确资料来源，会议纪要须经双方签署后才具有法律效力。

③工程进度计划。其中，劳动力、施工机械设备、现场设施的安排计划和实际情况，材料的采购订货、运输、使用计划和实施情况，是工程变更的证据。

④招标文件及其参考资料、现场调查备忘录、编标资料和合同文本、附件。它们能成为承包人对比的基础，对证明承包人投标报价及索赔值计算是否合理有着非常重要的作用。

完整、详细的工程记录是提出索赔时的重要证据之一，在施工过程中承包人要注意收集、整理过程记录。

2. 索赔文件

索赔文件是承包人向业主索赔的正式书面材料，也是业主审议承包人索赔请求的主要依据。索赔文件通常包括以下三个部分。

(1)索赔信

索赔信是一封承包人致业主或其代表的简短的信函，应包括以下内容：

①说明索赔事件；

②列举索赔理由；

③提出索赔金额与工期；

④附件说明。

整个索赔信是提纲性的材料，它把其他材料贯通起来。

(2)索赔报告

索赔报告是索赔文件的正文，其结构一般包含三个主要部分：首先是报告的标题，这部分应言简意赅地概括索赔的核心内容；其次是事实与理由，这部分应叙述客观事实，合理引用合同规定，建立事实与损失之间的因果关系，说明索赔的合理合法性；最后是损失计算与要求赔偿金额与工期，这部分只需列举各项明细数字及汇总数据即可。

索赔报告通常由如下几个部分组成：

①题目。简要说明针对什么问题提出索赔。

②索赔事件陈述。叙述事件起因、经过以及事件过程中双方的活动、时间的节点，重点叙述索赔方按照合同所采取的行为，对方不符合合同的行为。

③理由。总结上述事件，引用合同条文或合同变更和补充协议条文，证明由于对方行为违反合同或对方的要求超出合同范围，从而造成了该项事件，对方有责任对此造成的损失作出赔偿。

④影响。简要说明事件对承包人施工过程的影响，而这些影响与上述事件有直接的因果关系。重点围绕由于上述事件原因造成的成本增加和工期延长进行说明。

⑤结论。对上述事件的索赔问题作出最后的总结，提出具体的索赔请求，包括工期索赔和费用索赔。

需要特别注意的是索赔报告的表述方式对索赔的解决有重大影响。一般应注意如下几个方面：

①索赔事件要真实、证据确凿。索赔针对的事件必须实事求是，有确凿的证据，令对方无可推卸和辩驳。对事件叙述要清楚明确，避免使用"可能"、"也许"等估计、猜测性语言，造成索赔说服力不强。

②计算索赔值要合理、准确。要将计算的依据、方法、结果详细地说明列出，这样易于对方接受，可减少争议和纠纷。

③责任分析要清楚。一般索赔所针对的事件都是由于非承包人责任引起的，因此在索赔报告中必须明确对方负全部责任，而不可使用含糊的语言，这样会使自己丧失在索赔中的有利地位，造成索赔失败。

④在索赔报告中，要强调事件的不可预见性和突发性，说明承包人对它不可能有准备，也无法预防，并且承包人为了避免和减轻该事件的影响和损失已尽了最大的努力，采取了能够采取的措施，从而使索赔理由更加充分，更易于被对方接受。

⑤明确阐述由于干扰事件的影响，使承包人的工程施工受到了严重干扰，并为此增加了支出，拖延了工期，表明干扰事件与索赔有直接的因果关系。

⑥索赔报告书写用语应尽量婉转，避免使用强硬、不客气的语言，以免给索赔带来不利的影响。

(3)附件

索赔文件中的附件主要是索赔报告中所列举的事实、理由、影响等的证明文件和证据。详细计算书是为证实索赔金额的真实性而设置的。为了简明，还可以大量运用图表。

七、索赔费用的组成

表 5-2 所示为常见的几种索赔情况的费用构成。

工程索赔的费用项目构成分析 表 5-2

索赔事件	可能的费用损失项目	有关说明
工程中断	(1)停工费； (2)机械停置费； (3)材料积压损失费； (4)管理费损失； (5)其他支出费	见表后续说明

续上表

索 赔 事 件	可能的费用损失项目	有 关 说 明
延期后的索赔	(1)工期延长后,物价上涨使原工程成本增加; (2)各种开办费用的增加; (3)其他索赔	(1)物价上涨引起的成本增加按价格调整的有关规定处理; (2)开办费具有包干的性质,但延期后承包人会认为开办费包不住,如会增加临时设施维护费、保险费等各项费用
工程变更	(1)工程量增加引起的索赔; (2)附加工程引起的索赔; (3)工程性质、质量、类型改变引起的索赔	变更工程的计价问题按工程变更的有关规定来处理,工程变更引起工程中断及延期后的费用索赔按前述规定进行
业主指令工程加速	(1)人工费增加; (2)材料费增加; (3)现场施工机械费用增加; (4)现场管理费用增加; (5)总部管理费用增加; (6)利息增加	(1)因抢工,不合理地投入大量劳动力,致使工效降低,造成损失; (2)因抢工,不经济地使用材料,使材料运费等增加; (3)增加大量机械,不合理地使用机械,停班多,费用增加; (4)临时增加人员,临时宿舍旅馆费增加,加班费、差旅费、生活补贴、管理人员增加; (5)因抢工,临时增加贷款进货进料,增加流动资金,银行贷款利息增加

1. 停工费

停工及窝工费的计算方法:

(1)合同中规定了计算方法的,原则上按合同中规定的计算方法计算。

(2)合同中未规定计算方法的,可以参考:

①计日工单价;

②人工费预算单价;

③当前的人工工资水平。

在此基础上确定停工及窝工费的工日单价,并根据实际的停工及窝工时间进行计算。其中,停工、窝工时间应根据工程的不同性质扣除雨雪天气所占用的时间。

2. 材料积压损失费

(1)合同中已支付材料预付款的,原则上不考虑材料积压损失费;

(2)合同中未支付材料预付款的,可根据材料费价格及积压材料的费用总额计算其利息;

(3)对于使用时间有要求的材料,当材料积压时间太长时,应根据实际情况考虑材料超过使用期限后报废的损失。

3. 机械停置费损失

(1)合同中规定了计算方法的,原则上按合同中规定的计算方法计算;

(2)合同中未规定计算方法的,可协商解决;

(3)施工单位的租赁机械,可在出具租赁合同后,根据租赁价格扣除燃料费后确定其停置费。

4. 管理费

(1)可根据实际情况由业主、承包人、监理工程师协商确定(主要考虑现场管理费)。

(2)按辅助资料表中的单价分析表中的管理费比例测算管理费占合同总价的比例之后,确定合同总价中的管理费总额;再根据项目合同工期测算承包人每天的现场管理费总额;最后根据增工、停工或窝工时间确定索赔事件期间所发生的管理费总额。

5. 延长工期后的费用

(1)工程保险费追加，可根据保险单或调查所得的保险费率来确定保险费用(当合同规定由承包人办理工程保险时)；

(2)延长工程后的临时租地费，可根据租地合同或其他票据参考确定(当合同规定临时租地费由业主承担时)；

(3)临时工程的维护费，可根据临时工程的性质及实际情况由业主、承包人、监理工程师协商确定。

6. 延期付款利息

根据投标函附录中规定的逾期付款违约金的利率进行计算。

7. 赶工费

为抢工期而增加的周转性材料增加费、工效和机械效率降低费、职工的加班费、不经济地使用材料等赶工费，由业主、承包人、监理工程师根据赶工的工程性质和当时当地的实际情况协商确定。

8. 利润

对于不同性质的索赔，取得利润索赔的成功率是不同的。一般来说，由于工程范围的变更和施工条件变化引起的索赔，承包人可以列入利润；由于业主的原因终止或放弃合同，承包人在获得已完成工程款外，还应得到原定比例的利润。而对于工程延误的索赔，由于利润通常包括在每项实施的工程内容的价格之内，而延误工期并未影响、削减某些项目的实施，而导致利润减少，所以一般监理工程师很难同意在延误费用索赔中加进利润损失。

索赔利润款额的计算通常与原报价单中的利润百分率保持一致，即在索赔款直接费的基础上，乘以原报价单中的利润率，即为该项索赔款中的利润额。

9. 其他费用

其他费用根据实际情况由业主、承包人及监理工程师协商确定。

八、索赔费用的计算方法

1. 分项法

分项法是按每个索赔事件所引起的损失费用项目分别分析计算索赔值的一种方法。这一方法是在明确责任的前提下，将需索赔的费用分项列出，并提供相应的工程记录、收据、发票等证据资料，从而可以在较短的时间内给予分析、核实，确定索赔费用，顺利解决索赔事宜。在实际工作中，绝大多数工程的索赔都采用分项法计算。

分项法计算通常分为以下三步：

(1)分析每个或每类索赔事件所影响的费用项目，不得有遗漏。这些费用项目通常应与合同报价中的费用项目一致。

(2)计算每个费用项目受索赔事件影响后的数值。通过与合同价中的费用值进行比较，即可得到该项费用的索赔额。

(3)将各费用项目的索赔值汇总，得到总费用索赔值。分项法中索赔费用主要包括该项工程施工过程中所发生的额外人工费、材料费、施工机械使用费、相应的管理费以及应得的间接费、利润等。由于分项法依据的是实际发生的成本记录或单据，所以在施工过程中，对第一手资料的收集整理就显得非常重要。

2.总费用法

总费用法，又称总成本法，是指当发生多次索赔事件后，重新计算出该工程的实际总费用，再从这个实际总费用中减去投标报价时的估算总费用，计算出索赔金额，具体公式为：

索赔金额＝实际总费用－投标报价时估算总费用

采用总费用法进行索赔时应注意以下几点：

(1)采用这个方法往往是由于施工过程中受到严重干扰，造成多个索赔事件混杂在一起，导致难以准确地进行分项记录和收集资料、证据，也不容易分项计算出具体的损失费用，只得采用总费用法进行索赔。

(2)承包人报价必须合理，不能采取低价中标策略后过低的标价。

(3)该方法要求必须出具足够的证据，证明其全部费用的合理性。否则，其索赔款额将不容易被接受。

(4)由于实际发生的总费用中可能包括了因承包人的原因(如施工组织不善、浪费材料等)而增加的费用，同时承包人投标报价估算的总费用由于急于中标而过低，因此总费用法只有在难以按分项法计算索赔费用时才能使用。

3.修正总费用法

修正总费用法是对总费用法的改进，即在总费用计算的原则上，去掉一些不合理的因素，使其更加合理。修正的内容如下：

(1)将计算索赔款的时段局限于受到外界影响的时间，而不是整个施工期。

(2)只计算受影响时段内的某项工作因受影响所受的损失，而不是计算该时段内所有施工工作所受的损失。

(3)与该工作无关的费用不列入总费用中。

(4)对投标报价费用重新进行核算。按受影响时段内该项工作的实际单价进行核算，乘以实际完成的该项工作的工作量，得出调整后的报价费用。

按修正后的总费用计算索赔金额的计算公式为：

索赔金额＝某项工作调整后的实际总费用－该项工作的报价费用

修正的总费用法与总费用法相比，有了实质性的改进，已相当准确地反映出实际增加的费用。

九、工程延期的概念、性质及类型

1.工程延期的概念

工程延期是指由于非承包人自身原因造成的经监理工程师书面批准的合理竣工期限的延长。它不包括由于承包人的违约或者承包人未能履行其应尽的义务或责任而引起的工程延误。

工程延期在性质上仍属于索赔的范畴。与费用索赔相比，除了索赔对象不同外，索赔的合同依据也不完全相同。

2.工程延期的性质及类型

工期延误直接涉及业主和承包人的切身利益：一方面，工期延误将会使一个工程项目不能在预定的时间内交付使用，使运营效益减少，直接影响投资效益的发挥；另一方面，业主要增加工程项目的管理费用，特别是要承担投入资金的利息，工期拖得越长，这种负担就越重。同样，对于承包人来说，如果工程拖延长久，不仅要受到处罚，造成经济损失，而且由于力量受到牵制而无法承接新的业务。因此，当工期延误发生后，监理工程师要分析产生影响计划进度实施的原因，根据合同规定，正确判定延误的性质，以作出相应的处理。

若工期延误是由于非承包人原因所造成的，则属于可原谅延误。在承包人按合同规定提交延期申请后，监理工程师应调查、分析、核实延误的原因和影响，确定满足合同条件后，作出延期决定。若延误是承包人自身原因造成的，则属于不可原谅延误。此时，监理工程师应对承包人作出反索赔。

延期会打乱项目的整体进度计划和业主的经营计划，给业主造成经济损失。因此，业主一般不愿意合同延期。而合同的延期是承包人的正当权益，承包人可通过合理延期来避免工期延误后为赶工而增加的施工成本(当延误的工期得不到延期时，就只得赶工)。总之，延期是合同管理中极为重要的事件，监理工程师必须始终予以关注和监督，熟练掌握延期的处理原则，并尽早采取措施，以避免或减少工期延误。

监理工程师应牢记以下几点：

(1)批准延期可能造成业主增加支出；

(2)批准延期可能会给承包人要求费用索赔带来借口；

(3)拒绝承包人申请延期的合理要求，可能会导致承包人要求费用索赔。

根据合同条款，延期的主要类型如下：

(1)额外或附加工作造成工程或某区段工程必须延期完成；

(2)本合同条件中提到的任何误期原因；

(3)异常恶劣的气候条件造成工程延误；

(4)由业主造成的任何延误、干扰或阻碍；

(5)除了承包人不履行合同或违约或由其负责的以外，其他可能产生的特殊情况。

上述任何一种情况发生，使承包人有理由延期完成工程或者其任何区段或部分时，监理工程师应在与业主和承包人在适当协商后作出公平的延期决定。

3.工程延期的处理方法

(1)处理工程延期的一般规定

监理工程师必须在确认下述条件满足后，受理工程延期。

①由于非承包人的责任，工程不能按原定工期完工；

②延期情况发生后，承包人在合同规定的期限内向监理工程师提交工程延期意向；

③承包人承诺继续按合同规定向监理工程师提交有关延期的详细资料，并根据监理工程师的需求随时提供有关证明；

④延期事件终止后，承包人在合同规定的期限内向监理工程师提交正式的延期申请报告。

非承包人责任引起的可原谅延误，根据合同条款判定。

对于合同条款中涉及的延期事件，监理工程师可以根据条款的详细说明，找出判断延期的依据。

特殊情况，如业主和承包人所不能控制的罢工及其他经济风险引起的延误，可以延期。例如，由于政府政策的改变，影响了本工程有关劳务、材料或设备的采购与运输，因而造成工程延误。

异常恶劣的天气造成工程延误，可以给予延期。而异常恶劣的天气与恶劣天气应如何区分,可在合同专用条件中说明,也可由监理工程师掌握。

因业主或业主代表原因引起的延误可以批准延期。例如,某公路工程中,业主与银行所签订的贷款合同规定:银行在收到借款人(业主)与承包人正式共同签署的书面合同以后,才可允许借款人从贷款中提取款项。由于合同成立之后,整理和编印供双方正式签署的合同文件于工程开工后才完成,而在此期间,业主没有资金来源,无法按合同规定向承包人支付款项,由此造成的承包人施工延误可以得到工期补偿。

因监理工程师原因引起的延误也可以延期。例如,施工过程中监理工程师超出合同规定而进行的额外检测且检测结果合格时,可以延期;监理工程师对隐蔽工程进行质量复查且结果合格时,也可延期。

但因可预见的条件或在承包人控制之内的情况,或由于承包人自己的问题与过错而引起的不可原谅的延误,承包人没有资格获准延长工期。承包人必须无条件地按合同规定的时间实施和完成施工任务,否则构成违约。例如,由于承包人缺乏足够的财务能力,与承包人有直接关系的第三方造成的问题,分包人的行为,承包人对现场条件的错误判断,不适当的施工组织管理,没有适当的施工设备和劳力等引起延误的情况。

(2)共同延误的处理

共同延误是指两项或两项以上的单独延误同时发生的情况,包括在同一项工作上发生的共同延误和在不同的工作上发生的共同延误。

在同一项工作上发生的共同延误,即在同一项工作上同时发生两项或两项以上的延误,可能有以下几种基本组合,监理工程师应认真分析,区别处理。

①可补偿延误与不可原谅延误同时存在。监理工程师应注意,在这种情况下,不能批准承包人延期和经济补偿的要求。因为即便没有可补偿延误,不可原谅延误也已经造成了工程延误。

②不可补偿延误与不可原谅延误同时存在。在这种情况下,监理工程师不能批准延长工期。因为即使没有不可补偿延误,不可原谅延误也已经导致了工程延误。

③不可补偿延误与可补偿延误同时存在。此时,监理工程师可以批准承包人延期的要求,但不能给予经济补偿。因为即使没有可补偿延误,不可补偿延误也已经造成了工程施工延误。

④两项可补偿延误同时存在。此时,监理工程师只能批准一项工期延长或经济补偿。

在不同的工作上发生的共同延误,是指在不同的工作上同时发生了两项或两项以上的延误,从而产生了对整个工程综合影响而言的共同延误。这种情况是比较复杂的,由于各项工作在工程总进度表中所处的地位和重要性不同,同等时间的相应延误对工程进度所产生的影响也就不同。监理工程师在处理这种共同延误时,应认真具体地分析单项延误分别对工程总进度所造成的影响,然后将这些影响进行比较。对相互重叠的部分,按在同一项工作上发生的共同延误处理。对剩余的部分,进一步分析延误引起的原因和影响,从而断定是否对其给予延长工期和经济补偿。

关于业主延误与承包人延误同时存在的共同延误,对其经济损失的处理,一般应用一定的方法分解延误,根据双方过错的大小及所造成影响的大小来按比例分担。若该延误无法分解开,也应按一定的比例在双方当事人之间分担责任,允许承包人得到相应的经济补偿。随着高级网络计划技术的应用,共同延误的可分解性已经大大提高。

共同延误的最终结果,可能是承包人可以获得工期延长和经济补偿,也可能是承包人要向业主支付延误赔偿金。如果承包人想从业主那里获得工期延长及经济补偿，则承包人必须划分和证明双方分别应负的责任；如果业主想从承包人那里得到延误赔偿金，则业主也必须划分和证明双方的责任。

十、工程延期的申请审批及其计算方法

1. 工程延期的申请与审批程序

(1)承包人提交延期申请书

根据合同条款的规定，承包人在首次出现需延期情况后的28天之内，除非承包人向监理工程师提出申请延期，并向业主递交申请延期副本，否则监理工程师不予考虑。

并非承包人的原因引起工程延误时，承包人应在该事件发生之后，立即写一份申请延长合同工期的意向书，先报与监理工程师，并报业主备案。随后详细列出自己认为有权要求延期的具体情况、证据、记录和网络计划图等，以供监理工程师审批。若延期事件是连续发生的，则承包人应以不超过28天的时间间隔向监理工程师申报延期意向并提供有关资料，同时在延期事件终止后28天内，报正式的延期申请书和最后的详细资料。工程延期的申请与审批程序如图5-2所示。

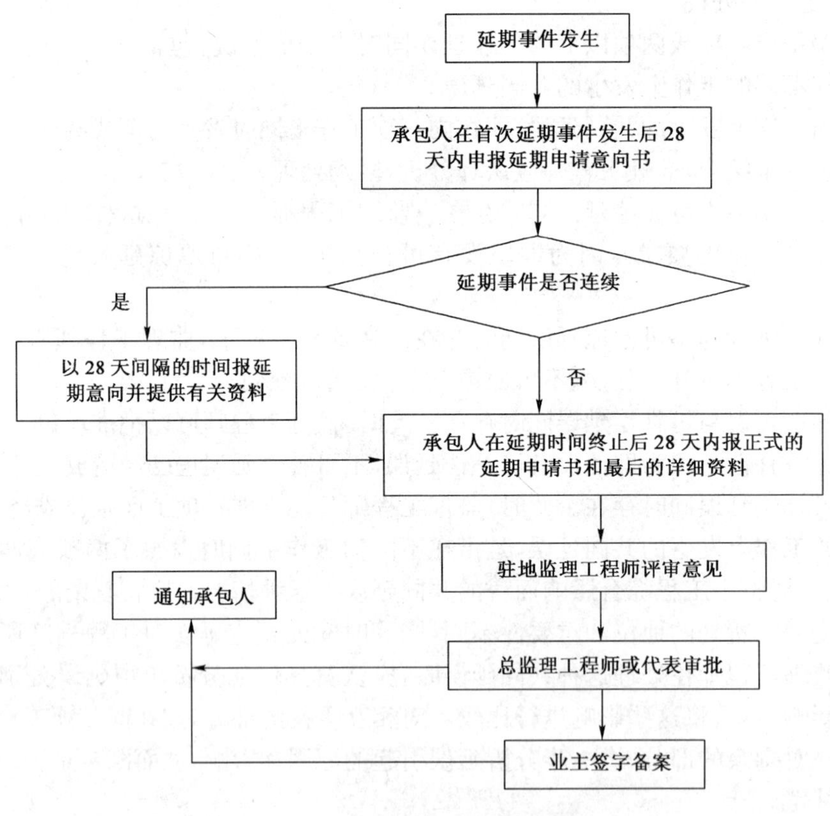

图5-2　工程延期的申请与审批程序图

(2)监理工程师审批延期的程序

监理工程师在收到承包人的延期申请和详细补充情况及证据后，应在合理时间内进行审查、核实与详细计算，不应无故拖延时间，以免出现承包人以为赶工程进度而被迫加班为由，要求业主支付加班费用(或赶工费用)的情况。

在延期审批过程中，驻地监理工程师的原始记录，如监理日志、天气记录等，是很关键的证明材料。当延误发生时，驻地监理工程师对承包人延误的事实、时间、人力、机械设备的闲置以及能否重新调整计划等，均应有详细的记录。否则，将会给承包人延期申请的审批带来困难。

在合同条款中，并没有明确规定监理工程师作出延期决定的时间。但在实际工作中，监理工程师必须在合理的时间内作出决定，否则承包人会以延期迟迟未获批准而被迫加快工程进度为由，提出费用索赔。为了避免这种情况的发生，同时又使监理工程师有比较充裕的时间评审延期时间，对于某些较为复杂或持续时间较长的延期申请，监理工程师可根据初步评审，给予一个暂定的延期，然后再进行详细的研究评审，书面给予批准的有效延期时间。合同条件规定，暂时批准的延期时间不能长于最后书面批准的延期时间。

严格地讲，在承包人未提出最后一个延期申请时，监理工程师批准的延期时间均是暂定的延期时间。最终延期时间应是承包人的最后一个延期申请批准后的累计时间，但并不是每一项延期时间都累加。如果后面批准的延期内包含前一个批准延期的内容，则对前一项延期的时间，不能予以累计。

2. 工程延期审批的依据

承包人延期申请能够成立并获得监理工程师批准的依据如下：

(1)工程延期事件是否属实，强调实事求是；

(2)是否符合本工程合同规定；

(3)延期事件是否发生在工期网络计划图的关键线路上，即延期是否有效合理；

(4)延期天数的计算是否正确，证据资料是否充足。

上述四条中，只有同时满足前三条，延期申请才能成立，至于时间的计算，监理工程师可以根据自己的记录，作出公正合理的处理。

上述前三条中最关键的一条就是第三条，即延期事件是否发生在工期网络计划图的关键线路上。因为在承包人所报的延期申请中，有些虽然满足前两个条件，但并不一定是有效和合理的，只有有效和合理的延期申请才能被批准。也就是说，所发生的延误工程部分项目必须是影响到整个工程项目工期的工程。如果发生延误的工程部分项目并不影响整个工程的完工期，那么批准延期就是没有必要的。

项目是否在关键线路上的确定方法是：监理工程师根据最新批准的进度计划，分道路(路基、路面)和结构两大部分，哪一部分工期长，哪一部分就在关键线路上。对于只有独立结构物的工程合同，也可根据进度计划来确定关键线路上的分部工程项目。利用网络图来确定关键线路是最直观的方法。

延期审批应注意以下问题：

(1)关键线路并不是固定的，随着工程进展，关键线路也在变化，而且是动态的变化。随着工程进展的实际情况，有时在计划调整后，原来的非关键线路有可能变为关键线路，驻地监理工程师要随时记录并注意。

(2)关键线路的确定，必须依据最新批准的工程进度计划。

3. 延期天数的计算方法

在处理延期事件时，监理工程师审查、核实、计算工期延长的天数是很重要的。在国际工程承包实践中，对延期天数的计算有以下几种方法。

(1)工期分析法。依据合同工期的网络进度计划图,考察承包人按监理工程师的指示完成各种原因增加的工程量所需用的工时,以及工序改变的影响,算出损失进度,以确定延期的天数。

(2)实测法。承包人按监理工程师的书面工程变更指令,完成变更工程所用的实际工时。

(3)类推法。按照合同文件中规定的同类工作进度计算工期延长。

(4)工时分析法。某一工种的分项工程项目延误事件发生后,按实际施工的程序统计出所用的工时总量,然后按延误期间承担该分项工程工种的全部人员投入来计算要延长的工期。

(5)造价比较法。若施工中出现了很多大小不等的工期索赔事由,较难准确地单独计算且计算较麻烦时,可经双方协商,采用造价比较法确定工期的补偿天数。

(6)折合法。当计算出某一分部分项工程的工期延长后,还要把局部工期转变成整体工期。这可以用局部工程的工作量占整个工程工作量的比重来折算。

4.加强工程进度控制,尽量避免和减少工期延误

根据我国公路工程项目实践过程中的经验和教训,要防止或减少工程延期的发生,就必须做到以下几点:

(1)不管是监理工程师,还是业主和承包人,都必须熟悉和掌握合同条款和技术规范,严格遵守、执行合同;

(2)作为业主,应多协调、少干扰,必须尽量避免由于行政命令的干扰而引起的工期延误;

(3)应尽量避免由于图纸延迟发出、征地拆迁延误、工程暂停和不按程序办理工程变更等引起的延期;

(4)监理工程师必须掌握第一手原始资料,认真做好监理日志等原始记录,以了解工地现场的实际情况;

(5)监理工程师必须对承包人的进度计划安排给予充分的重视,并积极协助和督促业主解决影响施工进度的外部条件,减少或避免因业主原因造成的延期。

十一、索赔的防范

当索赔意向已经由承包人提出时,监理工程师的工作就会显得较为被动。不合理的索赔虽然可以驳回,但合理的索赔应当予以批准,因此重要的是尽量防止索赔事件的发生。监理工程师及所属监理工程师都应尽力完成合同规定的义务和责任,同时也要帮助业主按合同条款办事。为了尽可能防止索赔的产生,监理工程师应遵循以下原则:

(1)监理工程师和驻地监理工程师应尽早开始对监理工作进行准备,最好在工程招标之前进行。监理工程师及监理工程师应尽早熟悉合同文件、工地环境、地质水文资料、施工进度计划、施工机械设备和人员、施工方法等各方面详细情况。

(2)监理工程师应作详尽的监理规划和工作计划,在每一工作环节上,都应与承包人尽早进行分析预测和控制工作。

(3)监理工程师应严格根据合同条款实施监理,绝不能因自己的失职和错误给承包人带来索赔的机会和理由。

(4)监理工程师应时常注意提醒并督促业主按合同办事。

(5)建立健全完善的工作制度和监理程序,并严格执行。

(6)做好记录,包括各种指示、函件、决定、会议、试验、法规等记录,这是判断索赔合理性的重要依据。

(7)指定专人负责索赔事务，建立技术人员、管理人员、财务人员之间的联络制度。

(8)尽早提供帮助和协助或迅速采取防范和补救措施，使承包人减少甚至避免损失，争取避免承包人提出索赔。通过变更来调整承包人的工作是最常用的措施。

(9)当承包人提出索赔时，监理工程师应尽快采取行动，将损失降至最少。

当然，大多数索赔是难以防范的。从设计、招标到设备材料供货，从地质勘探到气候状况，均存在着许多不确定、可变或不可控制的因素，这些因素反映了工程建设的复杂性。索赔在合同条款中就是用来分担风险因素的条款，因此应将其视为正常经济和法律现象，加以对待和研究。

思 考 题

1. 工程变更有哪些规定的类型？超出合同规定类型的工程变更应如何处理？
2. 为什么变更工程一般应是原合同中已有的同类工程？
3. 简述工程变更的审批原则。为什么在工程变更审批过程中实行分级审批制度？
4. 工程变更对工程造价有何影响？
5. 变更工程的单价调整原则与变更工程的总价调整原则有何联系与区别？
6. 为控制工程造价，在工程变更中应加强哪些管理工作？
7. 当工程变更超过“双控”条件时，单价是否要予以变更？为什么要变更？
8. 工程总价在什么情况下必须进行调整？
9. 合同中设立惩罚性违约金有何积极和消极的影响？
10. 简述损害赔偿的基本计算方法。
11. 怎样理解“施工索赔有利于降低工程造价”？
12. 简述索赔的基本概念和特征。
13. 索赔成立的基本条件有哪些？
14. 实践中应如何防止和减少索赔事件的发生？

附　　录

附录一

关于发布公路工程标准施工招标资格预审文件和公路工程标准施工招标文件2009年版的通知

（交公路发[2009]221号）

各省、自治区、直辖市、新疆生产建设兵团交通运输厅(局、委),天津市市政公路管理局:

为加强公路工程施工招标管理,规范资格预审文件和招标文件编制工作,我部在国家九部委联合编制的《标准施工招标资格预审文件》和《标准施工招标文件》(以下简称《标准文件》)基础上,结合公路工程施工招标特点和管理需要,组织制定了《公路工程标准施工招标资格预审文件》(2009年版)和《公路工程标准施工招标文件》(2009年版)(以下简称《公路工程标准文件》),现予发布。

《公路工程标准文件》中"申请人须知"、"资格审查办法"、"投标人须知"、"评标办法"和"通用合同条款"等部分,与《标准文件》内容相同的只保留条目号,具体内容见《标准文件》。《标准文件》电子文本可在我部网站(www.moc.gov.cn)"下载中心"下载。

《公路工程标准文件》自2009年8月1日起施行,原《公路工程国内招标文件范本》(2003年版)同时废止,之前根据《公路工程国内招标文件范本》完成招标工作的项目仍按原合同条款执行。

自施行之日起,必须进行招标的二级及以上公路工程应当使用《公路工程标准文件》,二级以下公路项目可参照执行。在具体项目招标过程中,招标人可根据项目实际情况,编制项目专用文件,与《公路工程标准文件》共同使用,但不得违反九部委56号令的规定。

请各地交通运输主管部门加强对《公路工程标准文件》贯彻落实情况的监督检查,并注意收集有关意见和建议,及时向部反馈。

中华人民共和国交通运输部

二〇〇九年五月十一日

附录二

中华人民共和国招标投标法

（中华人民共和国主席令第 21 号）

第一章　总　　则

第一条　为了规范招标投标活动，保护国家利益、社会公共利益和招标投标活动当事人的合法权益，提高经济效益，保证项目质量，制定本法。

第二条　在中华人民共和国境内进行招标投标活动，适用本法。

第三条　在中华人民共和国境内进行下列工程建设项目包括项目的勘察、设计、施工、监理以及与工程建设有关的重要设备、材料等的采购，必须进行招标：

（一）大型基础设施、公用事业等关系社会公共利益、公众安全的项目；

（二）全部或者部分使用国有资金投资或者国家融资的项目；

（三）使用国际组织或者外国政府贷款、援助资金的项目。

前款所列项目的具体范围和规模标准，由国务院发展计划部门会同国务院有关部门制订，报国务院批准。

法律或者国务院对必须进行招标的其他项目的范围有规定的，依照其规定。

第四条　任何单位和个人不得将依法必须进行招标的项目化整为零或者以其他任何方式规避招标。

第五条　招标投标活动应当遵循公开、公平、公正和诚实信用的原则。

第六条　依法必须进行招标的项目，其招标投标活动不受地区或者部门的限制。任何单位和个人不得违法限制或者排斥本地区、本系统以外的法人或者其他组织参加投标，不得以任何方式非法干涉招标投标活动。

第七条　招标投标活动及其当事人应当接受依法实施的监督。

有关行政监督部门依法对招标投标活动实施监督，依法查处招标投标活动中的违法行为。

对招标投标活动的行政监督及有关部门的具体职权划分，由国务院规定。

第二章　招　　标

第八条　招标人是依照本法规定提出招标项目、进行招标的法人或者其他组织。

第九条　招标项目按照国家有关规定需要履行项目审批手续的，应当先履行审批手续，取得批准。

招标人应当有进行招标项目的相应资金或者资金来源已经落实，并应当在招标文件个如实载明。

第十条　招标分为公开招标和邀请招标。

公开招标，是指招标人以招标公告的方式邀请不特定的法人或者其他组织投标。

邀请招标，是指招标人以投标邀请书的方式邀请特定的法人或者其他组织投标。

第十一条 国务院发展计划部门确定的国家重点项目和省、自治区、直辖市人民政府确定的地方重点项目不适宜公开招标的，经国务院发展计划部门或者省、自治区、直辖市人民政府批准，可以进行邀请招标。

第十二条 招标人有权自行选择招标代理机构，委托其办理招标事宜。任何单位和个人不得以任何方式为招标人指定招标代理机构。

招标人具有编制招标文件和组织评标能力的，可以自行办理招标事宜。任何单位和个人不得强制其委托招标代理机构办理招标事宜。

依法必须进行招标的项目，招标人自行办理招标事宜的，应当向有关行政监督部门备案。

第十三条 招标代理机构是依法设立、从事招标代理业务并提供相关服务的社会中介组织。

招标代理机构应当具备下列条件：

（一）有从事招标代理业务的营业场所和相应资金；

（二）有能够编制招标文件和组织评标的相应专业力量；

（三）有符合本法第三十七条第三款规定条件、可以作为评标委员会成员人选的技术、经济等方面的专家库。

第十四条 从事工程建设项目招标代理业务的招标代理机构，其资格由国务院或者省、自治区、直辖市人民政府的建设行政主管部门认定。具体办法由国务院建设行政主管部门会同国务院有关部门制定。从事其他招标代理业务的招标代理机构，其资格认定的主管部门由国务院规定。

招标代理机构与行政机关和其他国家机关不得存在隶属关系或者其他利益关系。

第十五条 招标代理机构应当在招标人委托的范围内办理招标事宜，并遵守本法关于招标人的规定。

第十六条 招标人采用公开招标方式的，应当发布招标公告。依法必须进行招标的项目的招标公告，应当通过国家指定的报刊、信息网络或者其他媒介发布。

招标公告应当载明招标人的名称和地址、招标项目的性质、数量、实施地点和时间以及获取招标文件的办法等事项。

第十七条 招标人采用邀请招标方式的，应当向三个以上具备承担招标项目的能力、资信良好的特定的法人或者其他组织发出投标邀请书。

投标邀请书应当载明本法第十六条第二款规定的事项。

第十八条 招标人可以根据招标项目本身的要求，在招标公告或者投标邀请书中，要求潜在投标人提供有关资质证明文件和业绩情况，并对潜在投标人进行资格审查。国家对投标人的资格条件有规定的，依照其规定。

招标人不得以不合理的条件限制或者排斥潜在投标人，不得对潜在投标人实行歧视待遇。

第十九条 招标人应当根据招标项目的特点和需要编制招标文件。招标文件应当包括招标项目的技术要求、对投标人资格审查的标准、投标报价要求和评标标准等所有实质性要求和条件以及拟签订合同的主要条款。

国家对招标项目的技术、标准有规定的，招标人应当按照其规定在招标文件中提出相应要求。

招标项目需要划分标段、确定工期的，招标人应当合理划分标段、确定工期，并在招标文件中载明。

第二十条 招标文件不得要求或者标明特定的生产供应者以及含有倾向或者排斥潜在投标人的其他内容。

第二十一条 招标人根据招标项目的具体将况,可以组织潜在投标人踏勘项目现场。

第二十二条 招标人不得向他人透露已获取招标文件的潜在投标人的名称、数量以及可能影响公平竞争的有关招标投标的其他情况。

招标人没有标底的,标底必须保密。

第二十三条 招标人对已发出的招标文件进行必要的澄清或者修改的,应当在招标文件要求提交投标文件截止时间至少十五日前,以书面形式通知所有招标文件收受人。该澄清或者修改的内容为招标文件的组成部分。

第二十四条 招标人应当确定投标人编制投标文件所需要的合理时间。依法必须进行招标的项目,自招标文件开始发出之日起至投标人提交投标文件截止之日止,最短不得少于二十日。

第三章 投　　标

第二十五条 投标人是响应招标、参加投标竞争的法人或者其他组织。依法招标的科研项目允许个人参加投标的,投标的个人适用本法有关投标人的规定。

第二十六条 投标人应当具备承担招标项目的能力。国家有关规定对投标人资格条件或者招标文件对投标人资格条件有规定的,投标人应当具备规定的资格条件。

第二十七条 投标人应当按照招标文件的要求编制投标文件。投标文件应当对招标文件提出的实质性要求和条件作出响应。

招标项目属于建设施工的,投标文件的内容应当包括拟派出的项目负责人与主要技术人员的简历、业绩和拟用于完成招标项目的机械设备等。

第二十八条 投标人应当在招标文件要求提交投标文件的截止时间前,将投标文件送达投标地点。招标人收到投标文件后,应当签收保存,不得开启。投标人少于三个的,招标人应当依照本法重新招标。

在招标文件要求提交投标文件的截止时间后送达的投标文件,招标人应当拒收。

第二十九条 投标人在招标文件要求提交投标文件的截止时间前,可以补充、修改或者撤回已提交的投标文件,并书面通知招标人。补充、修改的内容为投标文件的组成部分。

第三十条 投标人根据招标文件载明的项目实际情况,拟在中标后将中标项目的部分非主体、非关键性工作进行分包的,应当在投标文件中载明。

第三十一条 两个以上法人或者其他组织可以组成一个联合体,以一个投标人的身份共同投标。

联合体各方均应当具备承担招标项目的相应能力。国家有关规定或者招标文件对投标人资格条件有规定的,联合体各方均应当具备规定的相应资格条件。由同一专业的单位组成的联合体,按照资质等级较低的单位确定资质等级。

联合体各方应当签订共同投标协议,明确约定各方拟承担的工作和责任,并将共同投标协议连同投标文件一并提交招标人。联合体中标的,联合体各方应当共同与招标人签订合同,就中标项目向招标人承担连带责任。

招标人不得强制投标人组成联合体共同投标，不得限制投标人之间的竞争。

第三十二条 投标人不得相互串通投标报价，不得排挤其他投标人的公平竞争，损害招标人或者其他投标人的合法权益。

投标人不得与招标人串通投标，损害国家利益、社会公共利益或者他人的合法权益。

禁止投标人以向招标人或者评标委员会成员行贿的手段谋取中标。

第三十三条 投标人不得以低于成本的报价竞标，也不得以他人名义投标或者以其他方式弄虚作假，骗取中标。

第四章 开标、评标和中标

第三十四条 开标应当在招标文件确定的提交投标文件截止时间的同一时间公开进行。开标地点应当为招标文件中预先确定的地点。

第三十五条 开标由招标人主持，邀请所有投标人参加。

第三十六条 开标时，由投标人或者其推选的代表检查投标文件的密封情况，也可以由招标人委托的公证机构检查并公证。经确认无误后，由工作人员当众拆封宣读投标人名称、投标价格和投标文件的其他主要内容。

招标人在招标文件要求提交投标文件的截止时间前收到的所有投标文件，开标时都应当当众予以拆封、宣读。

开标过程应当记录，并存档备查。

第三十七条 评标由招标人依法组建的评标委员会负责。

依法必须进行招标的项目，其评标委员会由招标人的代表和有关技术、经济等方面的专家组成，成员人数为五人以上单数，其中技术、经济等方面的专家不得少于成员总数的三分之二。

前款专家应当从事相关领域工作满八年并具有高级职称或者具有同等专业水平，由招标人从国务院有关部门或者省、自治区、直辖市人民政府有关部门提供的专家名册或者招标代理机构的专家库内的相关专业的专家名单中确定。一般招标项目可以采取随机抽取方式，特殊招标项目可以由招标人直接确定。

与投标人有利害关系的人不得进入相关项目的评标委员会；已经进入的，应当更换。

评标委员会成员的名单在中标结果确定前应当保密。

第三十八条 招标人应当采取必要的措施，保证评标在严格保密的情况下进行。

任何单位和个人不得非法干预、影响评标的过程和结果。

第三十九条 评标委员会可以要求投标人对投标文件中含义不明确的内容作必要的澄清或者说明，但是澄清或者说明不得超出投标文件的范围或者改变投标文件的实质性内容。

第四十条 评标委员会应当按照招标文件确定的评标标准和方法，对投标文件进行评审和比较；设有标底的，应当参考标底。评标委员会完成评标后，应当向招标人提出书面评标报告，并推荐合格的中标候选人。

招标人根据评标委员会提出的书面评标报告和推荐的中标候选人确定中标人。招标人也可以授权评标委员会直接确定中标人。

国务院对特定招标项目的评标有特别规定的，从其规定。

第四十一条 中标人的投标应当符合下列条件之一：

（一）能够最大限度地满足招标文件中规定的各项综合评价标准；

（二）能够满足招标文件的实质性要求，并且经评审的投标价格最低，但是投标价格低于成本的除外。

第四十二条 评标委员会经评审，认为所有投标都不符合招标文件要求的，可以否决所有投标。

依法必须进行招标的项目的所有投标被否决的，招标人应当依照本法重新招标。

第四十三条 在确定中标人前，招标人不得与投标人就投标价格、投标方案等实质性内容进行谈判。

第四十四条 评标委员会成员应当客观、公正地履行职务，遵守职业道德，对所提出的评审意见承担个人责任。

评标委员会成员不得私下接触投标人，不得收受投标人的财物或者其他好处。

评标委员会成员和参与评标的有关工作人员不得透露对投标文件的评审和比较、中标候选人的推荐情况以及与评标有关的其他情况。

第四十五条 中标人确定后，招标人应当向中标人发出中标通知书，并同时将中标结果通知所有未中标的投标人。

中标通知书对招标人和中标人具有法律效力。中标通知书发出后，招标人改变中标结果的，或者中标人放弃中标项目的，应当依法承担法律责任。

第四十六条 招标人和中标人应当自中标通知书发出之日起三十日内，按照招标文件和中标人的投标文件订立书面合同。招标人和中标人不得再行订立背离合同实质性内容的其他协议。

招标文件要求中标人提交履约保证金的，中标人应当提交。

第四十七条 依法必须进行招标的项目，招标人应当自确定中标人之日起十五日内，向有关行政监督部门提交招标投标情况的书面报告。

第四十八条 中标人应当按照合同约定履行义务，完成中标项目。中标人不得向他人转让中标项目，也不得将中标项目肢解后分别向他人转让。

中标人按照合同约定或者经招标人同意，可以将中标项目的部分非主体、非关键性工作分包给他人完成。接受分包的人应当具备相应的资格条件，并不得再次分包。

中标人应当就分包项目向招标人负责，接受分包的人就分包项目承担连带责任。

第五章 法律责任

第四十九条 违反本法规定，必须进行招标的项目而不招标的，将必须进行招标的项目化整为零或者以其他任何方式规避招标的，责令限期改正，可以处项目合同金额千分之五以上千分之十以下的罚款；对全部或者部分使用国有资金的项目，可以暂停项目执行或者暂停资金拨付；对单位直接负责的主管人员和其他直接责任人员依法给予处分。

第五十条 招标代理机构违反本法规定，泄露应当保密的与招标投标活动有关的情况和资料的，或者与招标人、投标人串通损害国家利益、社会公共利益或者他人合法权益的，处五万元以上二十五万元以下的罚款，对单位直接负责的主管人员和其他直接责任人员处单位罚款数额百分之五以上百分之十以下的罚款；有违法所得的，并处没收违法所得；情节严重的，暂停直至取消招标代理资格；构成犯罪的，依法追究刑事责任；给他人造成损失的，依法承担赔偿责任。

前款所列行为影响中标结果的，中标无效。

第五十一条 招标人以不合理的条件限制或者排斥潜在投标人的，对潜在投标人实行歧视待遇的，强制要求投标人组成联合体共同投标的，或者限制投标人之间竞争的，责令改正，可以处一万元以上五万元以下的罚款。

第五十二条 依法必须进行招标的项目的招标人向他人透露已获取招标文件的潜在投标人的名称、数量或者可能影响公平竞争的有关招标投标的其他情况的，或者泄露标底的，给予警告，可以并处一万元以上十万元以下的罚款；对单位直接负责的主管人员和其他直接责任人员依法给予处分；构成犯罪的，依法追究刑事责任。

前款所列行为影响中标结果的，中标无效。

第五十三条 投标人相互串通投标或者与招标人串通投标的，投标人以向招标人或者评标委员会成员行贿的手段谋取中标的，中标无效，处中标项目金额千分之五以上千分之十以下的罚款，对单位直接负责的主管人员和其他直接责任人员处单位罚款数额百分之五以上百分之十以下的罚款；有违法所得的，并处没收违法所得；情节严重的，取消其一年至二年内参加依法必须进行招标的项目的投标资格并予以公告，直至由工商行政管理机关吊销营业执照；构成犯罪的，依法追究刑事责任；给他人造成损失的，依法承担赔偿责任。

第五十四条 投标人以他人名义投标或者以其他方式弄虚作假，骗取中标的，中标无效，给招标人造成损失的，依法承担赔偿责任；构成犯罪的，依法追究刑事责任。

依法必须进行招标的项目的投标人有前款所列行为尚未构成犯罪的，处中标项目金额千分之五以上千分之十以下的罚款，对单位直接负责的主管人员和其他直接责任人员处单位罚款数额百分之五以上百分之十以下的罚款，有违法所得的，并处没收违法所得；情节严重的，取消其一年至三年内参加依法必须进行招标的项目的投标资格并予以公告，直至由工商行政管理机关吊销营业执照。

第五十五条 依法必须进行招标的项目，招标人违反本法规定，与投标人就投标价格、投标方案等实质性内容进行谈判的，给予警告，对单位直接负责的主管人员和其他直接责任人员依法给予处分。

前款所列行为影响中标结果的，中标无效。

第五十六条 评标委员会成员收受投标人的财物或者其他好处的，评标委员会成员或者参加评标的有关工作人员向他人透露对投标文件的评审和比较、中标候选人的推荐以及与评标有关的其他情况的，给予警告，没收收受的财物，可以并处三千元以上五万元以下的罚款，对有所列违法行为的评标委员会成员，取消其担任评标委员会成员的资格，令其不得再参加任何依法必须进行招标的项目的评标；构成犯罪的，依法追究刑事责任。

第五十七条 招标人在评标委员会依法推荐的中标候选人以外确定中标人的，依法必须进行招标的项目在所有投标被评标委员会否决后自行确定中标人的，中标无效，责令改正，可以处中标项目金额千分之五以上千分之十以下的罚款；对单位直接负责的主管人员和其他直接责任人员，依法给予处分。

第五十八条 中标人将中标项目转让给他人的，将中标项目肢解后分别转让给他人的，违反本法规定将中标项目的部分主体、关键性工作分包给他人的，或者分包人再次分包的，转让、分包无效，处转让、分包项目金额千分之五以上千分之十以下的罚款；有违法所得的，并处没收违法所得；可以责令停业整顿；情节严重的，由工商行政管理机关吊销营业执照。

第五十九条 招标人与中标人不按照招标文件和中标人的投标文件订立合同的，或者招标人、中标人订立背离合同实质性内容的协议的，责令改正；可以处中标项目金额千分之五以上千分之十以下的罚款。

第六十条 中标人不履行与招标人订立的合同的，履约保证金不予退还；给招标人造成的损失超过履约保证金数额的，还应当对超过部分予以赔偿；没有提交履约保证金的，应当对招标人的损失承担赔偿责任。

中标人不按照与招标人订立的合同履行义务，情节严重的，取消其二年至五年内参加依法必须进行招标的项目的投标资格并予以公告，直至由工商行政管理机关吊销营业执照。

因不可抗力不能履行合同的，不适用前两款规定。

第六十一条 本章规定的行政处罚，由国务院规定的有关行政监督部门决定。本法已对实施行政处罚的机关作出规定的除外。

第六十二条 任何单位违反本法规定，限制或者排斥本地区、本系统以外的法人或者其他组织参加投标价，为招标人格定招标代理机构的，强制招标人委托招标代理机构办理招标事宜的，或者以其他方式干涉招标投标活动的，责令改正；对单位直接负责的主管人员和其他直接责任人员，依法给予警告、记过、记大过的处分；情节较重的，依法给予降级、撤职、开除的处分。

个人利用职权进行前款违法行为的，依照前款规定追究责任。

第六十三条 对招标投标活动依法负有行政监督职责的国家机关工作人员构私舞弊、滥用职权或者玩忽职守，构成犯罪的，依法追究刑事责任；不构成犯罪的，依法给予行政处分。

第六十四条 依法必须进行招标的项目违反本法规定，中标无效的，应当依照本法规定的中标条件从其余投标人中重新确定中标人或者依照本法重新进行招标。

第六章 附 则

第六十五条 投标人和其他利害关系人认为招标投标活动不符合本法有关规定的，有权向招标人提出异议或者依法向有关行政监督部门投诉。

第六十六条 涉及国家安全、国家秘密、抢险救灾或者属于利用扶贫资金实行以工代赈、需要使用农民工等特殊情况，不适宜进行招标的项目，按照国家有关规定可以不进行招标。

第六十七条 使用国际组织或者外国政府贷款、援助资金的项目进行招标，贷款方、资金提供方对招标投标的具体条件和程序有不同规定的，可以适用其规定，但违背中华人民共和国的社会公共利益的除外。

第六十八条 本法自 2000 年 1 月 1 日起施行。

附录三

建设工程质量管理条例

（中华人民共和国国务院令第 279 号）

第一章　总　　则

第一条　为了加强对建设工程质量的管理，保证建设工程质量，保护人民生命财产安全，根据《中华人民共和国建筑法》，制定本条例。

第二条　凡在中华人民共和国境内从事建设工程的新建、扩建、改建等有关活动及实施对建设工程质量监督管理的，必须遵守本条例。

本条例所称建设工程，是指土木工程、建筑工程、线路管道和设备安装工程及装修工程。

第三条　建设单位、勘察单位、设计单位、施工单位、工程监理单位依法对建设工程质量负责。

第四条　县级以上人民政府建设行政主管部门和其他有关部门应当加强对建设工程质量的监督管理。

第五条　从事建设工程活动，必须严格执行基本建设程序，坚持先勘察、后设计、再施工的原则。

县级以上人民政府及其有关部门不得超越权限审批建设项目或者擅自简化基本建设程序。

第六条　国家鼓励采用先进的科学技术和管理方法，提高建设工程质量。

第二章　建设单位的质量责任和义务

第七条　建设单位应当将工程发包给具有相应资质等级的单位。建设单位不得将建设工程肢解发包。

第八条　建设单位应当依法对工程建设项目的勘察、设计、施工、监理以及与工程建设有关的重要设备、材料等的采购进行招标。

第九条　建设单位必须向有关的勘察、设计、施工、工程监理等单位提供与建设工程有关的原始资料。原始资料必须真实、准确、齐全。

第十条　建设工程发包单位不得迫使承包方以低于成本的价格竞标，不得任意压缩合理工期。

建设单位不得明示或者暗示设计单位或者施工单位违反工程建设强制性标准，降低建设工程质量。

第十一条　建设单位应当将施工图设计文件报县级以上人民政府建设行政主管部门或者其他有关部门审查。施工图设计文件审查的具体办法，由国务院建设行政主管部门会同国务院其他有关部门制定。

施工图设计文件未经审查批准的，不得使用。

第十二条 实行监理的建设工程，建设单位应当委托具有相应资质等级的工程监理单位进行监理，也可以委托具有工程监理相应资质等级并与被监理工程的施工承包单位没有隶属关系或者其他利害关系的该工程的设计单位进行监理。

下列建设工程必须实行监理：

（一）国家重点建设工程；

（二）大中型公用事业工程；

（三）成片开发建设的住宅小区工程；

（四）利用外国政府或者国际组织贷款、援助资金的工程；

（五）国家规定必须实行监理的其他工程。

第十三条 建设单位在领取施工许可证或者开工报告前，应当按照国家有关规定办理工程质量监督手续。

第十四条 按照合同约定，由建设单位采购建筑材料、建筑构配件和设备的，建设单位应当保证建筑材料、建筑构配件和设备符合设计文件和合同要求。

建设单位不得明示或者暗示施工单位使用不合格的建筑材料、建筑构配件和设备。

第十五条 涉及建筑主体和承重结构变动的装修工程，建设单位应当在施工前委托原设计单位或者具有相应资质等级的设计单位提出设计方案；没有设计方案的，不得施工。

房屋建筑使用者在装修过程中，不得擅自变动房屋建筑主体和承重结构。

第十六条 建设单位收到建设工程竣工报告后，应当组织设计、施工、工程监理等有关单位进行竣工验收。

建设工程竣工验收应当具备下列条件：

（一）完成建设工程设计和合同约定的各项内容；

（二）有完整的技术档案和施工管理资料；

（三）有工程使用的主要建筑材料、建筑构配件和设备的进场试验报告；

（四）有勘察、设计、施工、工程监理等单位分别签署的质量合格文件；

（五）有施工单位签署的工程保修书。

建设工程经验收合格的，方可交付使用。

第十七条 建设单位应当严格按照国家有关档案管理的规定，及时收集、整理建设项目各环节的文件资料，建立、健全建设项目档案，并在建设工程竣工验收后，及时向建设行政主管部门或者其他有关部门移交建设项目档案。

第三章　勘察、设计单位的质量责任和义务

第十八条 从事建设工程勘察、设计的单位应当依法取得相应等级的资质证书，并在其资质等级许可的范围内承揽工程。勘察、设计单位不得转包或者分包所承揽的工程。

禁止勘察设计单位超越其资质等级许可的范围或者以其他勘察、设计单位的名义承揽工程。禁止勘察、设计单位允许其他单位或者个人以本单位的名义承揽工程。

第十九条 勘察、设计单位必须按照工程建设强制性标准进行勘察、设计，并对其勘察、设计的质量负责。

注册建筑师、注册结构工程师等注册执业人员应当在设计文件上签字，对设计文件负责。

第二十条 勘察单位提供的地质、测量、水文等勘察成果必须真实、准确。

第二十一条 设计单位应当根据勘察成果文件进行建设工程设计。

设计文件应当符合国家规定的深度要求，注明工程合理使用年限。

第二十二条 设计单位在设计文件中选用的建筑材料、建筑构配件和设备，应当注明规格、型号、性能等技术指标，其质量要求必须符合国家规定的标准。

除有特殊要求的建筑材料、专用设备、工艺生产线等外，设计单位不得指定生产厂、供应商。

第二十三条 设计单位应当就审查合格的施工图设计文件向施工单位作出详细说明。

第二十四条 设计单位应当参与建设工程质量事故分析，并对因设计造成的质量事故，提出相应的技术处理方案。

第四章 施工单位的质量责任和义务

第二十五条 施工单位应当依法取得相应的等级的资质证书，并在其资质等级许可的范围内承揽工程。

禁止施工单位超越本单位资质等级许可的业务范围或者以其他施工单位的名义承揽工程。禁止施工单位允许其他单位或者个人以本单位的名义承揽工程。

施工单位不得转包或者违法分包工程。

第二十六条 施工单位对建设工程的施工质量负责。

施工单位应当建立质量责任制，确定工程项目的项目经理、技术负责人和施工管理负责人。

建设工程实行总承包的，总承包单位应当对全部建设工程质量负责；建设工程勘察、设计、施工、设备采购的一项或者多项实行总承包的，总承包单位应当对其承包的建设工程或者采购的设备的质量负责。

第二十七条 总承包单位依法将建设工程分包给其他单位的，分包单位应当按照分包合同的约定对其分包工程的质量向总承包单位负责，总承包单位与分包单位对分包工程的质量承担连带责任。

第二十八条 施工单位必须按照工程设计图纸和施工技术标准施工，不得擅自修改工程设计，不得偷工减料。

施工单位在施工过程中发现设计文件和图纸有差错的，应当及时提出意见和建议。

第二十九条 施工单位必须按照工程设计要求、施工技术标准和合同约定。对建筑材料、建筑构配件、设备和商品混凝土进行检验，检验应当有书面记录和专人签字；未经检验或者检验不合格的，不得使用。

第三十条 施工单位必须建立、健全施工质量检验制度，严格工序管理，做好隐蔽工程的质量检查和记录。隐蔽工程在隐蔽前，施工单位应当通知建设单位和建设工程质量监督机构。

第三十一条 施工人员对涉及结构安全的试块、试件以及有关材料，应当在建设单位或者工程监理单位监督下现场取样，并送具有相应资质等级的质量检测单位进行检测。

第三十二条 施工单位对施工中出现质量问题的建设工程或者竣工验收不合格的建设工程，应当负责返修。

第三十三条 施工单位应当建立、健全教育培训制度,加强对职工的教育培训;未经教育培训或者考核不合格的人员,不得上岗作业。

第五章 工程监理单位的质量责任和义务

第三十四条 工程监理单位应当依法取得相应等级的资质证书,并在其资质等级许可的范围内承担工程监理业务。

禁止工程监理单位超越本单位资质等级许可的范围或者以其他工程监理单位的名义承担工程监理业务。禁止工程监理单位允许其他单位或者个人以本单位的名义承担工程监理业务。

工程监理单位不得转让工程监理业务。

第三十五条 工程监理单位与被监理工程的施工承包单位以及建筑材料、建筑构配件和设备供应单位有隶属关系或者其他利害关系的,不得承担该项建设工程监理业务。

第三十六条 工程监理单位应当依照法律、法规以及有关技术标准、设计文件和建设工程承包合同,代表建设单位对施工质量实施监理,并对施工质量承担监理责任。

第三十七条 工程监理单位应当选派具备相应资格的总监理工程师和监理工程师进驻施工现场。

未经监理工程师签字,建筑材料、建筑构配件和设备不得在工程上使用或者安装,施工单位不得进行下一道工序的施工。未经总监理工程师签字,建设单位不拨付工程款,不进行竣工验收。

第三十八条 监理工程师应当按照工程监理规范的要求,采取旁站、巡视和平行检验等形式,对建设工程实施监理。

第六章 建设工程质量保修

第三十九条 建设工程实行质量保修制度。

建设工程承包单位在向建设单位提交工程竣工验收报告时,应当向建设单位出具质量保修书。质量保修书中应当明确建设工程的保修范围、保修期限和保修责任等。

第四十条 在正常使用条件下,建设工程的最低保修期限为:

(一)基础设施工程、房屋建筑的地基基础工程和主体结构工程,为设计文件规定的该工程的合理使用年限;

(二)屋面防水工程、有防水要求的卫生间、房间和外墙面的防渗漏,为5年;

(三)供热与供冷系统,为2个采暖期、供冷期;

(四)电气管线、给排水管道、设备安装和装修工程,为2年。

其他项目的保修期限由发包方与承包方约定。

建设工程的保修期,自竣工验收合格之日起计算。

第四十一条 建设工程在保修范围保修期限内发生质量问题的,施工单位应当履行保修义务,并对造成的损失承担赔偿责任。

第四十二条 建设工程在超过合理使用年限后需要继续使用的,产权所有人应当委托具有相应资质等级的勘察、设计单位鉴定,并根据鉴定结果采取加固、维修等措施,重新界定使用期。

第七章 监督管理

第四十三条 国家实行建设工程质量监督管理制度。

国务院建设行政主管部门对全国的建设工程质量实施统一监督管理。国务院铁路、交通、水利等有关部门按照国务院规定的职责分工,负责对全国有关专业建设工程质量的监督管理。

县级以上地方人民政府建设行政主管部门对本行政区域内的建设工程质量实施监督管理。县级以上地方人民政府交通、水利等有关部门在各自的职责范围内,负责对本行政区域内的专业建设工程质量监督管理。

第四十四条 国务院建设行政主管部门和国务院铁路、交通、水利等有关部门应当加强对有关建设工程质量的法律、法规和强制性标准执行情况的监督检查。

第四十五条 国务院发展计划部门按照国务院规定的职责,组织稽查特派员,对国家出资的重大建设项目实施监督检查。

国务院经济贸易主管部门按照国务院规定的职责,对国家重大技术改造项目实施监督检查。

第四十六条 建设工程质量监督管理,可以由建设行政主管部门或者其他有关部门委托的建设工程质量监督机构具体实施。

从事房屋建筑工程和市政基础设施工程质量监督的机构,必须按照国家有关规定经国务院建设行政主管部门或者省、自治区、直辖市人民政府建设行政主管部门考核;从事专业建设工程质量监督的机构,必须按照国家有关规定经国务院有关部门或者省、自治区、直辖市人民政府有关部门考核。经考核合格后,方可实施质量监督。

第四十七条 县级以上地方人民政府建设行政主管部门和其他有关部门应当加强对有关建设工程质量的法律、法规、强制性标准执行情况的监督检查。

第四十八条 县级以上地方人民政府建设行政主管部门和其他有关部门履行监督检查职责时,有权采取下列措施:

(一)要求被检查的单位提供有关工程质量的文件和资料;

(二)进入被检查单位的施工现场进行检查;

(三)发现有影响工程质量的问题时,责令改正。

第四十九条 建设单位应当自建设工程竣工验收合格之日起15日内,将建设工程竣工验收报告和规划、公安消防、环保等部门出具的认可文件或者准许使用文件报建设行政主管部门或者其他有关部门备案。

建设行政主管部门或者其他有关部门发现建设单位在竣工验收过程中有违反国家有关建设工程质量管理规定行为的,责令停止使用,重新组织竣工验收。

第五十条 有关单位和个人对县级以上人民政府建设行政主管部门和其他有关部门进行监督检查应当支持与配合,不得拒绝或者阻碍建设工程质量监督检查人员依法执行职务。

第五十一条 供水、供电、供气、公安消防等部门或者单位不得明示或者暗示建设单位、施工单位购买其指定的生产供应单位的建筑材料、建筑构配件和设备。

第五十二条 建设工程发生质量事故,有关单位应当在24小时内向当地建设行政主管部门和其他有关部门报告。对重大质量事故,事故发生地的建设行政主管部门和其他有关部门应当按照事故类别和等级向当地人民政府和上级建设行政主管部门和其他有关部门报告。

特别重大质量事故的调查程序按照国务院有关规定办理。

第五十三条 任何单位和个人对建设工程的质量事故、质量缺陷都有权检举、控告、投诉。

第八章 罚 则

第五十四条 违反本条例规定,建设单位将建设工程发包给不具有相应资质等级的勘察、设计、施工单位或者委托给不具有相应资质等级的工程监理单位的,责令改正,处50万元以上100万元以下的罚款。

第五十五条 违反本条例规定,建设单位将建设工程肢解发包的,责令改正,处工程合同价款百分之零点五以上百分之一以下的罚款;对全部或者部分使用国有资金的项目,并可以暂停项目执行或者暂停资金拨付。

第五十六条 违反本条例规定,建设单位有下列行为之一的,责令改正,处20万元以上50万元以下的罚款:

(一)迫使承包方以低于成本的价格竞标的;

(二)任意压缩合理工期的;

(三)明示或者暗示设计单位或者施工单位违反工程建设强制性标准,降低工程质量的;

(四)施工图设计文件未经审查或者审查不合格,擅自施工的;

(五)建设项目必须实行工程监理而未实行工程监理的;

(六)未按照国家规定办理工程质量监督手续的;

(七)明示或者暗示施工单位使用不合格的建筑材料、建设构配件和设备的;

(八)未按照国家规定将竣工验收报告、有关认可文件或者准许使用文件报送备案的。

第五十七条 违反本条例规定,建设单位未取得施工许可证或者开工报告未经批准,擅自施工的,责令停止施工,限期改正,处工程合同价款百分之一以上百分之二以下的罚款。

第五十八条 违反本条例规定,建设单位有下列行为之一的,责令改正,处工程合同价款百分之二以上百分之四以下的罚款;造成损失的,依法承担赔偿责任。

(一)未组织竣工验收,擅自交付使用的;

(二)验收不合格,擅自交付使用的;

(三)对不合格的建设工程按照合格工程验收的。

第五十九条 违反本条例规定,建设工程竣工验收后,建设单位向建设行政主管部门或其他有关部门移交建设项目档案的,责令改正,处1万元以上10万元以下的罚款。

第六十条 违反本条例规定,勘察、设计、施工、工程监理单位超越单位资质等级承揽工程的,责令停止违法行为,对勘察、设计单位或者工程监理单位处合同约定的勘察费、设计费或者监理酬金1倍以上2倍以下的罚款;对施工单位处工程合同价款百分之二以上百分之四以下的罚款;可以责令停业整顿,降低资质等级;情节严重的,吊销资质证书;有违法所得的,予以没收。

未取得资质证书承揽工程的,予以取缔,依照前款规定处以罚款;有违法所得的,予以没收。

以欺骗手段取得资质证书承揽工程的,吊销资质证书,依照本条第一款规定处以罚款;有违法所得的,予以没收。

第六十一条 违反本条例规定,勘察、设计、施工、工程监理单位允许其他单位或者个人以本单位名义承揽工程的,责令改正,没收违法所得,对勘察、设计单位和工程监理单位处合同约定的勘察费、设计费和监理酬金 1 倍以上 2 倍以下的罚款；对施工单位处工程合同价款百分之二以上百分之四以下的罚款；可以责令停业整顿，降低资质等级；情节严重的，吊销资质证书。

第六十二条 违反本条例规定，承包单位将承包的工程转包或者违法分包的，责令改正，没收违法所得，对勘察、设计单位处合同约定的勘察费、设计费百分之二十五以上百分之五十以下的罚款；对施工单位处工程合同价款百分之零点五以上百分之一以下的罚款；可以责令停业整顿，降低资质等级；情节严重的，吊销资质证书。

工程监理单位转让工程监理业务的，责令改正，没收违法所得，处合同约定的监理酬金百分之二十五以上百分之五十以下的罚款；可以责令停业整顿，降低资质等级；情节严重的，吊销资质证书。

第六十三条 违反本条例规定，有下列行为之一的，责令改正，处 10 万元以上 30 万元以下的罚款：

(一)勘察单位未按照工程建设强制性标准进行勘察的；

(二)设计单位未根据勘察成果文件进行工程设计的；

(三)设计单位指定建筑材料、建筑构配件的生产厂、供应商的；

(四)设计单位未按照工程建设强制性标准进行设计的。

有前款所列行为，造成工程质量事故的，责令停业整顿，降低资质等级；情节严重的，吊销资质证书；造成损失的，依法承担赔偿责任。

第六十四条 违反本条例规定，施工单位在施工中偷工减料的，使用不合格的建筑材料、建筑构配件和设备的，或者有不按照工程设计图纸或者施工技术标准施工的其他行为的，责令改正，处工程合同价款百分之二以上百分之四以下的罚款；造成建设工程质量不符合规定的质量标准的，负责返工、修理，并赔偿因此造成的损失；情节严重的，责令停业整顿，降低资质等级或者吊销资质证书。

第六十五条 违反本条例规定，施工单位未对建筑材料、建筑构配件、设备和商品混凝土进行检验，或者未对涉及结构安全的试块、试件以及有关材料取样检测的，责令改正，处 10 万元以上 20 万元以下的罚款；情节严重的，责令停业整顿，降低资质等级或者吊销资质证书；造成损失的，依法承担赔偿责任。

第六十六条 违反本条例规定，施工单位不履行保修义务或者拖延履行保修义务的，责令改正，处 10 万元以上 20 万元以下的罚款，并对保修期内因质量缺陷造成的损失承担赔偿责任。

第六十七条 工程监理单位有下列行为之一的，责令改正，处 50 万元以上 100 万元以下的罚款，降低资质等级或者吊销资质证书；有违法所得的，予以没收；造成损失的，承担连带赔偿责任。

(一)与建设单位或者施工单位串通，弄虚作假，降低工程质量的；

(二)将不合格的建设工程、建筑材料、建筑构配件和设备按照合格签字的。

第六十八条 违反本条例规定，工程监理单位与被监理工程的施工承包单位以及建筑材料、建筑构配件和设备供应单位有隶属关系或者其他利害关系承担该项建设工程的监理业务的，责令改正，处 5 万元以上 10 万元以下的罚款，降低资质等级或者吊销资质证书；有违法所得的，予以没收。

第六十九条 违反本条例规定，涉及建筑主体或者承重结构变动的装修工程，没有设计方案擅自施工的，责令改正，处 50 万元以上 100 万元以下的罚款；房屋建筑使用者在装修过程中擅自变动房屋建筑主体和承重结构的，责令改正，处 5 万元以上 10 万元以下的罚款。

有前款所列行为，造成损失的，依法承担赔偿责任。

第七十条 发生重大工程质量事故隐瞒不报、谎报或者拖延期限的，对直接负责的主管人员和其他责任人员依法给予行政处分。

第七十一条 违反本条例规定，供水、供电、供气、公安消防部门或者单位明示或者暗示建设单位或者施工单位购买其指定的生产供应单位的建筑材料、建筑构配件和设备的，责令改正。

第七十二条 违反本条例规定，注册建筑师、注册结构工程师、监理工程师等注册执业人员因过错造成质量事故的，责令停止执业 1 年；造成重大质量事故的，吊销执业资格证书，5 年以内不予注册；情节特别恶劣的，终身不予注册。

第七十三条 依照本条例规定，给予单位罚款处罚的，对单位直接负责的主管人员和其他直接责任人员处单位罚款数额百分之五以上百分之十以下的罚款。

第七十四条 建设单位、设计单位、施工单位、工程监理单位违反国家规定，降低工程质量标准，造成重大安全事故，构成犯罪的，对直接责任人员依法追究刑事责任。

第七十五条 本条例规定的责令停业整顿，降低资质等级或者吊销资质证书的行政处罚，由颁发资质证书的机关决定；其他行政处罚，由建设行政主管部门或者其他有关部门依照法定职权决定。

依照本条例规定被吊销资质证书的，由工商行政管理部门吊销其营业执照。

第七十六条 国家机关工作人员在建设工程质量监督管理工作中玩忽职守、滥用职权、徇私舞弊，构成犯罪的，依法追究刑事责任；尚不构成犯罪的，依法给予行政处分。

第七十七条 建设、勘察、设计、施工、工程监理单位的工作人员因调动工作、退休等原因离开该单位后，被发现在该单位工作期间违反国家有关建设工程质量管理规定，造成重大工程质量事故的，仍应当依法追究法律责任。

第九章　附　　则

第七十八条 本条例所称肢解发包，是指建设单位将应当由一个承包单位完成的建设工程分解成若干部分发包给不同的承包单位的行为。

本条例所称违法分包，是指下列行为：

（一）总承包单位将建设工程分包给不具备相应资质条件的单位的；

（二）建设工程总承包合同中未有约定，又未经建设单位认可，承包单位将其承包的部分建设工程交由其他单位完成的；

（三）施工总承包单位将建设工程主体结构的施工分包给其他单位的；

（四）分包单位将其承包的建设工程再分包的。

本条例所称转包，是指承包单位承包建设工程后，不履行合同约定的责任和义务，将其承包的全部建设工程转给他人或者将其承包的全部建设工程肢解以后以分包的名义分别转给其他单位承包的行为。

第七十九条 本条例规定的罚款和没收的违法所得，必须全部上缴国库。

第八十条 抢险救灾及其他临时性房屋建筑和农民自建低层住宅的建设活动，不适用本条例。

第八十一条 军事建设工程的管理，按照中央军事委员会的有关规定执行。

第八十二条 本条例自发布之日起施行。

附 刑法有关条款

第一百三十七条 建设单位、设计单位、施工单位、工程监理单位违反国家规定，降低工程质量标准，造成重大安全事故的，对直接责任人员处五年以下有期徒刑或者拘役，并处罚金；后果特别严重的，处五年以上十年以下有期徒刑，并处罚金。

附录四

工程建设项目招标范围和规模标准规定

（中华人民共和国国家发展计划委员会令第3号）

第一条 为了确定必须进行招标的工程建设项目的具体范围和规模标准，规范招标投标活动，根据《中华人民共和国招标投标法》第三条的规定，制定本规定。

第二条 关系社会公共利益、公众安全的基础设施项目的范围包括：

（一）煤炭、石油、天然气、电力、新能源等能源项目；

（二）铁路、公路、管道、水运、航空以及其他交通运输业等交通运输项目；

（三）邮政、电信枢纽、通信、信息网络等邮电通信项目；

（四）防洪、灌溉、排涝、引（供）水、滩涂治理、水土保持、水利枢纽等水利项目；

（五）道路、桥梁、地铁和轻轨交通、污水排放及处理、垃圾处理、地下管道、公共停车场等城市设施项目；

（六）生态环境保护项目；

（七）其他基础设施项目。

第三条 关系社会公共利益、公众安全的公用事业项目的范围包括：

（一）供水、供电、供气、供热等市政工程项目；

（二）科技、教育、文化等项目；

（三）体育、旅游等项目；

（四）卫生、社会福利等项目；

（五）商品住宅，包括经济适用住房；

（六）其他公用事业项目。

第四条 使用国有资金投资项目的范围包括：

（一）使用各级财政预算资金的项目；

（二）使用纳入财政管理的各种政府性专项建设基金的项目；

（三）使用国有企业事业单位自有资金，并且国有资产投资者实际拥有控制权的项目。

第五条 国家融资项目的范围包括：

（一）使用国家发行债券所筹资金的项目；

（二）使用国家对外借款或者担保所筹资金的项目；

（三）使用国家政策性贷款的项目；

（四）国家授权投资主体融资的项目；

（五）国家特许的融资项目。

第六条 使用国际组织或者外国政府资金的项目范围包括：

（一）使用世界银行、亚洲开发银行等国际组织贷款资金的项目；

（二）使用外国政府及其机构贷款资金的项目；

(三)使用国际组织或者外国政府援助资金的项目。

第七条 本规定第二条至第六条规定范围内的各类工程建设项目,包括项目的勘察、设计、施工、监理以及与工程建设有关的重要设备、材料等的采购,达到下列标准之一的,必须进行招标:

(一)施工单项合同估算价在200万元人民币以上的;

(二)重要设备、材料等货物的采购,单项合同估算价在100万元人民币以上的;

(三)勘察、设计、监理等服务的采购,单项合同估算在50万元人民币以上的;

(四)单项合同估算价低于(一)、(二)、(三)项规定的标准,但项目总投资额在3 000万元人民币以上的。

第八条 建设项目的勘察、设计、采用特定专利或者专有技术的,或者其建筑艺术造型有特殊要求的,经项目主管部门批准,可以不进行招标。

第九条 依法必须进行招标的项目,全部使用国有资金投资或者国有资金投资占控股或者主导地位的,应当公开招标。

招标投标活动不受地区、部门的限制,不得对潜在投标人实行歧视待遇。

第十条 省、自治区、直辖市人民政府根据实际情况,可以规定本地区必须进行招标的具体范围和规模标准,但不得缩小本规定确定的必须进行招标的范围。

第十一条 国家发展计划委员会可以根据实际需要,会同国务院有关部门对本规定确定的必须进行招标的具体范围和规模标准进行部分调整。

第十二条 本规定自发布之日起施行。

附录五

评标委员会和评标方法暂行规定

（中华人民共和国国家发展计划委员会等七部委令第12号）

第一章　总　　则

第一条　为了规范评标活动，保证评标的公平、公正，维护招标活动当事人的合法权益，依照《中华人民共和国招标投标法》，制定本规定。

第二条　本规定适用于依法必须招标项目的评标活动。

第三条　评标活动遵循公平、公正、科学、择优的原则。

第四条　评标活动依法进行，任何单位和个人不得非法干预或者影响评标过程和结果。

第五条　招标人应采取必要措施，保证评标活动在严格保密的情况下进行。

第六条　评标活动及其当事人应当接受依法实施的监督。

有关行政监督部门依照国务院或者地方政府的职责分工，对评标活动实施监督，依法查处评标活动中的违法行为。

第二章　评标委员会

第七条　评标委员会依法组建，负责评标活动，向招标人推荐中标候选人或者根据招标人的授权直接确定中标人。

第八条　评标委员会由招标人负责组建。

评标委员会成员名单一般应于开标前确定。评标委员会成员名单在中标结果确定前应当保密。

第九条　评标委员会由招标人或其委托的招标代理机构熟悉相关业务的代表，以及有关技术、经济等方面的专家组成，成员人数为五人以上单数，其中技术、经济等方面的专家不得少于成员总数的三分之二。

评标委员会设负责人的，评标委员会负责人由评标委员会成员推举产生或者由招标人确定。评标委员会负责人与评标委员会的其他成员有同等的表决权。

第十条　评标委员会的专家成员应当从省级以上人民政府有关部门提供的专家名册或者招标代理机构的专家库内的相关专家名单中确定。

按前款规定确定评标专家，可以采取随机抽取或者直接确定的方式。一般项目，可以采取随机抽取的方式；技术特殊复杂、专业性要求特别高或者国家有特殊要求的招标项目，采取随机抽取方式确定的专家难以胜任的，可由招标人直接确定。

第十一条　评标专家应符合下列条件：

（一）从事相关专业领域工作满八年，并具有高级职称或者同等专业水平；

（二）熟悉有关招标的法律法规，并具有与招标项目相关的实践经验；

(三)能够认真、公正、诚实、廉洁地履行职责。

第十二条 有下列情形之一的,不得担任评标委员会成员:

(一)投标人或者投标人主要负责人的近亲属;

(二)项目主管部门或者行政监督部门的人员;

(三)与投标人有经济利益关系,可能影响对投标公正评审的;

(四)曾因在招标、评标以及其他与招标投标有关活动中从事违法行为而受过行政处罚或刑事处罚的。

评标委员会成员有前款规定情形之一的,应当主动提出回避。

第十三条 评标委员会成员应当客观、公正地履行职责,遵守职业道德,对所提出的评审意见承担个人责任。

评标委员会成员不得与任何投标人或者与招标结果有利害关系的人进行私下接触,不得收受投标人、中介人、其他利害关系人的财物或者其他好处。

第十四条 评标委员会成员和与评标活动有关的工作人员不得透露对投标文件的评审和比较、中标候选人的推荐情况以及与评标有关的其他情况。

前款所称与评标活动有关的工作人员,是指评标委员会成员以外的因参与评标监督工作或者事务性工作而知悉有关评标情况的所有人员。

第三章　评标的准备与初步评审

第十五条 评标委员会成员应当编制供评标使用的相应表格,认真研究招标文件,至少应了解和熟悉以下内容:

(一)招标的目标;

(二)招标项目的范围和性质;

(三)招标文件中规定的主要技术要求、标准和商务条款;

(四)招标文件规定的评标标准、评标方法和在评标过程中考虑的相关因素。

第十六条 招标人或者其委托的招标代理机构应当向评标委员会提供评标所需的重要信息和数据。

招标人设有标底的,标底应当保密,并在评标时作为参考。

第十七条 评标委员会应当根据招标文件规定的评标标准和方法,对投标文件进行系统的评审和比较。招标文件中没有规定的标准和方法不得作为评标的依据。

招标文件中规定的评标标准和评标方法应当合理,不得含有倾向或者排斥潜在投标人的内容,不得妨碍或者限制投标人之间的竞争。

第十八条 评标委员会应当按照投标报价的高低或者招标文件规定的其他方法对投标文件排序。以多种货币报价的,应当按照中国银行在开标日公布的汇率中间价换算成人民币。

招标文件应当对汇率标准和汇率风险作出规定。未作规定的,汇率风险由投标人承担。

第十九条 评标委员会可以书面方式要求投标人对投标文件中含义不明确、对同类问题表述不一致或者有明显文字和计算错误的内容作必要的澄清、说明或者补正。澄清、说明或者补正应以书面方式进行,并不得超出投标文件的范围或者改变投标文件的实质性内容。

投标文件中的大写金额和小写金额不一致的,以大写金额为准;总价金额与单价金额不一致的,以单价金额为准,但单价金额小数点有明显错误的除外;对不同文字文本投标文件的解释发生异议的，以中文文本为准。

第二十条 在评标过程中，评标委员会发现投标人以他人的名义投标、串通投标、以行贿手段谋取中标或者以其他弄虚作假方式投标的，该投标人的投标应作废标处理。

第二十一条 在评标过程中，评标委员会发现投标人的报价明显低于其他投标报价或者在设有标底时明显低于标底，使得其投标报价可能低于其他个别成本的，应当要求该投标人作出书面说明，并提供相应证明材料。投标人不能合理说明或者不能提供相关证明材料的，由评标委员会认定该投标人以低于成本报价竞标，其投标应作废标处理。

第二十二条 投标人资格条件不符合国家有关规定和招标文件要求的，或者拒不按要求对投标文件进行澄清、说明或者补正的，评标委员会可以否决其投标。

第二十三条 评标委员会应当审查每一投标文件是否对招标文件提出的所有实质性要求和条件作出响应。未能在实质上响应的投标，应作废标处理。

第二十四条 评标委员会应当根据招标文件，审查并逐项列出投标文件的全部投标偏差。

投标偏差分为重大偏差和细微偏差。

第二十五条 下列情况属于重大偏差：

(一)没有按照招标文件要求提供投标担保或者所提供的投标担保有瑕疵；

(二)投标文件没有投标人授权代表签字和加盖公章；

(三)投标文件载明的招标项目完成期限超过招标文件规定的期限；

(四)明显不符合技术规格、技术标准的要求；

(五)投标文件载明的货物包装方式、检验标准和方法不符合招标文件的要求；

(六)投标文件附有招标人不能接受的条件；

(七)不符合招标文件中规定的其他实质性要求。

投标文件有上述情形之一的，为未能对招标文件作出实质性响应，并按本规定第二十三条规定作废标处理。招标文件对重大偏差另有规定的，从其规定。

第二十六条 细微偏差是指投标文件在实质上响应招标文件要求，但在个别地方存在漏项或者提供不完整的技术信息和数据等情况，并且补正这些遗漏或者不完整不会对其他投标人造成不公平的结果。细微偏差不影响投标文件的有效性。

评标委员会应当书面要求存在细微偏差的投标人在评标结束前予以补正。拒不补正的，在详细评审时可以对细微偏差作不利于该投标人的量化，量化标准应当在招标文件中规定。

第二十七条 评标委员会根据本规定第二十条、第二十一条、第二十二条、第二十三条、第二十五条的规定否决不合格投标或者界定为废标后，因有效投标不足三个使得投标明显缺乏竞争的，评标委员会可以否决全部投标。

投标人少于三个或者所有投标被否决的，招标人应当依法重新招标。

第四章 详 细 评 审

第二十八条 经初步评审合格的投标文件，评标委员会应当根据招标文件确定的评标标准和方法，对其技术部分和商务部分作进一步评审、比较。

第二十九条 评标方法包括经评审的最低投标价法、综合评估法或者法律、行政法规允许的其他评标方法。

第三十条 经评审的最低投标价法一般适用于具有通用技术、性能标准或者招标人对其技术、性能没有特殊要求的招标项目。

第三十一条 根据经评审的最低投标价法，能够满足招标文件的实质性要求，并且经评审的最低投标价的投标，应当推荐为中标候选人。

第三十二条 采用经评审的最低投标价法的，评标委员会应当根据招标文件中规定的评标价格调整方法，对所有投标人的投标报价以及投标文件的商务部分作必要的价格调整。

采用经评审的最低投标价法的，中标人的投标应当符合招标文件规定的技术要求和标准，但评标委员会无需对投标文件的技术部分进行价格折算。

第三十三条 根据经评审的最低投标价法完成详细评审后，评标委员会应当拟定一份"标价比较表"，连同书面评标报告提交招标人。"标价比较表"应当载明投标人的投标报价、对商务偏差的价格调整和说明以及经评审的最终投标价。

第三十四条 不宜采用经评审的最低投标法的招标项目，一般应当采取综合评估法进行评审。

第三十五条 根据综合评估法，最大限度地满足招标文件中规定的各项综合评价标准的投标，应当推荐为中标候选人。

衡量投标文件是否最大限度地满足招标文件中规定的各项评价标准，可以采取折算为货币的方法、打分的方法或者其他方法。需量化的因素及其权重应当在招标文件中明确规定。

第三十六条 评标委员会对各个评审因素进行量化时，应当将量化指标建立在同一基础或者同一标准上，使各投标文件具有可比性。

对技术部分和商务部分进行量化后，评标委员会应当对这两部分的量化结果进行加权，计算出每一投标的综合评估价或者综合评估分。

第三十七条 根据综合评估法完成评标后，评标委员会应当拟定一份"综合评估比较表"，连同书面评标报告提交招标人。"综合评估比较表"应当载明投标人的投标报价、所作的任何修正、对商务偏差的调整、对技术偏差的调整、对各评审因素的评估以及对每一投标的最终评审结果。

第三十八条 根据招标文件的规定，允许投标人投备选标的，评标委员会可以对中标人所投的备选标进行评审，以决定是否采纳备选标。不符合中标条件的投标人的备选标，不予考虑。

第三十九条 对于划分有多个单项合同的招标项目，招标文件允许投标人为获得整个项目合同而提出优惠的，评标委员会可以对投标人提出的优惠进行审查，以决定是否将招标项目作为一个整体合同授予中标人。将招标项目作为一个整体合同授予的，整体合同中标人的投标应当最有利于招标人。

第四十条 评标和定标应当在投标有效期结束日 30 个工作日前完成。不能在投标有效期结束日 30 个工作日前完成评标和定标的，招标人应当通知所有投标人延长投标有效期。拒绝延长投标有效期的投标人有权收回投标保证金。同意延长投标有效期的投标人应当相应延长其投标担保的有效期，但不得修改投标文件的实质性内容。因延长投标有效期造成投标人损失的，招标人应当给予补偿，但因不可抗力需延长投标有效期的除外。

招标文件应当载明投标有效期。投标有效期从提交投标文件截止日起计算。

第五章　推荐中标候选人与定标

第四十一条　评标委员会在评标过程中发现的问题，应当及时作出处理或者向招标人提出处理建议，并作出书面记录。

第四十二条　评标委员会完成评标后，应当向招标人提出书面评标报告，并抄送有关行政监督部门。评标报告应当如实记载以下内容：

（一）基本情况和数据表；

（二）评标委员会成员名单；

（三）开标记录；

（四）符合要求的投标一览表；

（五）废标情况说明；

（六）评标标准、评标方法或者评标因素一览表；

（七）经评审的价格或者评分比较一览表；

（八）经评审的投标人排序；

（九）推荐的中标候选人名单与签订合同前要处理的事宜；

（十）澄清、说明、补正事项纪要。

第四十三条　评标报告由评标委员会全体成员签字。对评标结论持有异议的评标委员会成员可以书面方式阐述其不同意见和理由。评标委员会成员拒绝在评标报告上签字且不陈述其不同意见和理由的，视为同意评标结论。评标委员会应当对此作出书面说明，并记录在案。

第四十四条　向招标人提交书面评标报告后，评标委员会即告解散。评标过程中使用的文件、表格以及其他资料应当及时归还招标人。

第四十五条　评标委员会推荐的中标候选人应当限定在一至三人，并标明排列顺序。

第四十六条　中标人的投标应当符合下列条件之一：

（一）能够最大限度满足招标文件中规定的各项综合评价标准；

（二）能够满足招标文件的实质性要求，并且经评审的投标价格最低，但是投标价格低于成本的除外。

第四十七条　在确定中标人之前，招标人不得与投标人就投标价格、投标方案等实质性内容进行谈判。

第四十八条　使用国有资金投资或者国家融资的项目，招标人应当确定排名第一的中标候选人为中标人。排名第一的中标候选人放弃中标、因不可抗力提出不能履行合同，或者招标文件规定应当提交履约保证金而在规定的期限内未能提交的，招标人可以确定排名第二的中标候选人为中标人。

排名第二的中标候选人因前款规定的同样原因不能签订合同，招标人可以确定排名第三的中标候选人为中标人。

招标人可以授权评标委员会直接确定中标人。

国务院对中标的确定另有规定的，从其规定。

第四十九条　中标人确定后，招标人应当向中标人发出中标通知书，同时通知未中标人，并与中标人在30个工作日之内签订合同。

第五十条　中标通知书对招标人和中标人具有法律约束力。中标通知书发出后，招标人改变中标结果或者中标人放弃中标的，应当承担法律责任。

第五十一条　招标人应当与中标人按照招标文件和中标文件订立书面合同。招标人与中标人不得再行订立背离合同实质性内容的其他协议。

第五十二条　招标人与中标人签订合同后5个工作日内，应当向中标人和未中标的投标人退还投标保证金。

第六章　罚　　则

第五十三条　评标委员会成员在评标过程中擅离职守，影响评标程序正常进行，或者在评标过程中不能客观公正地履行职责的，给予警告；情节严重的，取消担任评标委员会成员的资格，不得再参加任何依法必须进行招标项目的评标，并处一万元以下的罚款。

第五十四条　评标委员会成员收受投标人、其他利害关系人的财物或者其他好处的，评标委员会成员或者与评标活动有关的工作人员向他人透露对投标文件的评审和比较、中标候选人的推荐以及与评标有关的其他情况的，给予警告，没收收受的财物，可以并处三千元以上五千元以下的罚款；对有所列违法行为的评标委员会成员，取消担任评标委员会成员的资格，不得再参加任何依法必须进行招标项目的评标；构成犯罪的，依法追究刑事责任。

第五十五条　招标人在评标委员会依法推荐的中标候选人以外确定中标人的，依法必须进行招标项目在所有投标被评标委员会否决后自行确定中标人的，中标无效，责令改正，可以处中标项目金额千分之五以上千分之十以下的罚款；对单位直接负责的主管人和其他直接责任人员，依法给予处分。

第五十六条　招标人与中标人不按照招标文件和中标人的投标文件订立合同的，或者招标人、中标人订立背离合同实质性内容的协议的，责令改正，可以处中标项目金额千分之五以上千分之十以下的罚款。

第五十七条　中标人不与招标人订立合同，投标保证金不予退还并取消其中标资格。给招标人造成的损失超过投标保证金数额的，应当对超过部分予以赔偿；没有提交投标保证金的，应当对招标人的损失承担赔偿责任。

第七章　附　　则

第五十八条　依法必须招标项目以外的评标活动，参照本规定执行。

第五十九条　使用国际组织或者外国政府贷款、援助资金的招标项目的评标活动，贷款、资金提供方对评标委员会与评标方法另有规定的，适用其规定，但违背中华人民共和国的社会公共利益的除外。

第六十条　本规定颁布前有关评标机构和评标方法的规定与本规定不一致的，以本规定为准。法律或者行政法规另有规定的，从其规定。

第六十一条　本规定由国家发展计划委员会会同有关部门负责解释。

第六十二条　本规定自发布之日起施行。

附录六

国家重大建设项目招标投标监督暂行办法

（中华人民共和国国家发展计划委员会令第18号）

第一条 为了加强国家重大建设项目招标投标活动的监督，保证招标投标活动依法进行，根据《中华人民共和国招标投标法》、《国务院办公厅印发国务院有关部门实施招标投标活动行政监督职责分工意见的通知》（国办发[2000]34号）和《国家重大建设项目稽查办法》（国办发[2000]54号、2000年国家计委令第6号），制定本办法。

第二条 国家计委根据国务院授权，负责组织国家重大建设项目稽查特派员及其助理（以下简称稽查人员），对国家重大建设项目的招标投标活动进行监督检查。

第三条 本办法所称国家重大建设项目，是指国家融资的经国家计委审批或审核后报国务院审批的建设项目。

第四条 国家重大建设项目的招标范围、规模标准及评标方法，按《工程建设项目招标范围和规模标准规定》（2000年国家计委令第3号）、《评标委员会和评标方法暂行规定》（2001年国家计委、经贸委、建设部、铁道部、交通部、信息产业部、水利部令第12号）执行。

国家重大建设项目招标公告的发布，按《招标公告发布暂行办法》（2000年国家计委令第4号）执行。

依法必须招标的国家重大建设项目，必须在报送项目可行性研究报告中增加有关招标内容，具体办法按《建设项目可行性研究报告增加招标内容以及核准招标事项暂行规定》（2001年国家计委令第9号）执行。

招标人自行招标的，必须符合《工程建设项目自行招标试行办法》（2000年国家计委令第5号）有关规定。

第五条 招标人和中标人应按照《中华人民共和国招标投标法》和《中华人民共和国合同法》规定签订书面合同。合同中确定的建设标准、建设内容、合同价格必须控制在批准的设计概算文件范围内。

除因不可抗力等情况导致项目无法执行或中标人不能履行合同外，任何单位和个人不得以其他任何理由将合同转让给他人，或要求中标人放弃合同。

第六条 通过招标节省的概算投资，不得擅自挪作他用。

第七条 任何单位和个人对国家重大建设项目招标过程中发生的违法行为，有权向国家计委投诉或举报。国家计委在收到投诉举报后15个工作日内作出是否受理的决定。

对受理的投诉和举报，国家计委负责组织核查处理或者转请地方发展计划部门和有关部门依法查处。

第八条 稽查人员对国家重大建设项目的招标投标活动进行的监督检查可以采取经常性稽查和专项性稽查的方式。经常稽查方式是对建设项目所有招标投标活动进行全过程的跟踪监控；专项性稽查方式是对建设项目招标投标活动实施抽查。经常性稽查项目名单由国家计委确定。

第九条 列入经常性稽查的项目，招标人应当根据核准的招标事项编制招标文件，并在发售前15个工作日将招标文件、资格预审情况和时间安排及相关文件一式三份报国家计委备案。

招标人确定中标后，应当在15个工作日内向国家计委提交招标投标情况报告。报告内容依照《评标委员会和评标方法暂行规定》(2001年国家计委、经贸委、建设部、铁道部、交通部、信息产业部、水利部令第12号)第四十二条规定执行。

第十条 稽查人员对国家重大建设项目贯彻执行国家有关招标投标的法律、法规、规章和政策情况以及招标投标活动进行监督检查，履行下列职责：

(一)监督检查招标投标当事人和其他行政监督部门有关招标投标的行为是否符合法律、法规规定的权限、程序；

(二)监督检查招标投标的有关文件、资料，对其合法性、真实性进行核实；

(三)监督检查资格预审、开标、评标、定标过程是否合法以及是否符合招标文件、资格审查文件规定，并可进行相关的调查核实；

(四)监督检查招标投标结果的执行情况。

第十一条 稽查人员对招标投标活动进行监督检查，可以采取下列方式：

(一)检查项目审批程序、资金拨付等资料和文件；

(二)检查招标公告、投标邀请书、招标文件、投标文件，核查投标人的资质等级和资信等情况；

(三)监督开标、评标，并可以旁听与招标投标事项有关的重要会议；

(四)向招标人、投标人、招标代理机构、有关行政主管部门、招标公证机构调查了解情况，听取意见；

(五)审阅招标投标情况报告、合同及有关文件；

(六)现场查验，调查、核实招标结果执行情况。

根据需要，可以联合国务院其他行政监督部门、地方发展计划部门开展工作，并可以聘请有关专业技术人员参加检查。

稽查人员在监督检查过程中不得泄露知悉的保密事项，不得作为评标委员会成员直接参与评标。

第十二条 稽查人员与被监督单位的权力、义务，依照《国家重大建设项目稽查办法》(国办发[2000]54号、2000年国家计委令第6号)的有关规定执行。

第十三条 对招标投标活动监督检查中发现的招标人、招标代理机构、投标人、评标委员会成员和相关工作人员违反《中华人民共和国招标投标法》及相关配套法规、规章的，国家计委视情节依法给予以下处罚：

(一)警告；

(二)责令限制改正；

(三)罚款；

(四)没收违法所得；

(五)取消在一定时期参加国家重大建设项目投标、评标资格；

(六)暂停安排国家建设资金或暂停审批有关地区、部门建设项目。

第十四条 对需要暂停或取消代理资质、吊销营业执照、责令停业整顿、给予行政处分、依法追究刑事责任的，移交有关部门、地方人民政府或司法机关处理。

第十五条 对国家重大建设项目招标投标过程中发生的各种违法行为进行处罚时，也可以依据职责分工由国家计委会同有关部门共同实施。

重大处理决定，应当报国务院批准。

第十六条 国家计委和有关部门作出处罚之前，应告知当事人。当事人对处罚有异议的，国家计委及其他有关行政监督部门应予以核实。

对处罚决定不服的，可以依法申请复议。

第十七条 各省、自治区、直辖市人民政府发展计划部门可依据《中华人民共和国招标投标法》及相关法规、规章，结合当地实际，参照本办法制定本地区招标投标监督办法。

第十八条 本办法由国家计委负责解释。

第十九条 本办法自2002年2月1日起施行。

附录七

公路工程勘察设计招标投标管理办法

（中华人民共和国交通部令 2001 年第 6 号）

第一章　总　　则

第一条　为规范公路建设市场秩序，提高公路工程勘察设计水平和公路建设投资效益，确保工程质量，根据《中华人民共和国公路法》、《中华人民共和国招标投标法》和国家有关规定，制定本办法。

第二条　公路建设项目的勘察、设计单项合同估算价在 50 万元人民币以上，或者建设项目总投资额在 3 000 万元人民币以上的，必须进行勘察设计招标。

第三条　公路建设项目符合下列条件之一的，按项目管理权限报交通部或者省级人民政府交通主管部门批准，可以不进行勘察设计招标。

（一）涉及国家安全、国家秘密、抢险救灾的；

（二）勘察、设计采用特定专利、专有技术的；

（三）对建筑艺术造型有特殊要求的。

第四条　公路工程勘察设计招标活动应当遵循公开、公平、公正、诚实信用的原则。

第五条　公路工程勘察设计招标投标活动不受地区或者部门的限制，任何单位和个人不得以任何方式干预正当的招标投标活动，不得将必须进行招标的项目化整为零或者以其他任何方式规避招标。

第六条　公路工程勘察设计招标投标活动的监督管理实行统一领导、分级管理。

交通部负责全国公路建设项目勘察设计招标投标活动的监督管理工作。

省级人民政府交通主管部门负责本行政区域内公路建设项目勘察设计招标投标活动的监督管理工作。

县级以上人民政府交通主管部门按照项目管理权限，依法查处公路建设项目勘察设计招标投标活动中的违法行为。

第二章　招　　标

第七条　公路工程勘察设计招标是指招标人按照国家基本建设程序，依据批准的可行性研究报告，对公路工程初步设计、施工图设计通过招标活动选定勘察设计单位。

公路工程勘察设计招标可以实行一次性招标、分阶段招标，有特殊要求的关键工程可以进行方案招标。

第八条　招标人是符合公路建设市场准入条件，依照本办法规定提出公路工程勘察设计招标项目、进行招标的项目法人。

第九条　招标人具有与招标项目规模相适应的工程技术、管理人员，具备组织编制勘察设计招标文件和组织评标能力的,可以自行办理招标事宜。

招标人不具备前款规定条件的,应当委托符合公路建设市场准入条件、具有相应资格的招标代理机构办理招标事宜。

任何单位和个人不得以任何方式为招标人指定招标代理机构。

第十条 招标人自行办理招标事宜的,应当在发布招标公告或者发出投标邀请书十五日前,按项目管理权限报交通部或者省级人民政府交通主管部门核备;招标人委托招标机构办理招标事宜的,应当在委托合同签订后十五日内,按项目管理权限报交通部或者省级人民政府交通主管部门核备。

第十一条 公路工程勘察设计招标分为公开招标和邀请招标。

公开招标是招标人通过国家指定的报刊、信息网络或者其他媒体发布招标公告,邀请不特定的法人或者组织投标。

邀请招标是招标人以投标邀请书的方式,邀请三个以上具有相应资质、具备承担招标项目勘察设计能力的、资质良好的特定法人或者组织投标。

招标公告或者投标邀请书应当载明招标人的名称和地址、招标项目的基本概况、投标人的资质要求以及获取资格预审文件、招标文件的办法等事项。

第十二条 公路工程勘察设计招标应当实行公开招标。

国务院发展计划部门确定的国家重点项目和省级人民政府确定的地方重点项目不适宜公开招标的,经国务院发展计划部门或者省级人民政府批准,可以进行邀请招标。

其他公路建设项目符合下列条件之一不适宜公开招标的,按项目管理权限经交通部或者省级人民政府交通主管部门批准,可以进行邀请招标。

(一)招标人少于三个的;

(二)长大桥梁或者隧道工程有特殊要求的;

(三)涉及专利保护或者受特殊条件限制的;

(四)实行以工代赈、民工建勤、民办公助和利用扶贫资金的。

第十三条 公路工程勘察设计招标实行资格审查制度。公开招标的,实行资格预审;邀请招标的,实行资格后审。

资格预审是招标人在发布招标公告后、发出投标邀请书前对潜在投标人的资质、信誉、业绩和能力的审查。招标人只向资格预审合格的潜在投标人发出投标邀请书,发售招标文件。

资格后审是招标人在收到被邀请投标人的投标文件后,对投标人的资质、信誉、业绩和能力的审查。

第十四条 公路工程勘察设计招标按下列程序进行:

(一)编制资格预审文件和招标文件;

(二)发布招标公告或者发出投标邀请书;

(三)对潜在投标人进行资格审查;

(四)向合格的潜在投标人发售招标文件;

(五)组织潜在投标人勘察现场,召开标前会;

(六)接受投标人的投标文件,公开开标;

(七)组建评标委员会评标,推荐中标候选人;

(八)确定中标人,发出中标通知书;

（九）与中标人签订合同。

公路工程勘察设计招标实行邀请招标的，在编制招标文件后，按上述程序的（四）～（九）项要求进行。

第十五条 资格预审文件应当要求潜在投标人提供下列基本材料：

（一）营业执照、资质等级证书、资信证明和勘察设计收费证书；

（二）近五年完成的主要公路工程勘察设计项目和获奖情况以及社会信誉；

（三）正在承担的和即将承担的勘察设计项目情况；

（四）拟安排的项目负责人、主要技术人员和技术设备、应用软件投入情况；

（五）上两个会计年度的财务决算审计情况；

（六）以联合体形式投标的，联合体成员各方共同签订的投标协议和联合体各方的资质证明材料；

（七）有分包计划的，提交分包计划和拟分包单位的资质要求。

第十六条 招标文件应当按照交通部或省级人民政府交通主管部门颁布的公路工程勘察设计招标文件范本，结合招标项目的特点和实际需要进行编制。招标文件应当包括以下内容：

（一）招标邀请书；

（二）投标须知；

（三）勘察设计合同通用条款和专用条款；

（四）勘察设计标准规范；

（五）勘察设计原始资料；

（六）勘察设计协议书格式；

（七）投标文件格式；

（八）评标标准和方法。

第十七条 招标人对已发出的招标文件进行必要的补遗或者修正时，应当在提交投标文件截止日期十五日前，书面通知所有招标文件收受人。该补遗或者修正的内容为招标文件的组成部分。

第十八条 公路工程勘察设计招标资格预审结果和招标文件的审批工作由省级人民政府交通主管部门负责。其中，国道主干线、国家、部重点公路建设项目的资格预审结果和招标文件由省级人民政府交通主管部门审批后，报交通部核备。

第十九条 招标人应当合理确定资格预审申请文件和投标文件的编制时间。自招标公告发布之日起至潜在投标人递交资格预审文件截止时间，不得少于十四日；自招标文件发售截止之日至投标人递交投标文件截止时间，不得少于二十一日。

第三章　投　　标

第二十条 投标人是符合公路建设市场准入条件，具备规定资格，响应招标、参加投标竞争的法人或者组织。

第二十一条 两个以上法人或者组织可以组成联合体，以一个投标人身份共同投标。由同一个专业的法人或者组织组成的联合体资质按联合体成员内资质等级低的确定。

联合体成员各方应当签订共同投标协议，明确联合体主办人和成员各方拟承担的工作和责任，并将共同投标协议连同投标文件一并提交招标人。

招标人不得强制投标人组成联合体共同投标，不得限制投标人之间的竞争。

第二十二条 投标人拟将部分非主体、非关键工作进行分包的，必须向招标人提交分包计划，并在投标文件中载明。分包单位的资质应当与其承担的工程规模标准相适应。

第二十三条 投标人应当按照招标文件要求编制投标文件，投标文件应当对招标文件提出的实质性要求和条件作出响应。

第二十四条 投标文件由商务文件、技术文件和报价清单组成。

商务文件包括下列基本内容：

(一)投标书；

(二)授权书；

(三)项目负责人及主要技术人员基本情况；

(四)勘察设计工作大纲。

技术文件包括下列基本内容：

(一)对招标项目的理解；

(二)对招标项目的特点、难点、重点等的技术分析和处理措施；

(三)拟进行的科研课题；

(四)工程造价初步测算。

报价清单包括下列基本内容：

(一)勘察设计费报价；

(二)勘察设计费计算清单。

第二十五条 投标文件中的商务文件应当包括资格预审文件规定的主要内容以及通过资格预审后的更新材料，勘察设计工作大纲应当包括勘察设计周期、进度和质量保证措施、后续服务措施。

第二十六条 投标文件的报价清单中，对勘察设计取费应当按照现行公路工程勘察设计费收费标准进行计算。

第二十七条 投标文件应当采用双信封密封，第一个信封内为商务文件和技术文件，第二个信封内为报价清单。上述两个信封应当密封于同一信封中，成为一份投标文件。

投标人应当在招标文件要求截止日期前，将投标文件送达指定地点。投标文件及任何说明函件应当经投标人盖章或者其法定代表人或者其授权代理人签字。

第二十八条 投标人在招标文件要求的截止日期前，可以补充、修改或者撤回已递交的投标文件，并书面通知招标人。补充、修改的内容应当使用与投标书相同的密封方式投递，并作为投标文件的组成部分。

第二十九条 招标人在收到投标文件后，应当签收保存，不得开启。对在投标截止日期后送达的任何函件，招标人均不得接受。投标人少于三个的，招标人应当按照本办法规定重新招标。

第三十条 投标人在投标过程中不得串通作弊，不得妨碍其他投标人的公平竞争，不得以行贿、弄虚作假等手段骗取中标。

第四章 开标、评标、中标

第三十一条 开标应当在招标文件确定的提交投标文件截止日期的同一时间公开进行。开标地点应当为招标文件预先确定的地点。

第三十二条 开标由招标人主持，邀请所有投标人参加。进行公证的，应当有公证员出席。

第三十三条 开标时，由投标人或者其推选的代表检查投标文件的密封情况，也可以由招标人委托的公证机构检查并公证。经确认无误后，当众拆封投标文件的第一个信封，宣读投标人名称、投标文件签署情况及商务文件标前页的主要内容。投标文件中的第二个信封不予拆封，并妥善保存。

开标过程应当记录，并存档备查。

第三十四条 属于下列情况之一的，应当作为废标处理：

(一)投标文件未按要求密封；

(二)投标文件未加盖投标人公章或者未经法定代表人或者其授权代理人签字；

(三)投标文件字迹潦草、模糊，无法辨认；

(四)投标人对同一招标项目递两份或者多份内容不同的投标文件，未书面声明哪一个有效；

(五)投标文件不符合招标文件实质性要求。

第三十五条 评标由招标人依法组建的评标委员会负责，评标工作按照交通部制定的招标文件的有关要求进行。

评标委员会成员由招标人的代表及有关技术、经济等方面的专家组成，人数为五人以上单数，其中专家人数不得少于成员总数的三分之二。与投标人有利害关系的人员不得进入评标委员会。

交通部和省级人民政府交通主管部门应当分别设立评标专家库。国道主干线和国家、部重点公路建设项目的评标委员会专家，从交通部设立的评标专家库中确定，或者由交通部授权从省级人民政府交通主管部门设立的评标专家库中确定。其他公路建设项目的评标委员会专家从省级人民政府交通主管部门设立的评标专家库中确定。

评标委员会成员名单在中标结果确定前应当保密。

第三十六条 评标委员会可以要求投标人对投标文件中含义不明确的内容作必要的澄清或者说明，但是澄清或者说明不得超出投标文件的实质性内容。

第三十七条 评标委员会应当按照招标文件确定的评标标准，采用综合评价方法对投标人的信誉和经验、项目负责人的资格和能力、对项目的技术建议、勘察设计周期及进度计划、质量保证措施、后续服务和报价进行分别打分评议。

评标委员会对投标人的第一个信封评审打分后，在监督机构到场的情况下，拆封投标人的第二个信封，对第二个信封进行评审打分。经综合评审，依据对投标人综合得分结果的排序高低推荐二名中标候选人，并向招标人提出书面评标报告。

招标人根据评标委员会提出的书面评标报告和推荐的合格中标候选人确定中标人。招标人也可以授权评标委员会确定中标人。

第三十八条 评标委员会经评审，认为所有投标都不满足招标文件要求的，可以否决所有投标。出现下列情况之一的，招标人应当依照本办法重新招标。

(一)所有的投标文件均未通过商务文件、技术文件符合性审查；

(二)所有的投标文件均不能满足招标文件要求。

第三十九条 评标委员会成员应当客观、公正地履行职责，遵守职业道德，对所提出的评审意见承担个人责任。

评标委员会成员不得私下接触投标人，不得收受投标人的财物或者其他好处，不得透露对投标文件的评审、中标候选人的推荐情况以及评标有关的其他情况。

第四十条 中标人确定后，招标人应当在七日内向中标人发出中标通知书，并同时将中标结果通知所有未中标的投标人；在十五之内，按项目管理权限将评标报告向交通部或者省级人民政府交通主管部门核备。

第四十一条 在中标通知书发出之日起三十日内，招标人和中标人应当按照招标文件和投标文件签订合同。招标人和中标人不得再行订立背离合同实质性内容的其他协议。

招标文件要求中标人提交履约保证金的，中标人应当提供。

第四十二条 中标人应当按照合同约定履行义务，完成中标项目。

联合体中标的，联合体各方应当共同与招标人签订合同，就中标项目向招标人承担连带责任。

中标人将中标项目的部分非主体、非关键性工作分包给他人完成的，中标人应当就分包项目向招标人负责，分包人就分包项目承担连带责任。

第四十三条 进行方案招标的，招标人、中标人使用未中标人的专利、专有技术的投标方案，应当征得未中标人的同意，并给予合理的经济补偿。

第五章 法律责任

第四十四条 必须进行公路工程勘察设计招标的项目，招标人自行组织或者委托招标代理机构办理招标事宜，未在规定时间内按项目管理权限报交通主管部门核备的，给予警告，责令停止招标活动。

第四十五条 违反本办法规定，必须进行招标的项目而不招标的，将必须进行招标的项目化整为零，或者以其他任何方式规避招标的，责令限期改正，可以处以项目合同金额千分之五以上千分之十以下的罚款；对全部或者部分使用国有资金的项目，可以暂停项目执行或者暂停资金拨付，对单位直接负责的主管人员和其他直接责任人员依法给予行政处分。

第四十六条 招标代理机构违反本办法规定，泄露应当保密的与招标投标活动有关的情况和资料的，或者与招标人、投标人串通损害国家利益、社会公共利益或者他人合法权益的，处五万元以上二十五万元以下的罚款，对单位直接负责的主管人员和其他直接责任人员处单位罚款数额百分之五以上百分之十以下的罚款；有违法所得的，并处没收违法所得；情节严重的，暂停直至取消招标代理资格。

第四十七条 投标人违反本办法，相互串通投标或者与招标人串通投标，投标人以向招标人或者评标委员会成员行贿的手段谋取中标的，中标无效，处中标项目金额千分之五以上千分之十以下的罚款；有违法所得的，并处没收违法所得；情节严重的，取消其一年至二年内参加依法必须进行招标的项目的投标资格，并予以公告。

第四十八条 评标委员会成员收受投标人的财务或者其他好处的，评标委员会成员或者参加评标的有关工作人员向他人透露对投标文件的评审和比较、中标候选人的推荐以及与评标有关的其他情况的，给予警告，没收收受财物，可以并处三千元以上五千元以下的罚款，对违法的评标委员会成员取消其评标委员会专家资格，建议所在单位按有关规定给予行政处分。

第四十九条 招标人在评标委员会推荐的中标候选人以外确定中标人的，所有投标被评标委员会否决后自行确定中标人的，中标无效，责令改正，可以处中标项目金额千分之五以上千分之十以下的罚款,对单位直接负责的主管人员和其他直接责任人员依法给予处分。

第五十条 中标人将中标项目转让给他人的,将中标项目肢解后分别转让给他人的,违反本办法规定将中标项目的部分主体、关键性工作分包给他人的,或者分包人再次分包的,转让、分包无效,处转让、分包项目金额千分之五以上千分之十以下的罚款,对单位直接负责的主管人员和其他直接责任人员依法给予处分。

第五十一条 任何单位违反本办法规定,限制或者排斥本地区、本系统以外的潜在投标人参加投标的,为招标人指定招标代理机构的,强制招标人委托招标代理机构办理招标事宜的,或者以其他方式干涉招标投标活动的,责令改正,对单位直接负责的主管人员和其他直接责任人员依法给予处分。

第五十二条 交通主管部门的工作人员徇私舞弊、滥用职权、索贿、行贿、受贿、干预正常招标投标活动的,视情况由交通主管部门会同有关部门依法给予行政处分;构成犯罪的,依法追究刑事责任。

第六章 附 则

第五十三条 使用国际组织或者外国政府贷款、援助资金的项目进行招标,贷款方、资金提供方对招标投标有特殊规定的,可以适用其规定,但违背中华人民共和国的社会公共利益的除外。

第五十四条 本办法由交通部负责解释。

第五十五条 本办法自2002年1月1日起施行。

附录八

公路工程施工监理招标投标管理办法

（中华人民共和国交通部令2006年第5号）

第一章　总　　则

第一条　为规范公路工程施工监理招标投标活动，保证公路工程质量，维护招标投标活动各方当事人合法权益，依据《中华人民共和国公路法》和《中华人民共和国招标投标法》，制定本办法。

第二条　依法必须进行招标的公路工程施工监理项目，其招标投标活动应当遵守本办法。

本办法所称公路工程施工监理，包括路基路面（含交通安全设施）工程、桥梁工程、隧道工程、机电工程、环境保护配套工程的施工监理以及对施工过程中环境保护和施工安全的监理。

第三条　公路工程施工监理招标投标应当遵循公开、公平、公正和诚实信用的原则。

第四条　交通部负责全国公路工程施工监理招标投标活动的监督管理。

县级以上地方人民政府交通主管部门负责本行政区域内公路工程施工监理招标投标活动的监督管理工作。

交通主管部门可以委托其所属的质量监督机构具体负责施工监理招标投标活动的监督管理工作。

第五条　交通主管部门应当加强对公路工程施工监理招标投标活动全过程的监督管理。

第六条　交通主管部门应当按照《工程建设项目招标投标活动投诉处理办法》和国家有关规定，建立公正、高效的招标投标投诉处理机制。

任何单位和个人认为公路工程施工监理招标投标活动违反法律、法规、规章规定，都有权向招标人提出异议或者依法向交通主管部门投诉。

第七条　交通主管部门应当逐步建立公路工程施工监理企业和人员信用档案体系。

信用档案中应当包括公路工程施工监理企业和人员的基本情况、业绩以及行政处罚记录。

第二章　招　　标

第八条　依照本办法进行施工监理招标的公路工程项目，应当具备下列条件：

（一）初步设计文件应当履行审批手续的，已经批准；

（二）建设资金已经落实；

（三）项目法人或者承担项目管理的机构已经依法成立。

第九条　公路工程施工监理招标人，应当是依照本办法规定提出公路工程施工监理招标项目、进行招标的公路工程项目法人或者其他组织。

第十条　招标人可以将整个公路工程项目的施工监理作为一个标一次招标，也可以按不同专业、不同阶段分标段进行招标。

招标人分标段进行施工监理招标的，标段划分应当充分考虑有利于对招标项目实施有效管理和监理企业合理投入等因素。

第十一条 公路工程施工监理招标分为公开招标和邀请招标。

第十二条 公路工程施工监理应当公开招标。

符合下列条件之一的项目，经有审批权的部门批准后，可以进行邀请招标：

(一)技术复杂或者有特殊要求的；

(二)符合条件的潜在投标人数量有限的；

(三)受自然地域环境限制的；

(四)公开招标的费用与工程监理费用相比，所占比例过大的；

(五)法律、法规规定不宜公开招标的。

第十三条 采用公开招标方式的，招标人应当依法在国家指定媒介上发布招标公告，并可以在交通主管部门提供的媒介上同步发布。

第十四条 公路工程施工监理招标的招标人应当对潜在投标人进行资格审查。资格审查方式分为资格预审和资格后审。

资格预审是招标人在发布招标公告后、发出投标邀请书前对潜在投标人的资质、信誉和能力进行的审查。招标人只向通过资格预审的潜在投标人发出投标邀请书和发售招标文件。

资格后审是招标人在收到投标人的投标文件后，对投标人的资质、信誉和能力进行的审查。

第十五条 资格审查方法分为强制性条件审查法和综合评分审查法。

强制性条件审查法是指招标人只对投标人或者潜在投标人的资格条件是否满足招标文件规定的投标资格、信誉要求等强制性条件进行审查，并得出“通过”或者“不通过”的审查结论，不对投标人或潜在投标人的资格条件进行具体量化评分的资格审查方法。

综合评分审查法是指在投标人或者潜在投标人的资格条件满足招标文件规定的最低资格、信誉要求的基础上，招标人对投标人或者潜在投标人的施工监理能力、管理能力、履约情况和施工监理经验等进行量化评分，并按照分值进行筛选的资格审查方法。

第十六条 公路工程施工监理招标，应当按照下列程序进行：

(一)招标人确定招标方式。采用邀请招标的，应当履行审批手续。

(二)招标人编制招标文件，并按照项目管理权限报县级以上地方交通主管部门备案；采用资格预审方式的，同时编制投标资格预审文件，预审文件中应当载明提交资格预审申请文件的时间和地点。

(三)发布招标公告。采用资格预审方式的，同时发售投标资格预审文件；采用邀请招标的，招标人直接发出投标邀请，发售招标文件。

(四)采用资格预审方式的，对潜在投标人进行资格审查，并将资格预审结果通知所有参加资格预审的潜在投标人，向通过资格预审的潜在投标人发出投标邀请书和发售招标文件。

(五)必要时组织投标人考察招标项目工程现场，召开标前会议。

(六)接受投标人的投标文件。

(七)公开开标。

(八)采用资格后审方式的，招标人对投标人进行资格审查。

(九)组建评标委员会评标，推荐中标候选人。

（十）确定中标人，将评标报告和评标结果按照项目管理权限报县级以上地方交通主管部门备案并公示。

（十一）招标人发出中标通知书。

（十二）招标人与中标人签订公路工程施工监理合同。

二级以下公路、独立中、小桥及独立中、短隧道的新建、改建以及养护大修工程项目，可根据具体条件和实际需要对上述程序适当简化，但应当符合《招标投标法》的规定。

第十七条 招标人应当根据施工监理招标项目的特点和需要编制招标文件，招标文件应当符合交通部部颁标准《公路工程施工监理规范》中要求强制性执行的规定。

二级及二级以上公路、独立大桥及特大桥、独立长隧道及特长隧道的新建、改建以及养护大修工程项目，其主体工程的施工监理招标文件，应当使用交通部颁布的《公路工程施工监理招标文件范本》，附属设施工程及其他等级的公路工程项目的施工监理招标文件，可以参照交通部颁布的《公路工程施工监理招标文件范本》进行编制，并可适当简化。

第十八条 招标文件应当包括以下主要内容：

（一）投标邀请书。

（二）投标须知（包括工程概况和必要的工程设计图纸，提交投标文件的起止时间、地点和方式，开标的时间和地点等）。

（三）资格审查要求及资格审查文件格式（适用于采用资格后审方式的）。

（四）公路工程施工监理合同条款。

（五）招标项目适用的标准、规范、规程。

（六）对投标监理企业的业务能力、资质等级及交通和办公设施的要求。

（七）根据招标对象是总监理机构还是驻地监理机构，提出对投标人投入现场的监理人员、监理设备的最低要求。

（八）是否接受联合体投标。

（九）各级监理机构的职责分工。

（十）投标文件格式，包括商务文件格式、技术建议书格式、财务建议书格式等。

（十一）评标标准和办法。评标标准应当考虑投标人的业绩或者处罚记录等诚信因素；评标办法应当注重人员素质和技术方案。

第十九条 招标人对重要监理岗位人员的数量、资格条件和备选人员的要求，应当符合《公路工程施工监理规范》的规定。

第二十条 招标人要求投标人提交投标担保的，投标人应当按照要求的金额和形式提交。投标保证金金额一般不得超过五万元人民币。

第二十一条 招标人不得在招标文件中制订限制性条件阻碍或者排斥投标人，不得规定以获得本地区奖项等要求作为评标加分条件或者中标条件。

第二十二条 招标公告、投标邀请书应当载明下列内容：

（一）招标人的名称和地址；

（二）招标项目的名称、技术标准、规模、投资情况、工期、实施地点和时间；

（三）获取招标文件或者资格预审文件的办法、时间和地点；

（四）招标人对投标人或者潜在投标人的资质要求；

（五）招标人认为应当公告或者告知的其他事项。

第二十三条 资格预审文件和招标文件的发售时间不得少于5个工作日。

第二十四条 招标人应当合理确定投标人编制资格预审申请文件和投标文件的时间。

采用资格预审的招标项目，潜在投标人编制资格预审申请文件的时间，自开始发售资格预审文件之日起至提交资格预审申请文件截止之日止，不得少于14日。

投标人编制投标文件的时间，自发售招标文件之日起至提交投标文件截止之日止，不得少于20日。

第二十五条 招标人发出的招标文件补遗书至少应当在投标截止日期15日前以书面形式通知所有投标人或者潜在投标人。补遗书应当向招标文件的备案部门补充备案。

第二十六条 招标人应当根据编制成本，合理确定资格预审文件和招标文件的售价。

第三章 投 标

第二十七条 公路工程施工监理投标人是依法取得交通主管部门颁发的监理企业资质，响应招标、参加投标竞争的监理企业。

第二十八条 招标人允许监理企业以联合体方式投标的，联合体应当符合以下要求：

（一）联合体成员可以由两个以上监理企业组成，联合体各方均应当具备承担招标项目的相应能力和招标文件规定的资格条件。由同一专业的监理企业组成的联合体，按照资质等级较低的企业确定资质等级。

（二）联合体各方应当签订共同投标协议，约定各方拟承担的工作和责任，并将共同投标协议连同投标文件一并提交招标人。联合体各方签订共同投标协议后，只能以一个投标人的身份投标，不得针对同一标段再以各自名义单独投标或者参加其他联合体投标。

第二十九条 投标人应当按照招标文件的要求编制投标文件，并对招标文件提出的实质性要求和条件作出响应。

第三十条 采用本办法规定的技术评分合理标价法和综合评标法的项目，投标文件由商务文件、技术建议书、财务建议书组成。商务文件和技术建议书应当密封于一个信封中，财务建议书密封于另一个信封中。上述两个信封应当再密封于同一信封内，成为一份投标文件。

采用本办法规定的固定标价评分法的项目，投标文件由商务文件、技术建议书组成。商务文件和技术建议书应当密封于一个信封中，成为一份投标文件。

投标文件及任何说明函件应当经投标人盖章，投标文件内的任何有文字页须经其法定代表人或者其授权的代理人签字。

第四章 开标、评标和中标

第三十一条 开标由招标人主持，邀请所有投标人的法定代表人或其授权的代理人参加。

交通主管部门应当对开标过程进行监督。

第三十二条 开标时，由投标人或者其推选的代表检查投标文件的密封情况，也可以由招标人委托的公证机构进行检查并公证。经确认无误后，当众拆封商务文件和技术建议书所在的信封，宣读投标人名称和主要监理人员等内容。

投标文件中财务建议书所在的信封在开标时不予拆封，由交通主管部门妥善保存。在评标委员会完成对投标人的商务文件和技术建议书的评分后，在交通主管部门的监督下，再由评标委员会拆封参与评分的投标人的财务建议书的信封。

第三十三条 开标过程应当记录,并存档备查。

第三十四条 投标人少于三个的,招标人应当重新招标。

第三十五条 招标人设有标底的,标底应当符合有关价格管理规定。标底应当综合考虑项目特点、要求投入的监理人员、配备的监理设备等因素。标底应当在开标时予以公布。

招标人不设标底且不采用固定标价评分法的,招标人可以在规定的范围内设定投标报价上下限。

第三十六条 评标工作由招标人依法组建的评标委员会负责。

对国家和交通部重点公路建设项目,评标委员会的专家应当从交通部设立的监理专家库中随机抽取,或者根据交通部授权从省级交通主管部门设立的监理专家库中随机抽取;其他公路建设项目评标委员会的专家从省级交通主管部门设立的监理专家库中随机抽取。

第三十七条 评标委员会应当按照招标文件确定的评标标准和方法,对投标文件进行评审和比较。未列入招标文件的评标标准和方法,不得作为评标的依据。

第三十八条 评标可以使用固定标价评分法、技术评分合理标价法、综合评标法以及法律、法规允许的其他评标方法。

固定标价评分法,是指由招标人按照价格管理规定确定监理招标标段的公开标价,对投标人的商务文件和技术建议书进行评分,并按照得分由高至低排序,确定得分最高者为中标候选人的方法。

技术评分合理标价法,是指对投标人的商务文件和技术建议书进行评分,并按照得分由高至低排序,确定得分前两名中的投标价较低者为中标候选人的方法。

综合评标法,是指对投标人的商务文件和技术建议书、财务建议书进行评分、排序,确定得分最高者为中标候选人的方法。其中财务建议书的评分权值应当不超过10%。

第三十九条 评标委员会成员应当客观、公正地履行职务,遵守职业道德,对所提出的评审意见承担个人责任。

评标委员会成员及参加评标的有关工作人员不得私下接触投标人,不得收受商业贿赂。

第四十条 评标委员会完成评标后,应当向招标人提交书面评标报告。

评标报告应当包括以下内容:

(一)评标委员会的成员名单;

(二)开标记录情况;

(三)符合要求的投标人情况;

(四)评标采用的标准、评标办法;

(五)投标人排序;

(六)推荐的中标候选人;

(七)需要说明的其他事项。

第四十一条 招标人确定中标人后,应当及时向中标人发出中标通知书,并同时将中标结果告知所有的投标人。

第四十二条 招标人和中标人应当自中标通知书发出之日起30日内订立书面合同。招标人和中标人均不得提出招标文件和投标文件之外的任何其他条件。

招标文件中要求中标人提交履约担保的,中标人应当按要求的金额、时间和形式提交。以保证金形式提交的,金额一般不得超过合同价的5%。

第四十三条 招标人应当在与中标人签订合同后的5个工作日内，向中标人和未中标的投标人退还投标保证金。

第五章 法律责任

第四十四条 违反本办法，由交通主管部门根据各自的职责权限按照《招标投标法》和有关法规、规章及本办法进行处罚。

第四十五条 招标人有下列情形之一的，交通主管部门责令其限期改正，根据情节可以处三万元以下的罚款。

（一）公开招标的项目未在国家指定的媒介发布招标公告的；

（二）应当公开招标而不公开招标的；

（三）不具备招标条件而进行招标的；

（四）资格预审文件及招标文件出售时限、潜在投标人提交资格预审申请文件的时限、投标人提交投标文件的时限少于规定时限的；

（五）在规定时限外接收资格预审申请文件和投标文件的。

第四十六条 评标过程中有下列情形之一的，评标无效，应当依法重新进行评标。

（一）使用招标文件没有确定的评标标准和方法评标的；

（二）评标标准和方法含有倾向或者排斥投标人的内容，妨碍或者限制投标人之间竞争，且影响评标结果的；

（三）应当回避担任评标委员会成员的人员参与评标的；

（四）评标委员会的组建及人员组成不符合法定要求的。

第四十七条 评标委员会成员及参加评标的有关工作人员收受投标人的商业贿赂，向他人透露对投标文件的评审和比较、中标候选人的推荐以及与评标有关的其他情况的，给予警告，没收收受的财物，可以并处三千元以上五万元以下的罚款，对评标委员会成员，如有上述违规行为，则取消其担任评标委员会成员的资格，不得再参加任何依法必须进行招标的项目的评标；构成犯罪的，依法追究刑事责任。

第四十八条 交通主管部门及其所属质量监督机构的工作人员违反本办法规定，在监理招标投标活动的监督管理工作中徇私舞弊、收受商业贿赂、滥用职权或者玩忽职守，构成犯罪的，依法追究刑事责任；不构成犯罪的，依法给予行政处分。

第六章 附 则

第四十九条 国际金融组织或者外国政府贷款、援助资金的公路工程项目，贷款方或者资金提供方对施工监理招标投标的具体条件和程序有不同规定的，可以适用其规定，但不得违背中华人民共和国的社会公众利益。

第五十条 本办法自2006年7月1日起施行。交通部1998年12月28日发布的《公路工程施工监理招标投标管理办法》（交通部令1998年第9号）同时废止。

附录九

公路工程施工招标投标管理办法

（中华人民共和国交通部令2006年第7号）

第一章 总 则

第一条 为规范公路工程施工招标投标活动，保证公路工程施工质量，维护招标投标活动各方当事人合法权益，依据《中华人民共和国公路法》、《中华人民共和国招标投标法》，制定本办法。

第二条 在中华人民共和国境内进行公路工程施工招标投标活动，适用本办法。

本办法所称公路工程，包括公路、公路桥梁、公路隧道及与之相关的安全设施、防护设施、监控设施、通信设施、收费设施、绿化设施、服务设施、管理设施等公路附属设施的新建、改建与安装工程。

第三条 下列公路工程施工项目必须进行招标，但涉及国家安全、国家秘密、抢险救灾或者利用扶贫资金实行以工代赈等不适宜进行招标的项目除外。

（一）投资总额在3 000万元人民币以上的公路工程施工项目；

（二）施工单项合同估算价在200万元人民币以上的公路工程施工项目；

（三）法律、行政法规规定应当招标的其他公路工程施工项目。

第四条 公路工程施工招标投标活动应当遵循公开、公平、公正和诚信的原则。

第五条 依法必须进行招标的公路工程施工项目，其招标投标活动不受地区或者部门的限制，任何具备从事公路建设规定条件的企业法人都可以参加投标。

任何组织和个人不得以任何方式非法干预公路工程施工招标投标活动。

第六条 交通部依法负责全国公路工程施工招标投标活动的监督管理。

县级以上地方人民政府交通主管部门按照各自职责依法负责本行政区域内公路工程施工招标投标活动的监督管理。

第二章 招 标

第七条 公路工程施工招标的项目应当具备下列条件：

（一）初步设计文件已被批准；

（二）建设资金已经落实；

（三）项目法人已经确定，并符合项目法人资格标准要求。

第八条 公路工程施工招标的招标人，应当是依照本办法规定提出公路工程施工招标项目、进行公路工程施工招标的项目法人。

第九条 具备下列条件的招标人，可以自行办理招标事宜。

（一）具有与招标项目相适应的工程管理、造价管理、财务管理能力；

(二)具有组织编制公路工程施工招标文件的能力;

(三)具有对投标人进行资格审查和组织评标的能力。

招标人不具备本条前款规定条件的,应当委托具有相应资格的招标代理机构办理公路工程施工招标事宜。

任何组织和个人不得为招标人指定招标代理机构。

第十条 公路工程施工招标分为公开招标和邀请招标。

采用公开招标的,招标人应当通过国家指定的报刊、信息网络或者其他媒体发布招标公告,邀请具备相应资格的不特定的法人投标。

采用邀请招标的,招标人应当以发送投标邀请书的方式,邀请三家以上具备相应资格的特定的法人投标。

第十一条 公路工程施工招标应当实行公开招标,法律、行政法规和本办法另有规定的除外。

符合下列条件之一,不适宜公开招标的,依法履行审批手续后,可以进行邀请招标。

(一)项目技术复杂或有特殊技术要求,且符合条件的潜在投标人数量有限的;

(二)受自然地域环境限制的;

(三)公开招标的费用与工程费用相比,所占比例过大的。

第十二条 公路工程施工招标,可以对整个建设项目分标段一次招标,也可以根据不同专业、不同实施阶段分别进行招标,但不得将招标工程化整为零或者以其他任何方式规避招标。

第十三条 公路工程施工招标标段,应当按照有利于对项目实施管理和规模化施工的原则,合理划分。

施工工期应当按照批复的初步设计建设工期,结合项目实际情况,合理确定。

第十四条 公路工程施工招标,应当按下列程序进行:

(一)确定招标方式。采用邀请招标的,应当按照国家规定报有关主管部门审批。

(二)编制投标资格预审文件和招标文件。招标文件按照本办法规定备案。

(三)发布招标公告,发售投标资格预审文件;采用邀请招标的,可直接发出投标邀请书,发售招标文件。

(四)对潜在投标人进行资格审查。

(五)向资格预审合格的潜在投标人发出投标邀请书和发售招标文件。

(六)组织潜在投标人考察招标项目工程现场,召开标前会。

(七)接受投标人的投标文件,公开开标。

(八)组建评标委员会评标,推荐中标候选人。

(九)确定中标人。评标报告和评标结果按照本办法规定备案并公示。

(十)发出中标通知书。

(十一)与中标人订立公路工程施工合同。

第十五条 公路工程施工招标投标应当对潜在投标人进行资格审查。

公路工程施工采用公开招标的,在招标公告发布后,招标人应当根据潜在投标人提交的资格预审申请文件,对潜在投标人的资格进行审查。招标人只向资格预审合格的潜在投标人发售招标文件。

公路工程施工采用邀请招标的,在投标邀请书发出后,招标人应当根据投标人提交的投标文件,对投标人的资格进行审查。

公路工程施工招标资格预审办法由交通部另行制定。

第十六条 招标人审查潜在投标人的资格,应当严格按照资格预审的规定进行,不得采用抽签、摇号等博彩性方式进行资格审查。

第十七条 招标人应当根据招标项目的特点和需要,编制招标文件。

二级及以上公路和大型桥梁、隧道工程的主体工程施工招标文件,应当按照交通部颁布的《公路工程国内招标文件范本》的格式和要求编制。

本条前款规定以外的其他公路工程和公路附属设施工程的施工招标文件,可参照《公路工程国内招标文件范本》的格式和内容编制,并可根据实际需要适当简化。

第十八条 招标文件中关于投标人的资质要求,应当符合法律、行政法规的规定。

招标人不得在招标文件中制订限制性条件阻碍或者排斥投标人,不得规定以获得本地区奖项等要求作为评标加分条件或者中标条件。

第十九条 招标文件应当载明以下主要内容:

(一)投标邀请书;

(二)投标人须知;

(三)公路工程施工合同条款;

(四)招标项目适用的技术规范;

(五)施工图设计文件;

(六)投标文件格式,包括投标书格式及投标书附录格式、投标书附表格式、工程量清单格式、投标担保文件格式、合同格式等。

投标人须知应当载明以下主要内容:

(一)评标标准和方法;

(二)工期要求;

(三)提交投标文件的起止时间、地点和方式;

(四)开标的时间和地点。

招标公告、投标邀请书应当载明下列内容:

(一)招标人的名称和地址;

(二)招标项目的名称、技术标准、规模、投资情况、工期、实施地点和时间;

(三)获取资格预审文件或者招标文件的办法、时间和地点;

(四)对潜在投标人的资质要求;

(五)招标人认为应当公告或者告知的其他事项。

第二十条 招标人应当按照招标公告或者投标邀请书规定的时间、地点出售资格预审文件和招标文件。资格预审文件和招标文件的发售时间不得少于5个工作日。

第二十一条 招标人应当合理确定资格预审申请文件和投标文件的编制时间。

编制资格预审申请文件的时间,自开始发售资格预审文件之日起至潜在投标人提交资格预审申请文件截止时间止,不得少于14日。

编制投标文件的时间,自招标文件开始发售之日起至投标人提交投标文件截止时间止,高速公路、一级公路、技术复杂的特大桥梁、特长隧道不得少于28日,其他公路工程不得少于20日。

第二十二条 国道主干线和国家高速公路网建设项目的工程施工招标文件应当报交通部备案，其他公路建设项目的工程施工招标文件应当按照项目管理权限报县级以上地方人民政府交通主管部门备案。

交通主管部门发现招标文件存在不符合法律、法规及规章规定内容的，应当在收到备案文件后的 7 日内，提出处理意见，及时行使监督检查职责。

第二十三条 招标人如需对已出售的招标文件进行必要的澄清或修改，应当在投标截止日期 15 日前以书面形式通知所有招标文件收受人，并应当按照第二十二条的规定备案。

对招标文件澄清或者修改的内容为招标文件的组成部分。

第二十四条 招标人设定标底的，可自行编制标底或者委托具备相应资格的单位编制标底。

标底编制应当符合国家有关工程造价管理的规定，并应当控制在批准的概算以内。

招标人应当采取措施，在开标前做好标底的保密工作。

第二十五条 国道主干线和国家高速公路网建设项目的资格预审结果报交通部备案，其他公路建设项目的资格预审结果按照项目管理权限报县级以上地方人民政府交通主管部门备案。

第三章 投 标

第二十六条 公路工程施工招标的投标人是响应招标、参加投标竞争的公路工程施工单位。

投标人应当具备招标文件规定的资格条件，具有承担所投标项目的相应能力。

第二十七条 两个以上施工单位可以组成联合体参加公路工程施工投标。联合体各成员单位都应当具备招标文件规定的相应资质条件。由同一专业施工单位组成的联合体，按照资质等级较低的单位确定资质等级。

以联合体形式参加公路工程施工投标的单位，应当在资格预审申请文件中注明，并提交联合体各成员单位共同签订的联合体协议。

联合体协议应当明确主办人及成员单位各自的权利和义务。

第二十八条 投标人应当按照招标文件的要求，按时参加招标人主持召开的标前会并勘察现场。

第二十九条 投标人应当按照招标文件的要求编制投标文件，并对招标文件提出的实质性要求和条件作出响应。

第三十条 投标人根据招标文件载明的项目实际情况，拟在中标后将中标项目的部分非关键性工作进行分包的，应当向招标人提交分包计划，并在投标文件中载明。分包单位的资质应当与其承担的工程规模标准相适应。

第三十一条 投标文件中投标书及投标书附录、投标报价部分应当由投标人的法定代表人或其授权的代理人签字，并加盖投标人印章，其他部分应当按照招标文件的要求签署。

投标文件应当由投标人密封，并按照招标文件规定的时间、地点和方式送达招标人。

第三十二条 投标文件按照要求送达后，在招标文件规定的投标截止时间前，投标人如需撤回或者修改投标文件，应当以正式函件提出并作出说明。

修改投标文件的函件是投标文件的组成部分，其形式要求、密封方式、送达时间，适用对投标文件的规定。

第三十三条 招标人对投标人按时送达并符合密封要求的投标文件,应当签收,并妥善保存。

招标人不得接受未按照要求密封的投标文件及投标截止时间后送达的投标文件。

第三十四条 投标人参加投标,不得弄虚作假,不得与其他投标人互相串通投标,不得采取贿赂以及其他不正当手段谋取中标,不得妨碍其他投标人投标。

第四章 开标、评标和中标

第三十五条 开标时间应当与招标文件中确定的提交投标文件的截止时间一致。

开标地点应当是招标文件中预先确定的地点,不得随意变更。

第三十六条 开标应当公开进行。

开标由招标人主持,邀请交通主管部门和所有投标人的法定代表人或其授权的代理人参加。

第三十七条 开标时,由投标人或者其推选的代表检查投标文件的密封情况,也可以由招标人委托的公证机构检查并予以公证。

投标文件的密封情况经确认无误后,招标人应当当众拆封,并宣读投标人名称、投标价格和投标文件的其他主要内容。

招标人设有标底的,应当同时公布标底。

第三十八条 招标人应当记录开标过程,并存档备查。

第三十九条 评标由招标人依法组建的评标委员会负责。

评标委员会由招标人的代表和技术、经济专家组成。评标委员会委员人数为五人以上单数,其中专家人数不得少于成员总数的三分之二。

第四十条 国道主干线和国家高速公路网建设项目,评标委员会专家从交通部设立的评标专家库中随机抽取,其他公路建设项目的评标委员会专家从省级人民政府交通主管部门设立的评标专家库中随机抽取。

与投标人有利害关系的人员不得进入相关招标项目的评标委员会。

第四十一条 评标委员会成员名单在中标结果确定前应当保密。

第四十二条 评标委员会成员应当客观、公正地履行职责,遵守职业道德,对所提出的评审意见承担责任。

评标委员会成员不得私下接触投标人,不得收受贿赂或者投标人的其他好处,不得透露对投标文件的评审、中标候选人的推荐情况以及与评标有关的其他情况。评标委员会成员存在违规行为的,一经查实,取消其评标委员会成员资格,并不得再参加任何依法必须进行招标的项目的评标。

任何单位和个人不得非法干预、影响评标过程和结果。

第四十三条 评标委员会可以要求投标人对投标文件中含义不明确的内容作出必要的澄清或者说明,但是澄清或者说明不得超出或者改变投标文件的实质性内容。

第四十四条 公路工程施工招标的评标方法可以使用合理低价法、最低评标价法、综合评估法和双信封评标法以及法律、法规允许的其他评标方法。

合理低价法,是指对通过初步评审和详细评审的投标人,不对其施工组织设计、财务能力、技术能力、业绩及信誉进行评分，而是按招标文件规定的方法对评标价进行评分，并按照得分由高到低的顺序排列，推荐前3名投标人为中标候选人的评标方法。

最低评标价法，是指按由低到高顺序对评标价不低于成本价的投标文件进行初步评审和详细评审，推荐通过初步评审和详细评审且评标价最低的前3名投标人为中标候选人的评标方法。

综合评估法，是指对所有通过初步评审和详细评审的投标人的评标价、财务能力、技术能力、管理水平以及业绩与信誉进行综合评分，按综合评分由高到低排序，并推荐前3名投标人为中标候选人的评标方法。

双信封评标法，是指投标人将投标报价和工程量清单单独密封在一个报价信封中，其他商务和技术文件密封在另外一个信封中，分两次开标的评标方法。第一次开商务和技术文件信封，对商务和技术文件进行初步评审和详细评审，确定通过商务和技术评审的投标人名单。第二次再开通过商务和技术评审投标人的投标报价和工程量清单信封，当场宣读其报价，再按照招标文件规定的评标办法进行评标，推荐中标候选人。对未通过商务和技术评审的投标人，其报价信封将不予开封，当场退还给投标人。

公路工程施工招标评标，一般应当使用合理低价法。使用世界银行、亚洲开发银行等国际金融组织贷款的项目和工程规模较小、技术含量较低的工程，可使用最低评标价法。

第四十五条　评标委员会应当按照招标文件确定的评标标准和方法，对投标文件进行评审和比较。

招标文件中没有规定的标准和方法，不得作为评标的依据。

第四十六条　评标委员会完成评标工作后，应当向招标人提出书面评标报告。评标报告应当由所有评标委员会委员签字。

评标报告应当载明以下内容：

(一)评标委员会的成员名单；

(二)开标记录情况；

(三)评标采用的标准和方法；

(四)对投标人的评价；

(五)符合要求的投标人情况；

(六)推荐的中标候选人；

(七)需要说明的其他事项。

第四十七条　评标委员会推荐的中标候选人应当限定在1至3人，并标明排列顺序。

招标人应当根据评标委员会提出的书面评标报告确定排名第一的中标候选人为中标人。排名第一的中标候选人放弃中标、因不可抗力不能履行合同或者在招标文件规定的期限内未能提交履约担保的，招标人可以确定排名第二的中标候选人为中标人。

排名第二的中标候选人因前款规定的原因也不能签订合同的，招标人可以确定排名第三的中标候选人为中标人。

招标人可以授权评标委员会直接确定中标人。

第四十八条　招标人应当将评标结果在招标项目所在地省级交通主管部门政府网站上公示，接受社会监督。公示时间不少于7日。

第四十九条　属于下列情况之一的，应当作为废标处理。

(一)投标文件未经法定代表人或者其授权代理人签字,或者未加盖投标人公章;

(二)投标文件字迹潦草、模糊,无法辨认;

(三)投标人对同一标段提交两份以上内容不同的投标文件,未书面声明其中哪一份有效;

(四)投标人在招标文件未要求选择性报价时,对同一个标段有两个或两个以上的报价;

(五)投标人承诺的施工工期超过招标文件规定的期限或者对合同的重要条款有保留;

(六)投标人未按招标文件要求提交投标保证金;

(七)投标文件不符合招标文件实质性要求的其他情形。

第五十条 有下列情形之一的,招标人应当依照本办法重新招标。

(一)少于3个投标人的;

(二)经评标委员会评审,所有投标均不符合招标文件要求的;

(三)由于招标人、招标代理人或投标人的违法行为导致中标无效的;

(四)中标人均未与招标人签订公路工程施工合同的。

重新招标的,招标文件、资格预审结果和评标报告应当按照本办法的规定重新报交通主管部门备案,招标文件未作修改的可以不再备案。

第五十一条 招标人确定中标人后,应当向中标人发出中标通知书,并同时将中标结果通知所有未中标的投标人。

第五十二条 招标人应当自确定中标人之日起15日内,将评标报告向第二十二条规定的备案机关进行备案。

第五十三条 招标人和中标人应当自中标通知书发出之日起30日内订立书面公路工程施工合同。

公路工程施工合同应当按照招标文件、中标人的投标文件、中标通知书订立。

招标人和中标人不得再行订立背离合同实质性内容的其他协议。

第五十四条 招标人应当自订立公路工程施工合同之日起5个工作日内,向中标人和未中标的投标人退还投标保证金。由于中标人自身原因放弃中标,招标文件约定放弃中标不予返还投标保证金的,中标人无权要求返还投标保证金。

第五章 附 则

第五十五条 违反本办法及《招标投标法》的行为,依法承担相应的法律责任。

第五十六条 使用国际金融组织或者外国政府贷款的公路工程施工招标,贷款方或者资金提供方对施工招标投标的具体条件和程序有特殊规定的,可以适用其规定,但不得违背中华人民共和国的社会公共利益。交通部对其有另行规定的,适用其规定。

第五十七条 本办法自2006年8月1日起施行,交通部2002年6月6日发布的《公路工程施工招标投标管理办法》同时废止。

附录十

公路建设市场管理办法

（中华人民共和国交通部令2004年第14号）

第一章 总 则

第一条 为加强公路建设市场管理，规范公路建设市场秩序，保证公路工程质量，促进公路建设市场健康发展，根据《中华人民共和国公路法》、《中华人民共和国招标投标法》、《建设工程质量管理条例》，制定本办法。

第二条 本办法适用于各级交通主管部门对公路建设市场的监督管理活动。

第三条 公路建设市场遵循公平、公正、公开、诚信的原则。

第四条 国家建立和完善统一、开放、竞争、有序的公路建设市场，禁止任何形式的地区封锁。

第五条 本办法中下列用语的含义是指：

公路建设市场主体是指公路建设的从业单位和从业人员。

从业单位是指从事公路建设的项目法人，项目建设管理单位，咨询、勘察、设计、施工、监理、试验检测单位，提供相关服务的社会中介机构以及设备和材料的供应单位。

从业人员是指从事公路建设活动的人员。

第二章 管理职责

第六条 公路建设市场管理实行统一管理、分级负责。

第七条 国务院交通主管部门负责全国公路建设市场的监督管理工作，主要职责是：

（一）贯彻执行国家有关法律、法规，制定全国公路建设市场管理的规章制度；

（二）组织制定和监督执行公路建设的技术标准、规范和规程；

（三）依法实施公路建设市场准入管理、市场动态管理，并依法对全国公路建设市场进行监督检查；

（四）建立公路建设行业评标专家库，加强评标专家管理；

（五）发布全国公路建设市场信息；

（六）指导和监督省级地方人民政府交通主管部门的公路建设市场管理工作；

（七）依法受理举报和投诉，依法查处公路建设市场违法行为；

（八）法律、行政法规规定的其他职责。

第八条 省级人民政府交通主管部门负责本行政区域内公路建设市场的监督管理工作，主要职责是：

（一）贯彻执行国家有关法律、法规、规章和公路建设技术标准、规范和规程，结合本行政区域内的实际情况，制订具体的管理制度；

（二）依法实施公路建设市场准入管理，对本行政区域内公路建设市场实施动态管理和监督检查；

（三）建立本地区公路建设招标评标专家库，加强评标专家管理；

（四）发布本行政区域公路建设市场信息，并按规定向国务院交通主管部门报送本行政区域公路建设市场的信息；

（五）指导和监督下级交通主管部门的公路建设市场管理工作；

（六）依法受理举报和投诉，依法查处本行政区域内公路建设市场违法行为；

（七）法律、法规、规章规定的其他职责。

第九条 省级以下地方人民政府交通主管部门负责本行政区域内公路建设市场的监督管理工作，主要职责是：

（一）贯彻执行国家有关法律、法规、规章和公路建设技术标准、规范和规程；

（二）配合省级地方人民政府交通主管部门进行公路建设市场准入管理和动态管理；

（三）对本行政区域内公路建设市场进行监督检查；

（四）依法受理举报和投诉，依法查处本行政区域内公路建设市场违法行为；

（五）法律、法规、规章规定的其他职责。

第三章 市场准入管理

第十条 凡符合法律、法规规定的市场准入条件的从业单位和从业人员均可进入公路建设市场，任何单位和个人不得对公路建设市场实行地方保护，不得对符合市场准入条件的从业单位和从业人员实行歧视待遇。

第十一条 公路建设项目依法实行项目法人负责制。项目法人可自行管理公路建设项目，也可委托具备法人资格的项目建设管理单位进行项目管理。

项目法人或者其委托的项目建设管理单位的组织机构、主要负责人的技术和管理能力应当满足拟建项目的管理需要，符合国务院交通主管部门有关规定的要求。

第十二条 收费公路建设项目法人和项目建设管理单位进入公路建设市场实行备案制度。

收费公路建设项目可行性研究报告批准或依法核准后，项目投资主体应当成立或者明确项目法人。项目法人应当按照项目管理的隶属关系将其或者其委托的项目建设管理单位的有关情况报交通主管部门备案。

对不符合规定要求的项目法人或者项目建设管理单位，交通主管部门应当提出整改要求。

第十三条 公路工程勘察、设计、施工、监理、试验检测等从业单位应当按照法律、法规的规定，取得有关管理部门颁发的相应资质后，方可进入公路建设市场。

第十四条 法律、法规对公路建设从业人员的执业资格作出规定的，从业人员应当依法取得相应的执业资格后，方可进入公路建设市场。

第四章 市场主体行为管理

第十五条 公路建设从业单位和从业人员在公路建设市场中必须严格遵守国家有关法律、法规和规章，严格执行公路建设行业的强制性标准、各类技术规范及规程的要求。

第十六条 公路建设项目法人必须严格执行国家规定的基本建设程序，不得违反或者擅自简化基本建设程序。

第十七条 公路建设项目法人负责组织有关专家或者委托有相应工程咨询或者设计资质的单位,对施工图设计文件进行审查。施工图设计文件审查的主要内容包括:

(一)是否采纳工程可行性研究报告、初步设计批复意见;

(二)是否符合公路工程强制性标准、有关技术规范和规程要求;

(三)施工图设计文件是否齐全,是否达到规定的技术深度要求;

(四)工程结构设计是否符合安全和稳定性要求。

第十八条 公路建设项目法人应当按照项目管理隶属关系将施工图设计文件报交通主管部门审批。施工图设计文件未经审批的,不得使用。

第十九条 申请施工图设计文件审批应当向相关的交通主管部门提交以下材料:

(一)施工图设计的全套文件;

(二)专家或者委托的审查单位对施工图设计文件的审查意见;

(三)项目法人认为需要提交的其他说明材料。

第二十条 交通主管部门应当自收到完整齐备的申请材料之日起20日内审查完毕。经审查合格的,批准使用,并将许可决定及时通知申请人。审查不合格的,不予批准使用,应当书面通知申请人并说明理由。

第二十一条 公路建设项目法人应当按照公开、公平、公正的原则,依法组织公路建设项目的招标投标工作。不得规避招标,不得对潜在投标人和投标人实行歧视政策,不得实行地方保护和暗箱操作。

第二十二条 公路工程的勘察、设计、施工、监理单位和设备、材料供应单位应当依法投标,不得弄虚作假,不得串通投标,不得以行贿等不合法手段谋取中标。

第二十三条 公路建设项目法人与中标人应当根据招标文件和投标文件签订合同,不得附加不合理、不公正条款,不得签订虚假合同。

国家投资的公路建设项目,项目法人与施工、监理单位应当按照国务院交通主管部门的规定,签订廉政合同。

第二十四条 公路建设项目依法实行施工许可制度。国家和国务院交通主管部门确定的重点公路建设项目的施工许可由国务院交通主管部门实施,其他公路建设项目的施工许可按照项目管理权限由县级以上地方人民政府交通主管部门实施。

第二十五条 项目施工应当具备以下条件:

(一)项目已列入公路建设年度计划;

(二)施工图设计文件已经完成,并经审批同意;

(三)建设资金已经落实,并经交通主管部门审计;

(四)征地手续已办理,拆迁基本完成;

(五)施工、监理单位已依法确定;

(六)已办理质量监督手续,已落实保证质量和安全的措施。

第二十六条 项目法人在申请施工许可时,应当向相关的交通主管部门提交以下材料:

(一)施工图设计文件批复;

(二)交通主管部门对建设资金落实情况的审计意见;

(三)国土资源部门关于征地的批复或者控制性用地的批复;

（四）建设项目各合同段的施工单位和监理单位名单、合同价情况；

（五）应当报备的资格预审报告、招标文件和评标报告；

（六）已办理的质量监督手续材料；

（七）保证工程质量和安全措施的材料。

第二十七条 交通主管部门应当自收到完整齐备的申请材料之日起20日内作出行政许可决定。予以许可的，应当将许可决定及时通知申请人；不予许可的，应当书面通知申请人，并说明理由。

第二十八条 公路建设从业单位应当按照合同约定全面履行义务：

（一）项目法人应当按照合同约定履行相应的职责，为项目实施创造良好的条件。

（二）勘察、设计单位应当按照合同约定，按期提供勘察设计资料和设计文件。工程实施过程中，应当按照合同约定派驻设计代表，提供设计后续服务。

（三）施工单位应当按照合同约定组织施工，管理和技术人员及施工设备应当及时到位，以满足工程需要。要均衡组织生产，加强现场管理，确保工程质量和进度，做到文明施工和安全生产。

（四）监理单位应当按照合同约定配备人员和设备，建立相应的现场监理机构，健全监理管理制度，保持监理人员稳定，确保对工程的有效监理。

（五）设备和材料供应单位应当按照合同约定，确保供货质量和时间，做好售后服务工作。

（六）试验检测单位应当按照试验规程和合同约定进行取样、试验和检测，提供真实、完整的试验检测资料。

第二十九条 公路工程实行政府监督、法人管理、社会监理、企业自检的质量保证体系。交通主管部门及其所属的质量监督机构对工程质量负监督责任，项目法人对工程质量负管理责任，勘察设计单位对勘察设计质量负责，施工单位对施工质量负责，监理单位对工程质量负现场管理责任，试验检测单位对试验检测结果负责，其他从业单位和从业人员按照有关规定对其产品或者服务质量负相应责任。

第三十条 各级交通主管部门及其所属的质量监督机构对工程建设项目进行监督检查时，公路建设从业单位和从业人员应当积极配合，不得拒绝和阻挠。

第三十一条 公路建设从业单位和从业人员应当严格执行国家有关安全生产的法律、法规、国家标准及行业标准，建立健全安全生产的各项规章制度，明确安全责任，落实安全措施，履行安全管理的职责。

第三十二条 发生工程质量、安全事故后，从业单位应当按照有关规定及时报有关主管部门，不得拖延和隐瞒。

第三十三条 公路建设项目法人应当合理确定建设工期，严格按照合同工期组织项目建设。项目法人不得随意要求更改合同工期。如遇特殊情况，确需缩短合同工期的，经合同双方协商一致，可以缩短合同工期，但应当采取措施，确保工程质量，并按照合同规定给予经济补偿。

第三十四条 公路建设项目法人应当按照国家有关规定管理和使用公路建设资金，做到专款专用，专户储存；按照工程进度，及时支付工程款；按照规定的期限及时退还保证金，办理工程结算。不得拖欠工程款和征地拆迁款，不得挤占挪用建设资金。

施工单位应当加强工程款管理，做到专款专用，不得拖欠分包人的工程款和农民工工资。

项目法人对工程款使用情况进行监督检查时，施工单位应当积极配合，不得阻挠和拒绝。

第三十五条 公路建设从业单位和从业人员应当严格执行国家和地方有关环境保护和土地管理的规定，采取有效措施保护环境和节约用地。

第三十六条 公路建设项目法人、监理单位和施工单位对勘察设计中存在的问题应当及时提出设计变更的意见，并依法履行审批手续。设计变更应当符合国家制定的技术标准和设计规范要求。

任何单位和个人不得借设计变更虚报工程量或者提高单价。

重大工程变更设计应当按有关规定报原初步设计审批部门批准。

第三十七条 勘察、设计单位经项目法人批准，可以将工程设计中跨专业或者有特殊要求的勘察、设计工作委托给有相应资质条件的单位，但不得转包或者二次分包。

监理工作不得分包或者转包。

第三十八条 施工单位可以将非关键性工程或者适合专业化队伍施工的分部工程分包给具有相应资质的单位，并对分包工程负连带责任。允许分包的工程范围应当在招标文件中规定，分包的工程不得超过总工程量的30%。分包工程不得再次分包，严禁转包。

任何单位和个人不得违反规定指定分包、指定采购或者分割工程。

项目法人和监理单位应当加强对施工单位工程分包的管理，工程分包计划和所有分包协议须报监理工程师审查，并报项目法人同意。

第三十九条 施工单位可以直接招用农民工或者将劳务作业发包给具有劳务分包资质的劳务分包人。施工单位招用农民工的，应当依法签订劳动合同，并将劳动合同报项目监理工程师和项目法人备案。

施工单位和劳务分包人应当按照合同按时支付劳务工资，落实各项劳动保护措施，确保农民工安全。

劳务分包人应当接受施工单位的管理，按照技术规范要求进行劳务作业。劳务分包人不得将其分包的劳务作业再次分包。

第四十条 项目法人和监理单位应当加强对施工单位使用农民工的管理，对不签订劳动合同、非法使用农民工的，或者拖延和克扣农民工工资的，要予以纠正。拒不纠正的，项目法人要及时将有关情况报交通主管部门调查处理。

第四十一条 项目法人应当按照交通部《公路工程竣（交）工验收办法》的规定及时组织项目的交工验收，并报请交通主管部门进行竣工验收。

第五章　动 态 管 理

第四十二条 各级交通主管部门应当加强对公路建设从业单位和从业人员的市场行为的动态管理。应当建立举报投诉制度，查处违法行为，对有关责任单位和责任人依法进行处理。

第四十三条 国务院交通主管部门和省级地方人民政府交通主管部门应当建立公路建设市场的信用管理体系，对进入公路建设市场的从业单位和主要从业人员在招投标活动、签订合同和履行合同中的信用情况进行记录，并向社会公布。

第四十四条 公路工程勘察、设计、施工、监理等从业单位应当按照项目管理的隶属关系，向交通主管部门提供本单位的基本情况、承接任务情况和其他动态信息，并对所提供信息的真实性、准确性和完整性负责。项目法人应当将其他从业单位在建设项目中的履约情况，按照项目管理的隶属关系报交通主管部门，由交通主管部门核实后记入从业单位信用记录中。

第四十五条 从业单位和主要从业人员的信用记录应当作为公路建设项目招标资格审查和评标工作的重要依据。

第六章 法律责任

第四十六条 对公路建设从业单位和从业人员违反本办法规定进行的处罚，国家有关法律、法规和交通部规章已有规定的，适用其规定；没有规定的，由交通主管部门根据各自的职责按照本办法规定进行处罚。

第四十七条 项目法人违反本办法规定，实行地方保护的，或者对公路建设从业单位和从业人员实行歧视待遇的，由交通主管部门责令改正。

第四十八条 从业单位违反本办法规定，在申请公路建设从业许可时，隐瞒有关情况或者提供虚假材料的，行政机关不予受理或者不予行政许可，并给予警告，行政许可申请人在 1 年内不得再次申请该行政许可。

被许可人以欺骗、贿赂等不正当手段取得从业许可的，行政机关应当依照法律、法规给予行政处罚，申请人在 3 年内不得再次申请该行政许可；构成犯罪的，依法追究刑事责任。

第四十九条 投标人相互串通投标或者与招标人串通投标的，投标人以向招标人或者评标委员会成员行贿的手段谋取中标的，中标无效，处中标项目金额 5‰以上 10‰以下的罚款，对单位直接负责的主管人员和其他直接责任人员，处单位罚款数额 5%以上 10%以下的罚款；有违法所得的，并处没收违法所得；情节严重的，取消其 1 年至 2 年内参加依法必须进行招标的项目的投标资格并予以公告；构成犯罪的，依法追究刑事责任；给他人造成损失的，依法承担赔偿责任。

第五十条 投标人以他人名义投标或者以其他方式弄虚作假，骗取中标的，中标无效，给招标人造成损失的，依法承担赔偿责任；构成犯罪的，依法追究刑事责任。

依法必须进行招标的项目的投标人有前款所列行为尚未构成犯罪的，处中标项目金额 5‰以上 10‰以下的罚款，对单位直接负责的主管人员和其他直接责任人员，处单位罚款数额 5%以上 10%以下的罚款；有违法所得的，并处没收违法所得；情节严重的，取消其 1 年至 3 年内参加依法必须进行招标的项目的投标资格并予以公告。

第五十一条 项目法人违反本办法规定，拖欠工程款和征地拆迁款的，由交通主管部门责令改正，并由有关部门依法对有关责任人员给予行政处分。

第五十二条 除因不可抗力不能履行合同的，中标人不按照与招标人订立的合同履行施工质量、施工工期等义务，造成重大或者特大质量和安全事故，或者造成工期延误的，取消其 2 年至 5 年内参加依法必须进行招标的项目的投标资格并予以公告。

第五十三条 施工单位有以下违法违规行为的，由交通主管部门责令改正，并由有关部门依法对有关责任人员给予行政处分。

(一)违反本办法规定，拖欠分包人工程款和农民工工资的；

(二)违反本办法规定，造成生态环境破坏和乱占土地的；

(三)违反本办法规定，在变更设计中弄虚作假的；

(四)违反本办法规定，不按规定签订劳动合同的。

第五十四条 违反本办法规定，承包单位将承包的工程转包或者违法分包的，责令改正，没收违法所得，对勘察、设计单位处合同约定的勘察费、设计费25%以上50%以下的罚款；对施工单位处工程合同价款5‰以上10‰以下的罚款，可以责令停业整顿，降低资质等级；情节严重的，吊销资质证书。

工程监理单位转让工程监理业务的，责令改正，没收违法所得，处合同约定的监理酬金25%以上50%以下的罚款，可以责令停业整顿，降低资质等级；情节严重的，吊销资质证书。

第五十五条 公路建设从业单位违反本办法规定，在向交通主管部门填报有关市场信息时弄虚作假的，由交通主管部门责令改正。

第五十六条 各级交通主管部门和其所属的质量监督机构的工作人员违反本办法规定，在建设市场管理中徇私舞弊、滥用职权或者玩忽职守的，按照国家有关规定处理。构成犯罪的，由司法部门依法追究刑事责任。

第七章 附 则

第五十七条 本办法由交通部负责解释。

第五十八条 本办法自2005年3月1日起施行。交通部1996年7月11日公布的《公路建设市场管理办法》同时废止。

附录十一

公路工程施工招标资格预审办法

（交公路发[2006]57 号）

第一章 总 则

第一条 为规范公路工程施工招标资格预审工作，依据《中华人民共和国招标投标法》和《公路工程施工招标投标管理办法》，制定本办法。

第二条 公路工程施工招标实行资格预审的，适用本办法。

第三条 公路工程施工招标资格预审是指招标人在发出投标邀请前，对潜在投标人的投标资格进行的审查。只有通过资格预审的潜在投标人，方可取得投标资格。

第四条 潜在投标人是具有独立法人资格、持有营业执照、具有与招标项目相应的施工资质和施工能力的施工企业。

第五条 资格预审工作由招标人负责，任何单位和个人不得非法干预。

第六条 资格预审工作应遵循公开、公平、公正、科学、择优的原则，不得实行地方保护和行业保护，不得对不同地区、不同行业的潜在投标人设定不同的资格标准。

第二章 资格预审程序和要求

第七条 资格预审按下列程序进行：

（一）招标人编制资格预审文件；

（二）发布资格预审公告；

（三）出售资格预审文件；

（四）潜在投标人编制并递交资格预审申请文件；

（五）对资格预审申请文件进行评审；

（六）编写资格评审报告；

（七）发出资格预审结果通知。

第八条 资格预审文件应当载明以下主要内容：

（一）资格预审公告；

（二）资格预审须知；

（三）资格预审申请表格式；

（四）有关附件：工程概况、各标段详细情况、计划工期、实施要求、建设环境与条件、招标时间安排等。

招标人应根据工程实际，科学划分标段，合理确定资格标准。

第九条 资格预审公告应当载明以下内容：

（一）招标人的名称和地址；

(二)招标项目和各标段的基本情况；

(三)各标段投标人的合格条件和资质要求；

(四)获得资格预审文件的办法、时间、地点和费用；

(五)递交资格预审申请文件的地点和截止时间；

(六)招标人认为应当告知的其他事项。

资格预审公告应在国家指定的媒介上公开发布。公告中不得含有限制具备条件的潜在投标人购买资格预审文件的内容。

第十条 资格预审须知应当载明以下内容：

(一)潜在投标人可以申请资格预审的标段数量，以及可以通过资格预审的标段数量；

(二)对潜在投标人的施工经验、施工能力(包括人员、设备和财务状况)、管理能力和履约信誉等的要求；

(三)对工程分包、子公司施工、联合体投标的规定和要求；

(四)资格预审申请文件编制和递交要求(包括编制格式、内容、签署、装订、密封及递交方式、份数、时间、地点等)；

(五)资格预审文件的修改和资格预审申请文件的澄清的要求；

(六)资格预审方法、评审标准(包括符合性条件、强制性标准、评分标准等)和合格标准；

(七)资格审查结果的告知方式和时间；

(八)招标人和潜在投标人分别享有的权利；

(九)招标人认为应当告知的其他事项。

第十一条 招标人应当按照资格预审公告规定的时间、地点出售资格预审文件。自资格预审文件出售之日起至停止出售之日止，最短不得少于5个工作日。

第十二条 资格预审文件的售价应当合理，不得以营利为目的。具备条件的，可以通过信息网络发售资格预审文件。

第十三条 招标人应当合理确定资格预审申请文件的编制时间，自开始发售资格预审文件之日起至潜在投标人递交资格预审申请文件截止之日止，不得少于14个工作日。

第十四条 招标人如需对已出售的资格预审文件进行补充、说明、勘误或者局部修正，应在递交资格预审申请文件截止之日7日前以编号的补遗书的形式通知所有已购买资格预审文件的潜在投标人。对已出售的资格预审文件进行补充、说明、勘误或者局部修正的内容，为资格预审文件的组成部分。

购买资格预审文件或递交资格预审申请文件的单位少于三家的，招标人应重新组织资格预审或经有关部门批准采取邀请招标方式。

第三章　资格预审申请

第十五条 潜在投标人应当按照资格预审文件的要求，编制资格预审申请文件，并应载明以下内容：

(一)营业执照；

(二)相关工程施工资质证书；

(三)法人证书或法定代表人授权书及公证书；

(四)财务资信和能力的证明文件(包括近三年来财务平衡表及财务审计情况等)；

（五）拟派出的项目负责人与主要技术人员的简历、相关资格证书及业绩证明，并按要求提供备选人员的相关信息；

（六）拟用于完成投标项目的主要施工机械设备；

（七）初步的施工组织计划，包括质量保证体系、安全管理措施等内容；

（八）近五年来完成的类似工程施工业绩情况及履约信誉的证明材料；

（九）目前正在承担和已经中标的全部工程情况；

（十）资产构成情况及投资参股的关联企业情况；

（十一）潜在投标人若存在工程分包、分公司施工或以联合体形式投标，应符合第十七、十八、十九条要求；

（十二）招标人要求的其他相关文件。

第十六条　资格预审申请文件（正本）应加盖法人单位公章，并由其法定代表人或其授权代理人签字。

资格预审申请文件应当密封，并按照资格预审文件规定的时间、地点和方式送达招标人。

第十七条　潜在投标人如有工程分包计划，应遵守以下规定：

（一）分包人应具备与其分包工程内容相适应的资质和施工能力；

（二）提供分包人的营业执照、资质证书、人员、设备等资料表以及拟分包的工作量。

第十八条　潜在投标人如由所属分公司承担施工，应遵守以下规定：

（一）明确具体承担施工的分公司名称及负责施工的主要内容；

（二）该分公司不得再以任何形式参加该标段的资格预审；

（三）资格预审申请文件应提供分公司施工经验、施工能力（包括人员、设备）、管理能力和履约信誉等方面的资料。

第十九条　潜在投标人如以联合体形式申请资格预审，应遵守以下规定：

（一）联合体主办人应具备与所投标段工程内容相适应的施工资质，成员单位应具备与所承担工程内容相适应的施工资质。由同一专业的单位组成的联合体，按照施工资质等级较低的单位确定施工资质等级。

（二）联合体主办人所承担的工程量必须超过总工程量的50％。

（三）联合体各方签订联合体协议后，不得再以自己名义单独或以其他联合体成员的名义申请同一标段的资格预审。

（四）提交联合体各成员单位共同签订的联合体协议，明确主办人及成员单位各自的权利和义务以及应当承担的责任。

第二十条　具有投资参股关系的关联企业，或具有直接管理和被管理关系的母子公司，或同一母公司的子公司，不得同时申请同一标段的资格预审。

第二十一条　凡投资参股招标项目或承担招标项目代建工作的法人单位不得申请该项目的资格预审。

第二十二条　资格预审申请文件按要求送达后，在规定的递交截止时间前，潜在投标人可以撤回申请文件或修改申请文件。如需修改申请文件，应当以正式函件提出并作出说明。

修改资格预审申请文件的正式函件是资格预审申请文件的组成部分，其形式要求、密封方式、送达时间，应符合资格预审文件的要求。

第二十三条　对于按时送达并符合密封要求的资格预审申请文件，招标人应当向潜在投标人出具签收证明,并妥善保管,在规定的截止时间前不得开启。

第二十四条 在规定的截止时间后送达的或未按要求密封的资格预审申请文件为无效的资格预审申请文件。

第四章 资格评审

第二十五条 资格评审工作由招标人组建的资格评审委员会负责。

第二十六条 资格评审委员会由招标人代表和有关方面的专家组成,人数为五人以上单数,其中专家人数应不少于成员总数的三分之二。

第二十七条 资格评审委员会的专家从国务院交通主管部门或省级交通主管部门设立的评标专家库中抽取。

但有下列情形之一者,不得进入资格评审委员会。

(一)与潜在投标人的主要负责人或授权代理人有近亲属关系的人员;

(二)当地交通主管部门或行政监督部门的人员;

(三)与潜在投标人有利害关系,可能影响公正评审的人员;

(四)法律、法规和规章规定的其他情形。

资格评审委员会成员名单在评审工作结束前应当保密。

第二十八条 资格评审委员会成员应当客观、公正地履行职责,遵守职业道德,对所提出的评审意见承担个人责任。

第二十九条 资格评审委员会成员不得私下接触潜在投标人,不得收受潜在投标人的财物或者其他好处,不得透露资格评审的有关情况。

第三十条 资格评审方法分强制性资格条件评审法和综合评分法两种。招标人可根据工程特点和潜在投标人的数量选择合适的评审方法。

第三十一条 对潜在投标人的资格评审,应当严格按照资格预审文件载明的资格预审的条件、标准和方法进行。不得采用抽签、摇号等博彩方式进行资格审查。

第三十二条 资格评审按以下程序进行:

(一)符合性检查;

(二)强制性资格条件评审或综合评分;

(三)澄清与核实。

第三十三条 通过符合性检查的主要条件:

(一)资格预审申请文件组成完整;

(二)资格预审申请文件正本应加盖潜在投标人法人单位公章,并由其法定代表人或其授权的代理人签字;

(三)潜在投标人的营业执照、法定代表人授权书及公证书有效;

(四)潜在投标人的施工资质满足资格预审文件的要求;

(五)潜在投标人没有正受到责令停产、停业的行政处罚或正处于财务被接管、冻结、破产的状态;

(六)潜在投标人没有正受到取消投标资格的行政处罚;

(七)潜在投标人没有涉及正在诉讼的案件,或涉及正在诉讼的案件但经评审委员会认定不会对承担本项目造成重大影响;

（八）潜在投标人符合本办法第十七条至第二十一条规定；

（九）潜在投标人没有提供虚假材料。

符合以上条件的，方可进入下一阶段的评审。

第三十四条 采用强制性资格条件评审法的，招标人应按照标段内容和特点，对潜在投标人的施工经验、财务能力、施工能力、管理能力和履约信誉等资格条件，制定强制性的量化标准。只有全部满足强制性资格条件的潜在投标人，才可通过资格审查。评审结论分“通过”和“未通过”两种。

第三十五条 采用综合评分法的，招标人应对潜在投标人的施工经验、财务能力、施工能力、管理能力、施工组织和履约信誉等资格条件，制订可以量化的评分标准，并明确通过资格审查的最低总得分值。只有总得分超过规定的最低总得分值的潜在投标人，才能通过资格审查。

对重要的资格条件，也可制订最低资格条件要求，不符合最低资格条件的，不得通过资格审查。计算得分时，应以评审委员会的打分平均值确定，该平均值以去掉一个最高分和一个最低分后计算。

第三十六条 综合评分法采用百分制，评分内容和权重分值划分如下：

（一）类似工程施工经验分值范围15～25；

（二）财务能力分值范围10～20；

（三）拟投入本标段的主要机械设备分值范围10～20；

（四）拟投入本标段的主要人员资历分值范围15～25；

（五）初步施工组织计划分值范围10～15；

（六）履约信誉分值范围15～25。

第三十七条 资格评审委员会对资格预审申请文件中不明确之处，可通过招标人要求潜在投标人进行澄清，但不应作为资格审查不通过的理由。如潜在投标人不按照招标人的要求进行澄清，其资格审查可不予通过。澄清应以书面材料为主，一般不得直接接触潜在投标人。

第三十八条 资格评审委员会在审查潜在投标人的主要人员资历和施工业绩、信誉时，应当通过省级以上交通主管部门设立的交通行业施工企业信息网进行查询。若潜在投标人所提供信息与企业信息网上的相关内容不符，经核实存在虚假、夸大的内容，不予通过资格审查。

第三十九条 对联合体进行资格评审时，其施工能力为主办人和各成员单位施工能力之和。对含分包人的潜在投标人进行资格评审时，其施工能力为潜在投标人和分包人施工能力之和。

第四十条 对通过资格评审的潜在投标人明显偏少的标段，在征得潜在投标人同意的情况下，评审委员会可以对通过评审的潜在投标人申请的标段进行调整。经调整后，合格的潜在投标人仍少于三家的，招标人应重新组织资格预审或经有关部门批准采取邀请招标方式。

第五章 资格评审报告

第四十一条 资格评审工作结束后，由资格评审委员会编制资格评审报告，其内容包括：

（一）工程项目概述；

（二）资格审查工作简介；

（三）资格审查结果；

（四）未通过资格审查的主要理由及相关附件证明；

(五)资格评审表等附件。

第四十二条 招标人应在资格评审工作结束后15日内,按项目管理权限,将资格评审报告报交通主管部门备案。

第四十三条 交通主管部门在收到资格评审报告后5个工作日内未提出异议的,招标人可向通过资格审查的潜在投标人发出投标邀请书,向未通过资格审查的潜在投标人告知资格审查结果。

第四十四条 招标人不得向他人透露已通过资格审查的潜在投标人名称、数量,以及可能影响公平竞争的有关招标投标的其他情况。

第四十五条 资格预审工作出现下列情况之一的,招标人负责组织重新评审。

(一)由于招标人提供给资格评审委员会的信息有误或不完整,导致评审结果出现重大偏差的;

(二)由于评审委员会的原因导致评审结果出现重大偏差的;

(三)由于潜在投标人有违法违规行为,导致评审结果无效的。

第六章 附 则

第四十六条 对于公路工程附属设施以及工程规模较小、技术较简单、工期特别紧的工程或潜在投标人数量较少的,招标人如采取资格后审的方式,可参照本办法执行。

第四十七条 利用国际金融组织贷款、外国政府贷款和采用合资、合作、独资方式融资的公路项目,有特殊规定的,从其规定。

第四十八条 本办法由交通部负责解释。

第四十九条 本办法自2006年5月1日起施行。交通部1997年8月1日发布的《公路工程施工招标资格预审办法》(交公路发[1997]451号)同时废止。

附录十二

公路工程施工招标评标委员会评标工作细则

交公路发[2003]70号

第一章　总　　则

第一条　为规范公路工程施工招标评标工作，维护招标投标活动当事人的合法权益，依据《中华人民共和国招标投标法》、交通部《公路工程施工招标投标管理办法》及国家有关法规，制定本细则。

第二条　依法实行公开招标或邀请招标的公路建设项目，其土建工程施工招标评标工作适用本细则，其材料采购、设备安装的招标评标工作可参照本细则执行。

第三条　公路工程施工招标评标委员会评标是指招标人依法组建的评标委员会根据国家有关法律、法规和招标文件，对投标文件进行评审，推荐中标候选人或由招标人授权直接确定中标人的工作过程。

第四条　评标工作应当遵循公平、公正、科学、择优的原则。任何单位和个人不得非法干预或者影响评标过程和结果。

第五条　招标人应当采取必要措施，保证评标工作在保密情况下进行。评标委员会应当接受交通主管部门依法实施的监督。

第二章　评标工作的组织与准备

第六条　评标工作应按以下程序进行：

(一)组建清标工作组；

(二)组建评标委员会；

(三)初步评审；

(四)详细评审；

(五)撰写评标报告。

第七条　清标工作组由招标人选派熟悉招标工作、政治素质高的人员组成，协助评标委员会工作。

评标委员会由评标专家和招标人代表共同组成，人数为五人以上单数。其中，评标专家人数不得少于成员总数的三分之二。评标专家按照交通部有关规定从评标专家库中抽取。

清标工作组和评标委员会人员的具体数量由招标人视评标工作量确定。

第八条　清标工作组和评标委员会成员应实行回避制度。

属于下列情况之一的人员，不得进入清标工作组和评标委员会。

(一)本地交通主管部门或者其他行政监督部门的人员；

(二)与投标人法定代表人或者授权代理人有近亲属关系的人员；

（三）与投标人有利害关系、可能影响公正评标的人员；

（四）在与招标投标有关的活动中有过违法违规行为、五年内曾受过行政或党纪处分的人员。

第九条 清标工作组应在评标委员会开始工作之前进行评标的准备工作，主要内容包括：

（一）根据招标文件，制订评标工作所需各种表格；

（二）根据招标文件，汇总评标标准、对投标文件的合格性要求，以及影响工程质量、工期和投资的全部因素；

（三）对投标文件响应招标文件规定的情况进行摘录，列出相对于招标文件的所有偏差；

（四）对所有投标报价进行算术性校核。

评标工作使用的表格和评标内容必须注明依据和出处，招标文件未规定的事项不得作为评标依据。

第十条 清标工作应全面、客观、准确，不得营私舞弊、歪曲事实，不得对投标文件作出任何评价。

第十一条 评标委员会应民主推荐一名主任委员，负责组织协调评标委员会成员开展评标工作。评标委员会应根据评标工作量和工程特点，制订工作计划，明确分工，交叉审核，确保评标质量。

第三章 初步评审

第十二条 对投标文件的初步评审包含符合性审查和算术性修正。只有通过初步评审的投标文件才能参加详细评审。

第十三条 评标委员会开始评标工作之前，首先要听取招标人或者其委托的招标代理机构及清标工作组关于工程情况和清标工作的说明，并认真研读招标文件，获取评标所需的重要信息和数据，主要包括以下内容：

（一）招标项目建设规模、标准和工程特点；

（二）招标文件规定的评标标准和评标方法；

（三）工程的主要技术要求、质量标准及其他与评标有关的内容。

第十四条 评标委员会应根据招标文件规定，对清标工作组提供的评标工作用表和评标内容进行认真核对，对与招标文件不一致的内容要进行修正。

对招标文件中规定的评标标准和方法，评标委员会认为不符合国家有关法律、法规，或其中含有限制、排斥投标人进行有效竞争的，评标委员会有权按规定对其进行修改，并在评标报告说明修改的内容和修改原因。

第十五条 通过符合性审查的主要条件包括：

（一）投标文件按照招标文件规定的格式、内容填写，字迹清晰可辨；

（二）投标文件上法定代表人或法定代表人授权代理人的签字（含小签）齐全，符合招标文件规定；

（三）与申请资格预审时比较，投标人资格未发生实质性变化；

（四）投标人按照招标文件规定的格式、内容和要求提供了投标担保；

（五）投标人法定代表人若授权代理人，其授权书符合招标文件规定；

（六）投标人以联合体形式投标时，提交了符合招标文件要求的联合体协议，联合体成员单位与申请资格预审时未发生实质性变化；

（七）投标人如有分包计划，应提交分包协议，分包工作量不应超过投标价的30%；

（八）一份投标文件应只有一个投标报价，在招标文件没有规定的情况下，不得提交选择性报价；

（九）投标人提交的调价函符合招标文件要求；

（十）投标文件载明的招标项目完成期限不得超过招标文件规定的时限；

（十一）投标文件不应附有招标人不能接受的其他条件。

投标文件不符合以上条件之一的，评标委员会应认为其存有重大偏差，并对该投标文件作废标处理。

如果有证据显示投标人以他人名义投标、与他人串通投标、以行贿手段谋取中标以及投标弄虚作假的，评标委员会应对该投标文件作废标处理。

第十六条 投标文件若满足符合性审查条件，但在其他方面存在细微偏差，评标委员会可要求投标人进行书面澄清、补正或者依据招标文件规定对投标文件进行不利于该投标人的评标量化，但不得对该投标文件作废标处理。

第十七条 符合性审查工作完成后，评标委员会应按照招标文件规定对投标人报价进行算术性修正。清标工作组作出的算术性校核结果必须经评标委员会复核后方可采用。算术性修正后，投标人的报价排序与开标时不一致的，评标委员会应对修正的内容作详细说明。

第十八条 对算术性修正结果，评标委员会应通过招标人向投标人进行书面澄清。投标人对修正结果进行书面确认的，其投标文件可参加详细评审。

投标人对修正结果存有不同意见或未作书面确认的，评标委员会应重新复核算术性修正结果。如果确认算术性修正无误，应对该投标文件作废标处理；如果发现算术性修正存在差错，应作出及时调整，并重新进行书面澄清。

第十九条 评标委员会对通过初步评审的投标文件进行详细评审前，发现有效投标文件不足三个，投标明显缺乏竞争的，评标委员会可以否决投标，招标人应当依法重新招标。

第四章 详细评审

第二十条 初步评审工作结束后，评标委员会应对投标文件从合同条件、投标报价、财务能力、技术能力、管理水平以及投标人以往施工业绩及履约信誉等方面进行详细评审。

第二十一条 投标人通过合同条件评审的主要条件：

（一）投标人接受招标文件规定的风险划分原则，未提出新的风险划分办法；

（二）投标人未增加业主的责任范围，也未减少投标人义务；

（三）投标人未提出不同的工程验收、计量、支付办法；

（四）投标人未对合同纠纷、事故处理办法提出异议；

（五）投标人在投标活动中没有欺诈行为；

（六）投标人对合同条款没有重要保留。

投标文件不符合以上条件之一的，评标委员会应对其作废标处理。

第二十二条 评标委员会对投标报价的评审，应在算术性修正和扣除非竞争性因素后，以计算出的评标价进行评审。

评标委员会对投标报价进行评审前，发现投标人的投标价或主要单项工程报价明显低于其他投标人报价或者在设有标底时明显低于标底（一般控制在低于标底15%左右），应当要求该投标人对相应投标报价作出单价构成说明，并提供相关证明材料。

如果投标人不能提供有关证明材料，证明该报价可以按招标文件规定的质量标准和工期完成招标工程，评标委员会应当认定该投标人以低于成本价竞标，并作废标处理。

如果评标委员会发现所有投标人的报价均高于标底或相应工程概算投资，评标委员会可以否决所有投标，并建议招标人重新招标。

第二十三条　评标委员会要对投标人的财务能力、技术能力、管理水平和以往施工业绩及履约信誉进行详细评审。如发现投标文件有以下情况之一的，评标委员会应对其作废标处理。

（一）相对资格预审时，其施工能力和财务能力有实质性降低，且不能满足本工程实施的最低要求；

（二）承诺的质量标准低于招标文件或国家强制性标准要求；

（三）关键工程技术方案不可行；

（四）施工业绩及履约信誉证明材料虚假。

投标文件存在的其他问题应视为细微偏差，评标委员会可要求投标人进行澄清，或对投标文件进行不利于该投标人的评标量化，但不得作废标处理。

第二十四条　评标委员会不得接受投标人主动提出的澄清。投标人的澄清不得改变投标文件的实质性内容。

投标人的澄清内容将视为投标文件的组成部分。

第二十五条　评标方法包括综合评分法、最低评标价法，或者法律、行政法规允许的其他评标方法。

第二十六条　综合评分法是按照招标文件设定的不同分值权重对投标人的评标价、财务能力、技术能力、管理水平和以往施工履约信誉进行评分，按照得分高低推荐中标候选人。综合评分采用百分制。

第二十七条　采用综合评分法评标的，对各项内容的评分方法如下：

（一）按照招标文件规定的方法计算评标价得分，一般采用直线内插法计算；

（二）以投标人拟投入的财力资源情况，包括投标人的财务报表和相关证明材料，评价投标人的财务能力；

（三）以投标人承诺的拟投入本工程的技术人员、设备的配置情况，以及投标人制订的关键工序技术方案是否严密、可靠、有效，评价投标人的技术能力；

（四）以投标人编制的施工组织设计、主要管理人员素质和安全生产保障措施与招标文件规定的质量与进度要求的符合程度，评价投标人的管理水平；

（五）以投标人近五年完成类似公路工程的质量、工期和履约表现，评价投标人以往施工业绩和履约信誉情况。

评标委员会应在充分讨论、沟通情况的基础上，分别对投标文件进行打分。除评标价得分外，投标文件各项得分均不应低于其权重分的60%，且各项得分应以评标委员会的打分平均值确定。该平均值以去掉一个最高和一个最低分后计算。

第二十八条　采用综合评分法评标的工作步骤：

（一）对通过初步评审的投标文件进行列表；

（二）对在符合性评审过程中拒绝澄清的，按照招标文件规定对其进行不利于该投标人的量化评分；

（三）对不能满足第二十一条要求的投标文件作废标处理；

（四）计算投标文件的评标价，并按照招标文件规定进行评分，其中以低于成本价竞标的，应作废标处理；

（五）对投标文件财务能力、技术能力、管理水平和投标人以往施工履约信誉进行评分，对不能满足第二十三条要求的作废标处理，对存在细微偏差的投标文件应进行澄清或量化评分；

（六）对各项评分进行汇总，拟订"综合评分排序表"，按评分从高到低进行排序，推荐得分最高的投标人为中标候选人，得分排名第二和第三的为后备的中标候选人。

第二十九条 最低评标价法是对通过初步评审和详细评审的投标人按照评标价由低到高排序，推荐评标价最低的投标人为中标候选人。

第三十条 采用最低评标价法评标的工作步骤：

（一）对通过初步评审的投标文件报价进行列表；

（二）对在符合性评审过程中拒绝澄清的，按照招标文件规定对其进行不利于该投标人的评标量化；

（三）按照招标文件规定扣除非竞争性因素，计算出评标价，其中以低于成本价竞标的，作废标处理；

（四）对投标文件的合同条件、财务能力、技术能力、管理水平和投标人以往施工履约信誉进行评审，对不符合第二十一条、第二十三条要求的作废标处理，对存在细微偏差的投标文件进行澄清或者按招标文件规定对其进行不利于该投标人的评标量化；

（五）拟订"标价排序表"，按评标价由低到高进行排序，推荐评标价最低的投标人为中标候选人，评标价排第二和第三的为后备的中标候选人。

第三十一条 对于划分有多个标段进行招标的项目，招标文件如果允许投标人为获得一个以上合同而提出优惠，评标委员会应考虑投标人提出的优惠，并按照招标文件规定的评标标准和方法进行审查，以最有利于招标人利益为原则推荐中标候选人。

第三十二条 评标委员会在评标过程中应充分评议，发扬民主，实行少数服从多数的原则。

第五章 评 标 报 告

第三十三条 评标工作完成后，评标委员会主任委员应组织编写评标报告（格式见附件），提交给招标人，并抄报交通主管部门。

第三十四条 评标报告应当记录以下内容：

（一）项目概况（包括招标项目基本情况和数据）；

（二）招标过程（包括资格预审和开标记录）；

（三）评标工作（包括评标委员会组成、评标标准与办法、初步评审、详细评审以及废标说明）；

（四）评标结果；

（五）评标附表及有关澄清记录。

第三十五条 评标委员会所有成员应在第三十四条规定的评标报告（三）、（四）、（五）项的每一页上签字。招标人和由招标人组织成立的清标工作组应对其所提供的评标信息签字负责。

第三十六条 评标委员会成员对评标结论持有异议的，可保留意见，但应以书面方式在评标报告中阐述理由。评标委员会成员拒绝在评标报告上签字且不陈述理由的，视为同意评标结论。

第三十七条 评标工作结束后，如发现招标人提供给评标委员会的信息、数据有误或不完整，或者由于评标委员会的原因导致评标结果出现重大偏差，有关交通主管部门应及时通知招标人，由招标人邀请原评标委员会成员重新评标，修正评标报告和评标结论。

第六章 纪 律

第三十八条 评标委员会应当严谨、客观、公正地履行职责，遵守职业道德，对所提出的评审意见承担个人责任。

第三十九条 评标委员会向招标人提交书面评标报告后自动解散。评标工作中使用的文件、表格以及其他资料应当同时归还招标人。

第四十条 评标委员会成员和其他参加评标活动的人员不得与任何投标人或者与投标人有利害关系的人进行私下接触，不得收受投标人和其他与投标有利害关系的人的财物或者其他好处。

第四十一条 评标委员会成员和其他参加评标活动的人员，不得向他人透露对投标文件的评审、中标候选人的推荐情况以及与评标有关的其他情况。

第七章 附 则

第四十二条 本细则由交通部负责解释。

第四十三条 利用国际金融组织贷款和外国政府贷款的项目，贷款方对评标工作有特殊规定的，可适用其规定，但违背中华人民共和国社会公共利益的除外。

第四十四条 本细则自 2003 年 5 月 1 日起施行。

附件 1　封面格式

中华人民共和国

______________省(自治区、直辖市)

公 路 工 程

评 标 报 告

招标人:

年　　月　　日

附件2　目录

一、项目概况
1. 项目范围
2. 建设标准、规模和施工标段划分情况
3. 资金来源
4. 项目批复
二、招标过程
1. 招标代理(可选择内容)
2. 资格预审结果
3. 标书出售
4. 开标记录(如果有标底,标底应为开标内容之一)
三、评标工作
1. 采用的标准、办法及依据
2. 评标委员会和清标工作组人员组成名单(表1)
3. 初步评审
(1)符合性审查(表2)
(2)资格复核
(3)投标价算术性修正(表3)
(4)澄清及有关情况说明
4. 详细评审
(1)合同条件审查(表4)
(2)评标价计算与评审(表5)
(3)技术评审(表6)
(4)澄清情况说明
(5)综合评价(表7)
四、评标结果
(1)评价排序并推荐中标候选人(表8)
(2)有关不同意见(如果有)
(3)合同签署前建议招标人应处理的有关事宜
五、附表及有关澄清资料

评标委员会和清标工作组人员组成名单 表1

项目名称：

	姓名	现(原)工作单位	职务或职称	签　字
主任委员				
委员				
清标工作组人员	姓名	工作单位	职务或职称	签　字
组长				
成员 1				
2				
3				
4				

符合性审查表 表2

项目名称：
合 同 段：

序号	审查内容 ＼ 投标人名称	1	2	3	4	5	6	7	8
1	投标文件(含投标书)按照招标文件规定的格式和内容填写，字迹清晰								
2	投标人法定代表人或法定代表人的授权代理人的签字(含小签)齐全，符合投标文件的规定								
3	与申请资格预审时比较，除法人名称发生合法变更外，未发现投标法人变化或重组，其资格没有实质性下降								
4	投标人按照招标文件规定的格式、时效、内容和要求提供了投标担保								
5	投标人法定代表人的授权代理人的授权书符合招标文件规定								
6	投标人以联合体形式投标时，提交了符合招标文件规定的联合体协议，此协议不应于申请资格预审时发生实质性变化								

续上表

序号	投标人名称 / 审查内容	1	2	3	4	5	6	7	8
7	投标人如有分包计划应提交分包协议，分包工作量不应超过投标价的30％								
8	一份投标文件应只有一个投标报价，在招标文件没有规定的情况下，不得提交选择性报价								
9	投标人提交的调价函符合招标文件要求								
10	投标文件载明的招标项目完成期限不得超过招标文件规定的时限								
11	投标文件不应附有招标人不能接受的其他条件								
	结　论								

说明：(1)上述各项中用“√”表示通过，“×”表示不通过；

(2)上述各项中如有一项为“×”，则结论为“×”，表示该投标文件中存在重大偏差，不能通过符合性审查；

(3)上述各项中如有一项为“×”，必须单独说明，附有关附件。

主任委员：　　　　委员：　　　　行政监督人：

投标价算术性修正表

表3

项目名称：

合 同 段：

章节	投标单位 / 内容	1			2			3		
		最终投标报价	修正后报价	修正率	最终投标报价	修正后报价	修正率	最终投标报价	修正后报价	修正率
第100章	总则									
第200章	路基									
第300章	路面									
第400章	桥梁、通道、涵洞									
第500章	隧道									
第600章	安全设施及预埋管线									
第700章	绿化及环境保护									
(1)	工程量清单									
(2)	计日工									
(3)	暂定金及其他非竞争性因素									
(4)	报价(1)＋(2)＋(3)									

主任委员：　　　　委员：　　　　行政监督人：

合同条件审查表 表4

项目名称：

合 同 段：

序号	投标人名称 / 审查内容	1	2	3	4	5	6	7	8
1	投标人接受招标文件规定的风险划分原则，未提出新的风险划分办法								
2	投标人未增加业主的责任范围，也未减少投标人义务								
3	投标人未提出不同的工程验收、计量、支付办法								
4	投标人未对合同纠纷、事故处理办法提出异议								
5	投标人在投标活动中没有欺诈行为								
6	投标人对合同条款没有重要保留								
	结　论								

说明：(1)上述各项中用“√”表示通过，“×”表示不通过；

(2)上述各项中如有一项为“×”，则结论为“×”，表示该投标文件中存在重大偏差，不能通过审查；

(3)上述各项中如有一项为“×”，必须单独说明，附有关附件。

主任委员：　　委员：　　行政监督人：

评标价计算与评审表 表5

项目名称：

合 同 段：

项　目	1	2	3	4	5	6	8
最终投标报价							
算术性修正结果							
评标价							
依招标文件规定计算的投标人评标价的算术平均							
招标人标底(如果有)							
评标价/招标人标底(%)							
复合标底计算结果							
评标价/复合标底(%)							
计算各投标人评标价得分							
确定投标人排名顺序							

说明：(1)应说明招标人标底编制与概算相应内容之间的关系；

(2)应给出复合标底计算原则和计算公式；

(3)应明示打分方法和依据。

主任委员：　　委员：　　行政监督人：

技术评审表(汇总表)　　表 6a)

项目名称：

合 同 段：

评 价 内 容	招标文件要求	投标文件主要情况	权重分	1	2	3	4	5	6	7
投标人财务能力和投入本工程的财力资源										
投标人承诺的质量检测设备完备情况和拟投入本工程的技术人员、设备的配置情况，以及投标人制订的关键工序技术方案是否严密、可靠、有效										
投标人编制的施工组织设计、主要管理人员素质和安全生产保障措施与招标文件规定的质量与进度要求的符合程度										
投标人近五年完成的公路工程项目的质量、工期以及履约表现，评价投标人以往施工履约信誉情况										
得分汇总										

说明：(1)应给出招标文件规定的各项内容评分或评价依据；

(2)投标人资格与能力相对资格预审时发生退化，如为实质性的，应按规定进行废标，否则，应按标准扣减得分；

(3)对技术评审各项内容的评分结果不应小于该项权重最高得分的60%。

主任委员：　　委员：　　行政监督人：

技术评审表(个人打分表)　　表 6b)

项目名称：

合 同 段：

评 价 内 容	招标文件要求	投标文件主要情况	权重分	1	2	3	4	5	6	7
投标人财务能力和投入本工程的财力资源										
投标人承诺的质量检测设备完备情况和拟投入本工程的技术人员、设备的配置情况，以及投标人制订的关键工序技术方案是否严密、可靠、有效										
投标人编制的施工组织设计、主要管理人员素质和安全生产保障措施与招标文件规定的质量与进度要求的符合程度										

续上表

评价内容	招标文件要求	投标文件主要情况	权重分	1	2	3	4	5	6	7
投标人近五年完成的公路工程项目的质量、工期以及履约表现，评价投标人以往施工履约信誉情况										
得分汇总										

说明：(1)应给出招标文件规定的各项内容评分或评价依据；

(2)投标人资格与能力相对资格预审时发生退化，如为实质性的，应按规定进行废标，否则，应按标准扣减得分；

(3)对技术评审各项内容的评分结果不应小于该项权重最高得分的60%。

评标委员签字：

综合评价汇总表

表7

项目名称：

标段	投标人名称	评标价得分	技术评审得分	总分	排序
1	、				1
					2
					3
					4
					5
					6
					7
					8
2	、				1
					2
					3
					4
					5
					6
					7
					8
3	、				1
					2
					3
					4
					5
					6
					7
					8
4	、				1
					2
					3
					4
					5
					6
					7
					8

主任委员：　　　　委员：　　　　行政监督人：

推荐中标候选人名单　　　　表8

项目名称：

合同段		推荐中标候选人	预期中标价	备　注
1	1			
	2			
	3			
2	1			
	2			
	3			
3	1			
	2			
	3			
4	1			
	2			
	3			
5	1			
	2			
	3			
6	1			
	2			
	3			

说明：(1)有关情况说明；

(2)不同意见(如果有)。

主任委员：　　　　委员：　　　　行政监督人：

附录十三

关于贯彻国务院办公厅关于进一步规范招投标活动的若干意见的通知

（交公路发[2004]688号）

为贯彻落实《国务院办公厅关于进一步规范招投标活动的若干意见》（国办发[2004]56号，见附件1），进一步加强公路建设项目招投标管理，规范招投标活动，现提出如下意见。

一、充分认识规范公路建设项目招投标活动的意义

公路建设行业是最早全面开放建设市场，最先实行招投标制度的行业之一。2000年1月《中华人民共和国招标投标法》实施以来，各级交通主管部门不断完善规章制度，加强对招投标活动的监督管理，公路建设项目执行招标投标制度总体上是好的。由于我国市场经济体制还不完善，市场诚信体系还不健全，公路建设市场开放度大，市场主体比较复杂，公路建设项目的招投标活动仍存在一些急需解决的问题，如部分投标人弄虚作假、串通投标、低价抢标或以行贿等不正当手段谋取中标；有的项目招标工作不规范、评标工作深度不够；少数地区存在地方保护倾向和对招投标工作进行不正当的行政干预等。这些问题如果得不到有效解决，将严重影响公路建设市场秩序，影响公路行业的良好形象，影响公路交通事业的可持续发展。

各级交通主管部门要充分认识规范招投标活动的重大意义，结合本地区实际，认真查找招投标中存在的问题，深入分析原因，通过健全制度、完善机制、强化监督，进一步规范招投标活动。

二、清理招投标规章和规范性文件，确保招投标制度的统一协调

各级交通管理部门要加快清理有关招投标管理的各类规范性文件，对省级人民政府或地方人大出台的地方性规章和法规，要会同有关部门提出清理意见，尽快废止或修订与《中华人民共和国招标投标法》、《中华人民共和国行政许可法》等法律法规相抵触的规定和要求，并向社会公布，特别是要取消地方自行设置的招投标环节的行政审批、资质验证、注册登记等手续，以确保招投标制度的统一和协调。

三、调整资格预审办法，深化资格预审工作

资格预审工作是严格市场准入、保证有序竞争的重要环节。针对资格预审工作中存在的评审不规范、透明度不够以及投标人围标、串通投标等问题，迫切需要改进资格预审办法。要调整施工招标的资格预审工作的内容，将投标阶段对投标人技术能力、管理水平、财务能力和以往业绩信誉的审查前移到资格预审阶段，对项目主要负责人员要提出备选人员的要求。为保证资格预审工作的公平、公正和准确，招标人应邀请评标专家参加资格预审工作，评标专家的人数应达到资格预审评审委员会人数的三分之一以上。要充分利用互联网等信息渠道收集

申请资格预审单位的详细情况，真正选择能力强、信用好的单位通过资格预审。为防止潜在投标人围标或串通投标，通过资格预审的单位数量要适当增加，但也要防止过度竞争和恶性竞争。根据目前施工招标的情况，通过资格预审的单位数量宜控制在8～12家。

四、改进评标办法，减少人为因素影响

评标办法要科学、合理，尽可能减少人为因素影响。评标办法的选择既要考虑降低建设成本，又要能确保工程质量和进度。针对现行施工招标评标办法存在的问题，部经广泛调研并征求各方面意见，提出了《关于改进公路工程施工招标评标办法的指导意见》(见附件2)。今后，除技术特别复杂的特大桥和长大隧道工程外，在评标阶段不再对投标人的技术、管理、财务能力和履约信誉进行打分，评标阶段的工作重点是对投标文件是否存在重大偏差进行审查，并按照招标文件规定的合同授予条件，推荐中标候选人。

要推行合理低价中标，鼓励无标底招标。对技术含量较低、规模较小的工程也可采用最低评标价法，但要通过适当提高履约保证金的形式，防止低价抢标。对随意放弃中标的投标人，要没收投标保证金。评标结果要及时公布，接受社会监督。

五、加强对招标人的管理，规范招标行为

各省级交通主管部门要按照部有关规定，切实加强对招标人的管理，严格实行项目法人资格核备制度。要督促招标人严格执行国家规定的基本建设程序和招投标管理制度，按照公开、公平、公正的原则，依法组织公路建设项目的招标工作。要按照部制订的招标文件范本的要求，进一步规范招标文件的编制，提高资格预审和评标工作的透明度。招标人得规避招标，不得对潜在投标人和投标人实行歧视政策，不得实行地方保护和暗箱操作，不得违反规定确定中标人，不得指定分包、指定采购或分割工程。

六、加强对评标专家的管理，规范专家评标行为

各省级交通主管部门要严格执行部《公路建设项目评标专家库管理办法(试行)》的规定，严把专家准入关。要加强对评标专家的培训、考核、评价和动态管理。未经培训或培训考核不合格的，不得担任评标专家。对在评标工作中有索贿、受贿、暗箱操作等违法违规行为的，一经查实，要取消评标专家资格，并依法处理。

评标专家抽取要按照部《关于加强公路工程评标专家管理工作的通知》(交公路发[2003]464号)，采取随机抽取方式，严格执行回避制度。要做好评标专家名单的保密工作，对泄露专家情况的，要追究有关人员的责任。政府部门的行政人员不得作为评标专家参加本地区所管辖范围内的项目的评标工作。招标人和招标代理机构的人员只能作为招标人代表参加本项目的评标工作。评标专家要严格执行有关法律法规和规章，按照规定的程序和招标文件载明的评标办法进行评标，不受任何单位和个人的非法干预。评标工作应严谨、客观、准确，并达到应有的深度。对招标人提供的清标结果要认真复核，全面评审。

七、建立从业单位信息系统，加快信用体系建设

各省级交通主管部门要按照部下发的《关于开通公路施工企业信息系统网页有关事宜的通知》(交公路发[2003]497号)要求，尽快完成省级信息系统的开发工作，并按要求及时上报

公路建设市场的动态信息。要加快建立公路建设从业单位的信用评价指标体系，制订科学的信用评价方法，定期向社会公布相关信息，防止投标人弄虚作假、超能力投标、骗取中标，引导从业单位加强自律、讲信誉、守合同。

八、加强监督检查，查处违法违规行为

各级交通主管部门要依法履行对招投标活动的监管职责，不得干预招标人正当的招标工作，不得剥夺招标人定标的权力。要重点打击招投标中的串通投标、出借资质、低价抢标、暗箱操作、行贿受贿、地方保护、指定分包等违法违规行为。要加大对中标人履约情况的监督检查力度，解决投标承诺与施工过程脱节的问题。对严重违约或由于低价抢标导致质量差、进度慢的施工单位，要依法处理，公开曝光。不得采用以奖代补或工程变更等方法解决低价中标问题，从根本上杜绝低价抢标行为。要按照发展改革委、交通部等七部委发布的《工程建设项目招标投标活动投诉处理办法》的规定，依法受理、办理、处理招投标活动中的投诉举报，追究有关责任单位及人员的责任。对主观臆造事端、中伤他人的投诉，也要依法处理，以维护建设市场秩序，营造公开、公平、公正的市场竞争环境。

九、积极引入竞争，拓宽招投标领域

按照《国务院关于投资体制改革的决定》和《收费公路管理条例》的要求，对经营性收费公路建设项目，要采用招标方式选择投资人；对公路工程咨询、招标代理单位的选择要逐步推行招标方式；对公路大修、中修等养护工程要逐步引入竞争机制，通过招标选择养护队伍，以降低养护成本，提高管理效率。各级交通主管部门要严格执行《招标投标法》等法律法规，按照国务院文件精神，加强对招标工作的领导，履行好对招投标活动的监管职责，不断规范招投标活动，促进公路交通事业的持续、快速、健康发展。

本意见在执行中有何问题，请及时报部公路司。

附件 1

国务院办公厅关于进一步规范招投标活动的若干意见

(国办发[2004]56 号)

各省、自治区、直辖市人民政府,国务院各部委、各直属机构:

2000 年 1 月《中华人民共和国招标投标法》(以下简称《招标投标法》)实施以来,我国招投标市场发展总体是好的,招投标活动日趋普及,招投标领域不断扩大,已经成为经济生活的重要内容。但是,招投标活动中仍然存在一些不容忽视的问题,妨碍了《招标投标法》的实施,扰乱了市场经济秩序,滋生了腐败现象。为深入贯彻党的十六届三中全会精神,整顿和规范市场经济秩序,创造公开、公平、公正的市场经济环境,推动反腐败工作的深入开展,必须加强和改进招投标行政监督,进一步规范招投标活动。经国务院同意,现就有关工作提出以下意见。

一、充分认识进一步规范招投标活动的重要意义

进一步规范招投标活动,是完善社会主义市场经济体制的重要措施。当前,招投标活动中存在着严重问题,一些部门和地方违反《招标投标法》,实行行业垄断、地区封锁;少数项目业主逃避招标、虚假招标,不按照法定程序开标、评标和定标;有的投标人串通投标,以弄虚作假和其他不正当手段骗取中标,在中标后擅自转包和违法分包;有关行政监督部门对违法行为查处不力;工程建设招投标活动中存在行贿受贿、贪污腐败现象,一些政府部门和领导干部直接介入或非法干预招投标活动。这些问题需要通过健全制度、完善机制、强化监督、规范行为来切实加以解决。

进一步规范招投标活动,是维护公平竞争的市场经济秩序,促进全国统一市场形成的内在要求。规范的招投标活动有利于鼓励竞争,打破地区封锁和行业保护,促进生产要素在不同地区、部门、企业之间的自由流动和组合,为招标人选择符合要求的供货商、承包人和服务商提供机会。

进一步规范招投标活动,是深化投资体制改革、提高国有资产使用效益的有效手段。在政府投资领域引入竞争机制,严格执行招投标制度,有助于提高投资决策的科学化和民主化水平,促使企业增强市场意识,改善经营管理,这对于保障国有资金有效使用、提高投资效益具有重要意义。

进一步规范招投标活动,是加强工程质量管理、预防和遏制腐败的重要环节。工程质量是百年大计,直接关系建设项目的成败和广大人民群众的生命、财产安全。我国这些年来发生的重大工程质量事故和重大腐败案件,大多与招投标制度执行不力,搞内幕交易、虚假招标有关。认真贯彻《招标投标法》,严格规范招投标程序,将招投标活动的各个环节置于公开透明的环境,能够有效地约束招投标当事人的行为,从源头上预防和治理腐败,保证项目建设质量。

二、打破行业垄断和地区封锁，促进全国市场统一

招投标制度必须保持统一和协调。各地区、各部门要加快招投标规章和规范性文件的清理工作，修改或废止与《招标投标法》和《行政许可法》相抵触的规定和要求，并向社会公布。坚决纠正行业垄断和地区封锁行为，不得制订限制性条件阻碍或者排斥其他地区、其他系统投标人进入本地区、本系统市场；取消非法的投标许可、资质验证、注册登记等手续；禁止以获得本地区、本系统奖项等歧视性要求作为评标加分条件或者中标条件；不得要挟、暗示投标人在中标后分包部分工程给本地区、本系统的承包人、供货商。鼓励推行合理低价中标和无标底招标。

三、实行公告制度，提高招投标活动透明度

为保证投标人及时、便捷地获取招标信息，依法必须招标的工程建设项目的招标公告，必须严格按照《招标投标法》规定在国家或省、自治区、直辖市人民政府指定的媒介发布，在招标人自愿的前提下，可以同时在其他媒介发布。任何单位和个人不得违法指定或者限制招标公告的发布地点和发布范围。除国家另有规定外，在指定媒介发布依法必须招标项目的招标公告，不得收取费用。对非法干预招标公告发布活动的，依法追究领导和直接责任人责任。

加快招投标信息公开的步伐，提高政府监管和公共服务能力。要公布招标事项核准、招标公告、中标候选人、中标结果、招标代理机构代理活动等信息，及时公告对违规招投标行为的处理结果、招投标活动当事人不良行为记录等相关信息，以利于社会监督。

四、完善专家评审制度，提高评标活动公正性

加强对评标专家和评标活动的管理和监督，保证招投标活动的客观公正。为切实保证评标专家独立、公正地履行职责，要逐步对现有分散的部门专家库进行整合，吸纳一定比例的跨部门、跨地区的专家组建评标专家库，专家的抽取和管理按照《招标投标法》执行。

建立健全评标专家管理制度，严格评标专家资格认定，加强对评标专家的培训、考核、评价和档案管理，根据实际需要和专家考核情况及时对评标专家进行更换或者补充，实行评标专家的动态管理。严格执行回避制度，项目主管部门和行政监督部门的工作人员，不得作为专家和评标委员会成员参与评标。严明评标纪律，对评标专家在评标活动中的违法违规行为，要严肃查处，视情节依法给予警告、没收收受的财物、罚款等处罚；情节严重的，取消其评标委员会成员资格，并不得参加任何依法必须进行招标项目的评标；同时建议主管单位给予相应的政纪处分，构成犯罪的，要依法追究刑事责任。

五、规范代理行为，建立招投标行业自律机制

依法整顿和规范招标代理活动。招标代理机构必须与行政主管部门脱钩，并不得存在任何隶属关系或者其他利益关系。凡违反《招标投标法》和《行政许可法》规定设立和认定招标代理机构资格的行为，一律无效。建立健全招标代理市场准入和退出制度。招标代理机构应当依法经营，平等竞争，对严重违法违规的招标代理机构，要取消招标代理资格。招标代理机构可以依法跨区域开展业务，任何地方和部门均不得以登记备案等方式变相加以限制。

建立和完善招投标行业自律机制，推动组建跨行业、跨地区的招标投标协会。由协会制定

行业技术规范和行为准则，通过行业自律，维护招投标活动的秩序。

六、积极引入竞争，进一步拓宽招投标领域

按照深化投资体制改革的要求，逐步探索通过招投标引入竞争机制，改进项目的建设和管理。对经营性的、有合理回报和一定投资回收能力的公益事业、公共基础设施项目建设，以及具有垄断性的项目，可逐步推行项目法人招标制。进一步探索采用招标等竞争性方式选择工程咨询、招标代理等投资服务中介机构的办法。对政府投资的公益项目，可以通过招标选择项目管理单位对项目建设进行专业化管理。

大力推行和规范政府采购、科研课题、特许经营权、土地使用权出让、药品采购、物业管理等领域的招投标活动。

七、依法实施管理，完善招投标行政监督机制

有关行政监督部门应当严格按照《招标投标法》和国务院规定的职责分工，各司其职，密切配合，加强管理，改进招投标行政监督工作。

发展改革委要加强对招投标工作的指导和协调，加强对重大建设项目建设过程中工程招投标的监督检查和工业项目招投标活动的监督执法。水利、交通、铁道、民航、信息产业、建设、商务部门，应当依照有关法律、法规，加强对相关领域招投标过程中泄露保密资料、泄露标底、串通招标、串通投标、歧视和排斥投标等违法活动的监督执法。加大对转包、违法分包行为的查处力度，对将中标项目全部转让、分别转让，或者违法将中标项目的部分主体、关键性工作层层分包，以及挂靠有资质或高资质单位并以其名义投标，或者从其他单位租借资质证书等行为，有关行政监督部门必须依法给予罚款、没收违法所得、责令停业整顿等处罚，情节严重的，由工商行政管理机关吊销其营业执照。同时，对接受转包、违法分包的单位，要及时清退。

有关行政监督部门不得违反法律法规设立审批、核准、登记等涉及招投标的行政许可事项；已经设定的，一律予以取消。加快职能转变，改变重事前审批、轻事后监管的倾向，加强对招投标全过程的监督执法。项目审批部门对不依照核准事项进行招标的行为，要及时依法实施处罚。建立和完善公正、高效的招投标投诉处理机制，及时受理投诉并查处违法行为。任何政府部门和个人，特别是各级领导干部，不得以权谋私，采取暗示、授意、打招呼、递条子、指定、强令等方式，干预和插手具体的招投标活动。各级行政监察部门要加强对招投标执法活动的监督，严厉查处招投标活动中的腐败和不正之风。地方各级人民政府应当依据《行政许可法》的要求，规范招投标行政监督部门的工作，加强招投标监督管理队伍建设，提高依法行政水平。

各省、自治区、直辖市人民政府和国务院各有关部门要加强对招投标工作的领导，及时总结经验，不断完善政策，协调、处理好招投标工作中的新矛盾、新问题。

中华人民共和国国务院办公厅

二〇〇四年七月十二日

附件 2

关于改进公路工程施工招标评标办法的指导意见

《公路工程国内招标文件范本》(2003 年版)自实施以来,对指导和规范施工招标评标工作起到了重要作用,但也存在一些问题。为进一步完善评标办法,经广泛调研,并征求有关方面的意见,借鉴各地一些好的经验和做法,现提出以下四种评标办法。请各地根据招标项目的具体情况,选择合适的评标办法,并可根据在工作中的实际情况,及时总结经验教训,提出意见,报部公路司研究修正。

一、合理低价法

(一)方法简介

评标委员会对通过初步评审和详细评审的投标文件,按其投标价得分由高到低的顺序,依次推荐前 3 名投标人为中标候选人(当投标价得分相等时,以投标价较低者优先)。在评标时,一般按照投标价得分由高到低的顺序,对投标文件进行初步评审和详细评审,对存在重大偏差的投标文件按废标处理。对施工组织设计、投标人的财务能力、技术能力、业绩及信誉不再进行评分。

为防止哄抬标价,招标人可以设定投标控制价上限,由招标人自行编制或委托有资质单位编制,并在开标前公布。投标价超出招标人控制价上限的,视为超出招标人的支付能力,作废标处理。在开标现场,宣读完投标人的投标价后,应当场计算评标基准价。评标基准价的计算一般有两种方式:一是采用所有被宣读的投标价的平均值(或去掉一个最低值和一个最高值后的算术平均值),并对所有不高于平均值的投标人的投标报价进行二次平均,作为评标基准价;二是计算所有被宣读的投标价的平均值(或去掉一个最低值和一个最高值后,取算术平均值),将该平均值下降若干百分点(现场随机确定)作为评标基准价。评标基准价在整个评标期间保持不变,不随通过初步评审和详细评审的投标人的数量发生变化。

投标人的投标价等于评标基准价者得满分,高于或低于评标基准价者按一定比例扣分,高于评标基准价的扣分幅度应比低于评标基准价的扣分幅度大。评标基准价的计算方法和评分方法应在招标文件中载明。

(二)适用范围

除技术特别复杂的特大桥和长大隧道工程外,采用合理低价法进行评标。

(三)应注意的问题

招标人在出售招标文件时,应同时提供“工程量清单的数据应用软件盘”,“工程量清单的数据应用软件盘”中的格式、工程数量及运算定义等应保证投标人无法修改。投标人只需填写各细目单价或总额价,即可自动生成投标价,评标阶段无需进行算术性复核。

二、最低评标价法

(一)方法简介

评标委员会按评标价由低到高顺序对投标文件进行初步评审和详细评审，推荐通过初步评审和详细评审且评标价最低的前三个投标人为中标候选人。若评标委员会发现投标人的评标价或主要单项工程报价明显低于其他投标人报价或者在设有标底时明显低于标底(一般为15%以下)时，应要求该投标人作出书面说明，并提供相关证明材料。

如果投标人不能提供相关证明材料证明该报价能够按招标文件规定的质量标准和工期完成招标工程，评标委员会应当认定该投标人以低于成本价竞标，作废标处理。如果投标人提供了证明材料，评标委员会也没有充分的证据证明投标人低于成本价竞标，为减少招标人风险，招标人有权要求投标人增加履约保证金。一般在确定中标候选人之前。要求投标人作出书面承诺，在收到中标通知书 14 天内，按照招标文件规定的额度和方式提交履约担保。履约担保增加幅度建议如下：

(1)当$(A-B)/A \leqslant 15\%$时，履约担保为 10%合同价的银行保函；

(2)当 $15\% < (A-B)/A \leqslant 20\%$时，履约担保为 10%合同价的银行保函加 5%合同价的银行汇票；

(3)当 $20\% < (A-B)/A \leqslant 25\%$时，履约担保为 10%合同的银行保函加 10%合同价的银行汇票；

(4)当 $25\% < (A-B)/A$ 时，履约担保为 10%合同价的银行保函加 15%合同价的银行汇票。

其中：B 为中标候选人的评标价；A 为招标人标底或所有投标人评标价的平均值。

若投标人未作出书面承诺或虽承诺但未按规定的时间和额度提交履约担保，招标人可取消其中标资格或宣布其中标无效，并没收其投标担保。

(二)适用范围

使用世界银行、亚洲开发银行等国际金融组织贷款的项目和工程规模较小、技术含量较低的工程采用最低评标价法进行评标。

(三)应注意的问题

为防止投标人以低于成本价抢标，并减少由于低价中标带来的实施阶段的问题，建议招标人设立标底，严格控制低价抢标行为，标底应在开标时公布；在签订合同时，要特别明确施工人员、设备的进场要求、工程进度要求，以及违约责任和处理措施。

三、综合评估法

(一)方法简介

评标委员会对所有通过初步评审和详细评审的投标文件的评标价、财务能力、技术能力、管理水平以及业绩与信誉进行综合评分，按综合评分由高到低排序，推荐综合评分得分最高的三个投标人为中标候选人。

根据招标项目的不同特点，可采用有标底招标和无标底招标两种形式。

(1)有标底方式。标底应在开标时公布，在评标过程中仅作为参考，不能作为决定废标的直接依据。评标价得分计算方法如下：

计算所有通过初步评审和详细评审的投标文件的评标价的平均值，将标底同评标价的平均值进行复合，得到复合标底；将复合标底下降若干百分点（现场随机确定）作为评标基准价，投标人的评标价等于评标基准价得满分，高于或低于评标基准价按不同比例扣分。

(2)无标底方式。评标价得分计算方法如下：

计算所有通过初步评审和详细评审的投标文件的评标价的平均值，将该平均值下降若干百分点（现场随机确定）作为评标基准价，投标人的评标价等于评标基准价得满分，高于或低于评标基准价按不同比例扣分。

高于评标基准价者扣分幅度应比低于评标基准价者的扣分幅度大，具体比例应在招标文件中规定。

(二)适用范围

本办法仅适用于技术特别复杂的特大桥梁和长大隧道工程。

(三)应注意的问题

为控制投标报价，建议招标人设立标底，或设定投标控制价上限。设立标底的，中标人应采取有效措施，确保开标前的标底保密。

四、双信封评标法

(一)方法简介

要求投标人将投标报价和工程量清单单独密封在一个报价信封中，其他商务和技术文件密封在另外一个信封中。在开标前，两个信封同时提交给招标人。评标程序如下：

(1)第一次开标时，招标人首先打开商务和技术文件信封，报价信封交监督机关或公证机关密封保存。

(2)评标委员会对商务和技术文件进行初步评审和详细评审。

①若采用合理低标价法或最低评标价法，评标委员会应确定通过和未通过商务和技术评审的投标人名单；

②若采用综合评估法，评标委员会应确定通过和未通过商务和技术评审的投标人名单，并对这些投标文件的技术部分进行打分。

(3)招标人向所有投标人发出通知，通知中写明第二次开标的时间和地点。招标人将在开标会上首先宣布通过商务和技术评审的名单，并宣读其报价信封。对于未通过商务和技术评审的投标人，其报价信封不予开封，当场退还给投标人。

(4)第二次开标后，评标委员会按照招标文件规定的评标办法进行评标，推荐中标候选人。

(二)适用范围

适合规模较大、技术比较复杂或特别复杂的工程，但应按照本指导意见和项目的不同特点，采用合理低价法、最低评标价法或综合评估法。

(三)应注意的问题

采用本办法评标程序比较复杂、时间较长，但可以消除技术部分和投标报价的相互影响，更显公平。特别要注意技术评标期间的信息保密和报价信封的保管工作。

参考文献

[1] 中华人民共和国交通运输部. 公路工程标准施工招标资格预审文件(2009年版). 北京:人民交通出版社,2009.

[2] 中华人民共和国交通运输部. 公路工程标准施工招标文件(2009年版). 北京:人民交通出版社,2009.

[3] 交通部公路工程定额站. 公路工程施工招投标与费用监理. 北京:人民交通出版社,2002.

[4] 中华人民共和国行业标准. JTG B01—2003 公路工程技术标准. 北京:人民交通出版社,2004.